28. Kongreß des
Berufsverbandes
Österreichischer Psychologen

Generalthema:

Neuentwicklungen in der Psychologie

mit einem Symposium

Strategien zur Unfallvermeidung

9. bis 11. November 1989
Seminarhotel Baden bei Wien

Herausgeber:

Berufsverband Österreichischer Psychologen
Kegelgasse 6/10, A–1030 Wien

Allgemeine Unfallversicherungsanstalt
Adalbert-Stifter-Straße 65, A–1200 Wien

Redaktion und Satz:

Kongreßbüro der Allgemeinen Unfallversicherungsanstalt
Adalbert-Stifter-Straße 65, A–1200 Wien

AUVA

Druck:

Eugen Ketterl Gesellschaft m. b. H., A–1180 Wien

ISBN 3–900608–12–1

Inhaltsverzeichnis

Arbeitsgruppe 9

Arbeitsgruppe 11

Arbeitsgruppe 12

Eröffnungssitzung

Senta Feselmayer
Leiterin der Fortbildungsakademie des Berufsverbandes Österreichischer Psychologen

Als Leiterin der Fortbildungsakademie des Berufsverbandes Österreichischer Psychologen möchte ich sie zum 28. Kongreß unseres Verbandes ganz herzlich begrüßen. Besonders begrüßen möchte ich als Vertreter der Stadtgemeinde Baden den Vizebürgermeister der Stadtgemeinde Baden, Herrn Eugen Kiefer. Als Vertreter der Allgemeinen Unfallversicherungsanstalt begrüße ich ganz herzlich Obmannstellvertreter, Herrn Norbert Deutsch. Es freut mich besonders, das Präsidium des Berufsverbandes begrüßen zu dürfen, Frau Dr. Christine Butschek und unseren Präsidenten, Herrn Dr. Ernst Hofer. Nicht zuletzt möchte ich alle Refererentinnen und Kongreßteilnehmer aus dem Ausland ganz herzlich begrüßen.

Mit dem Rahmenthema "Neuentwicklungen in der Psychologie" wollen wir einerseits auf die Dynamik der wissenschaftlichen Entwicklung der Psychologie hinweisen, andererseits wollten wir auch darauf aufmerksam machen, daß psychologisches Wissen in immer weiteren Teilbereichen des menschlichen Lebens nutzbringend zum Einsatz kommt. Die Fortbildungsakademie betrachtet die Förderung dieser beiden Umstände als ihr wichtigstes Anliegen. Daher freuen wir uns ganz besonders, daß wir heuer zum ersten Mal hier in Baden gemeinsam mit der AUVA diesen Kongreß organisieren durften. Wir haben versucht, im Rahmen des Kongresses nicht nur vom Inhalt her, sondern auch in der Präsentation neue Wege zu gehen. Abgesehen vom Referenten-Coreferenten-Prinzip wollen wir vor allem den Arbeitscharakter dieses Kongresses betonen, indem wir in den Arbeitsgruppen mehr Zeit für Diskussion als für Referate vorgesehen haben. Wir wollen damit den Kollegen eine breitere Basis für den fachlichen Erfahrungsaustausch anbieten. Ich hoffe, daß neben dem fachlichen Austausch auch Zeit und Raum bleibt für das persönliche Gespräch und möchte Ihnen in diesem Sinne drei schöne Tage in Baden wünschen.

Harald Ettl
Bundesminister für Gesundheit und öffentliche Verwaltung

Die Gesellschaft und die Wirtschaft der heutigen Zeit zeichnen sich durch immer komplexere Strukturen aus. Die soziopsychologische Entwicklung bleibt jedoch nicht nur am status quo, sondern gewinnt immer mehr an Dynamik. Am Beispiel anderer Länder sehen wir, daß der Mensch in seinen verschiedenen Bezugssystemen immer mehr unter den Druck der verschiedensten Versuchungen, Einflüsse und Störungen kommt. Es ist daher hoch an der Zeit, die Weichen zu stellen und für den einzelnen Menschen das Leben in unserer hochkomplizierten Gesellschaft so lebenswert wie möglich zu gestalten.

Als Gesundheitsminister sehe ich dies als eine der wesentlichsten Aufgaben meines Amtes an. Ohne Zweifel sind die Aufgabe des zuständigen Ministers für Gesundheit überaus vielfältig. Es wäre doch verkehrt, sie in der Form einschränken zu wollen, daß Gesundheit ausschließlich als Gegensatz zu kranksein gesehen wird. Als Gesundheitsminister betrachte ich die Gesundheit als das physische, psychische und soziale Wohlbefinden jedes einzelnen im Rahmen der menschlichen Gesellschaft. In diesem Sinne müssen wir alles daran setzen, dem einzelnen Menschen das größtmögliche Ausmaß an Unterstützung zu geben, um sein persönliches Wohlbefinden in den verschiedensten Bereichen zu erreichen. Es ist die Aufgabe des Gesundheitsministers, Hilfe berreits dort angedeihen zu lassen, wo sie als Notwendigkeit noch gar nicht erkannt wird.

In diesem Sinne sehe ich die Funktion des Psychologen nicht nur in der Behandlung einzelner Personen oder gestörter System, sondern ich betrachte sie auch als wesentlichen Garanten für die Gesunderhaltung der Gesellschaft. In dem immer komplexer werdenen Szenario der menschlichen Gesellschaft stellen die Psychologen zunehmend eine Notwendigkeit dar. Es ist daher für mich ein persönliches Anliegen, den Status der Psychologen durch ein einschlägiges Gesetz eindeutig zu determinieren und die wichtige Funktion dieser Berufsgruppe in der Öffentlichkeit zu verankern.

In diesem Sinne freue ich mich auch, daß der diesjährige Kongreß des Berufsverbandes Österreichischer Psychologen wesentlichen Bereichen des weiteren menschlichen Umfeldes gewidmet ist und hoffe, daß er in der Öffentlichkeit die nötige Resonanz erfährt. Gestatten sie mir, dem Psychologenkongreß und allen Teilnehmern den besten Erfolg für diese Vernastaltung, aber auch für Ihre weitere praktische Tätigkeit zu wünschen.

Siegfried Ludwig
Landeshauptmann von Niederösterreich

Die Kur- und Kongreßstadt Baden ist in diesen Tagen wieder in den Mittelpunkt des öffentlichen Interesses gerückt, wenn der Berufsverband Österreichischer Psychologen und die Allgemeine Unfallversicherungsanstalt hier ihren 28. Psychologenkongreß abhalten. Aus diesem Anlaß möchte ich den Kongreßteilnehmern, die aus allen Bundesländern nach Baden gekommen sind, die herzlichsten Grüße des Landes Übermitteln.

Immer wieder werden derartig bedeutende Veranstaltungen in Baden abgehalten; sicherlich deshalb, weil diese Stadt auf der einen Seite die nötige Ruhe und entspannte Atmosphäre bietet, zum anderen aber auch, weil durch die Nähe zur Großstadt Wien besondere Vorteile für die hier anwesenden Ärzte gegeben sind. Ich darf namens des Landes Niederösterreich dafür danken, daß der Kongreß in diesem Bundesland stattfindet, weil damit eine Anerkennung der hier vorhandenen Einrichtungen verbunden ist.

Auch von der Thematik her haben gerade die niederösterreichischen Fachleute besonderes Interesse an dem Kongreß. Wenn beispielsweise ein Symposium "Strategien zur Unfallvermeidung" mit im Programm enthalten ist, so hat dies für Niederösterreich mit seinem größten Verkehrsnetz eine ganz wesentliche Bedeutung.

Gerade im heurigen Jahr stand das südliche Niederöstereich im Blickpunkt des öffentlichen Interesses, fand doch in Pottestein die Austellung "Magie der Industrie" statt, durch die die Aufmerksamkeit auf das große industrielle Erbe Niederösterreichs in dieser Region gelenkt wurde. Im kommenden Jahr wird eine andere Region, nämlich das Waldviertel, mit einer weiteren Niederöstereichischen Landesausstellung zum Thema "Adeliges Landleben" zum Zuge kommen. Diese regionalen Schwerpunkte sind ein Teil des strukturellen Aufbauprogramms in Niederösterreich, das seinen Höhepunkt im Werden der niederösterreichischen Landeshauptstadt St.Pölten hat.

Ich darf den Teilnehmern am 28. Kongreß des Berufsverbandes Österreichischer Psychologen einen schönen Aufenthalt in Baden und viel Erfolg für den weiteren Verlauf der Tagung wünschen.

Eugen Kiefer
Vizebürgermeister von Baden

Ich darf Sie im Namen der Stadtgemeinde Baden auf das Herzlichste und mit großer Freude hier im Kongeßhotel willkommen heißen. Es ist schön, wenn man frohe Menschen – und das sollte ja ein Psychologe sein – in einer Stadt, die an und für sich von Natur aus für diesen Bereich des Lebens etwas übrig haben sollte, begrüßen darf. Denn Baden ist ja so von der Natur ausgestattet worden, daß sie dafür prädestiniert ist, den Menschen für ihr Leben ein wenig Positives mit auf den Weg zu geben.

Für uns Badener ist es ja nicht ungewohnt, daß Kongresse, Tagungen oder Seminare hier stattfinden. Aber es sind nicht immer hochkarätige, und ich darf ohne Schmeichelei sagen, daß Kongresse dieser Art nicht alltäglich sind. Es ist daher für uns eine große Auszeichnung, daß Sie sich entschieden haben, den 28. Kongreß Ihres Berufsverbandes hier abzuhalten und daß die drei Tage des Kongresses sinnvoll in Baden verbracht werden.

Die Kur- und Kongreßstadt Baden ist eine kleine Stadt im Konzert europäischer Städte. Wir Badener möchten Ihnen dennoch etwas bieten, was zeitaufgeschlossen ist, ohne daß wir auf unsere historische Entwicklung vergessen. Schon unser Stadtwappen erinnert daran, daß man in Baden zwar Heilung gesucht hat und weiter sucht, diese sollte jedoch möglichst vergnüglich verlaufen. Denn das Brett, das in der Szene auf dem Wappen unserer Stadt über den Tuber gelegt ist, diente dazu, daß während des Badens auch Gelegenheit dazu bestand, Mahlzeiten serviert zu bekommen. So sollte es in Baden auch bleiben, nämlich daß man neben dem Zweckmäßigen auch dem Vergnüglichen nachgehen kann. Denn wie wir alle wissen, gehört zur Gesundung etwas mehr als nur eine medizinische Behandlung. Genau das möchte die Stadt Baden seinen Gästen bieten, daß nämlich nach erfolgter Heilbehandlung am Nachmittag oder Abend Gelegenheit dazu besteht, zum Heurigen zu gehen oder etwa das Casino zu besuchen, das zweifellos zu den schönsten Österreichs zählt.

Ihnen möchte ich einen schönen Aufenthalt in Baden wünschen und daß sie neben all dem Zweckmäßigen und Nützlichen nicht auf das Schöne vergessen, daß sich in dieser Stadt anbietet. Abschließend möchte ich noch bemerken, daß es durchaus vernünftig und legitim ist, wenn von der Allgemeinem Unfallversicherungsanstalt Geld hier in Baden augewendet wird, um psychologisch Geld einzusparen, indem Unfallfolgen und dergleichen möglichst reduziert werden. Ihrem 28. Kongreß des Berufsverbandes Österreichischer Psychologen darf ich möglichst viel Erfolg wünschen, ebenso viel Erfolg in Ihrem eigenen Berufsinteresse und im Interesse unserer Gemeinschaft.

Norbert Deutsch
Obmannstellvertreter der Allgemeinen Unfallversicherungsanstalt, Wien

Ich freue mich, Sie im Namen der Allgemeinen Unfallversicherungsanstalt beim 28. Kongreß des Berufsverbandes Österreichischer Psychologen begrüßen zu dürfen. Die AUVA beteiligt sich nun schon zum dritten Mal als Mitveranstalter an diesem Kongreß und unterstreicht damit die Bedeutung der psychologischen Tätigkeit im Rahmen ihres Aufgabengebietes.

Die Thematik dieses Kongresses, insbesondere das Symposium zur Unfallvermeidung, betrifft einen wichtigen Aufgabenbereich der AUVA, nämlich die Unfallverhütung. Maßnahmen zur Verhütung von Arbeitsunfällen oder gleichgestellten Unfällen sowie von Berufskrankheiten sind ein ebenso wichtiger Bestandteil der gesetzlich vorgeschriebenen Aufgaben wie Unfallheilbehandlung oder Rehabilitation. Ich glaube, ich darf mit Stolz sagen, daß die Allgemeine Unfallversicherungsanstalt in ihrer hundertjährigen Geschichte im technischen Bereich ein vorbildliches System zur Verhütung von Arbeitsunfällen und Berufskrankheiten geschaffen hat, ein System, das in anderen Bereichen der Unfallverhütung noch nicht in diesem Ausmaß existiert. Selbstverständlich kann auch auf technischem Gebiet noch vieles verbessert werden, doch bei allen Bemühungen darf nicht der Mensch als Unfallquelle außer Acht gelassen werden.

Heute ist oft nicht mangelhafte technische Ausrüstung die Ursache von Unfällen, sondern es ist der Mensch, der Schutzmaßnahmen und Ausrüstungen nicht beachtet oder nicht verwendet. Deshalb sind in Zukunft unsere Bemühungen verstärkt darauf zu richten, den Menschen zu schulen, auszubilden und sicherheitsbewußter zu machen.

Gerade bei der Erfüllung dieser Aufgabe spielen Psychologen eine entscheidende Rolle: sie sind die Fachleute für die Entwicklung von Strategien, die zu mehr Sicherheitsbewußtsein führen, sie können als Partner von Technikern, Managern und Betriebsinhabern fungieren, damit diese Strategien zur Anwendung gelangen können.

Sicherheitsbewußtsein ist aber nicht nur auf die Betriebe und den Arbeitsbereich beschränkt, Sicherheitsbewußtsein muß bereits viel früher, zum Beispiel in der Schule, geweckt werden. Da die Allgemeine Unfallversicherungsanstalt auch für die Unfallversicherung von Schülern und Studenten zuständig ist, ist auch in dieser Hinsicht die Zusammenarbeit mit Psychologen und die Einbeziehung psychologischer Erkenntnisse von entscheidender Bedeutung.

Ich freue mich deshalb, daß dieser – auch interdisziplinäre – Erfahrungsaustausch durch diesen Kongreß unterstützt wird.

Namens der Allgemeinen Unfallversicherungsanstalt wünsche ich dem Kongreß einen erfolgreichen Verlauf und Ihnen allen, daß Sie viele neue Impulse für Ihre Arbeit mitnehmen werden.

Ernst Hofer
Präsident des Berufsverbandes Österreichischer Psychologen

Es ist ein lange gehegter Wunsch des Berufsverbandes, neue Entwicklungen in der Psychologie bei einem Kongreß vorzutragen. Es ist jetzt endlich gelungen, und ich hoffe, daß bei jedem unserer Folgekongresse ein Hauptvortrag die Neuentwicklungen der letzten zwei Jahre zum Inhalt hat.

Die Themenwahl dieses Kongresses zeigt, daß wissenschaftliche Psychologie für die Menschen da ist. Es ist ja schon am ersten Tag eines der brennenden Themen unserer Tage Inhalt der Vorträge und der Diskussion und bringt hoffentlich eine gute Nutzanwendung psychologischer Erkenntnisse.

Ich freue mich besonders, daß wir unseren Kongreß wieder – in bewährter Weise – mit der allgemeinen Unfallversicherungsanstalt veranstalten können. Ich möchte mich bei dieser Gelegenheit bedanken für die gute Zusammenarbeit bei allen drei Kongressen. Ich möchte mich auch bei denen bedanken, die sehr viel Arbeit geleistet haben für die Vorbereitung. Das ist der Beirat unserer Fortbildungsakademie, den Frau Dr. Feselmayer leitet. Es war nicht leicht, alles inhaltlich zu koordinieren, und es ist sehr viel Mühe notwendig gewesen, den Kongreß auf diese gute Weise vorzubereiten. Weiters bedanke ich mich besonders beim Kongreßbüro der allgemeinen Unfallversicherungsanstalt, das in bewährter und professionell perfekter Weise die Vorbereitung durchgeführt hat.

Ich wünsche dem Kongreß einen guten und erfolgreichen Verlauf, der gerade hier in Baden durch das in jeder Hinsicht gute Klima, das diese Stadt hat, begünstigt wird und erkläre diesen Kongreß für eröffnet.

Der Normalbürger als typische Unfällerpersönlichkeit – Psychologie im Sicherheitsmarketing

R. Kisser
Institut SICHER LEBEN des Kuratoriums für Verkehrssicherheit, Wien, Österreich

Zunächst möchte ich meinen Kollegen vom Berufsverband sehr herzlich für die Einladung danken, anläßlich dieses Symposiums den Hauptvortrag zu halten und Ihnen gleichzeitig zu dem damit bewiesenen Mut gratulieren. Denn ich bin kein Theoretiker, der eine kompetente Darstellung der wissenschaftlichen psychologischen Literatur zur Unfallvermeidung geben könnte, sondern vielmehr ein Praktiker, dessen Aufgabe es ist, Strategien zur Unfallvermeidung zu entwickeln und umzusetzen. Die Einladung ist für mich eine große Ehre, und ich hoffe, daß ich die Erwartungen nicht zu sehr enttäuschen werde.

Grenzen der Diagnostik

Es gibt eine starke Neigung, Unfälle auf negative Eigenschaften von Minderheiten zurückzuführen und diese in irgendeiner Form behandeln zu wollen. Gleichgültig, welche Auffälligkeit (Alkoholkonsumgewohnheiten, Aggressivität, psychophysische Leistungsschwächen usw.) man betrachtet, es läßt sich immer nur eine Minderheit der Unfälle damit in Zusammenhang bringen. Auch wenn alle Auffälligkeiten in ihrer Gesamtheit einen größeren Anteil erklären sollten, bleibt eine großer Rest, der von diagnostisch unauffälligen "Normalbürgern" verursacht wird. Ein Scherzplakat formuliert dies so: "17 Prozent aller Autounfälle werden von betrunkenen Autofahrern verursacht. Das bedeutet, daß 83 Prozent aller Unfälle von nicht betrunkenen Fahrern verursacht werden. Das ist furchterregend. Warum können sich diese nüchternen Idioten nicht von der Straße fernhalten und unsere Sicherheit damit um mehr als 400 Prozent steigern?". Abgesehen von der unklaren Quantifizierung hat das Plakat recht: Die größeren Sicherheitsreserven liegen bei den nüchternen Fahrern. Wenn es das Ziel ist, möglichst viel Sicherheit zu schaffen und damit möglichst vielen Unfällen vorzubeugen, ist es auch notwendig, bei der Majorität der Unauffälligen anzusetzen.

In der Regel sind Diagnostik und Therapie der individuellen Unfalldisposition nur dann sinnvoll, wenn es Möglichkeiten für Überwachung oder Zugangsbeschränkung gibt wie etwa bei verschiedenen Berufen oder dem Autofahren. Bei privaten häuslichen Tätigkeiten, bei der Sportausübung und sonstiger Freizeitgestaltung ist dies allerdings kaum denkbar. In diesen Lebensbereichen ereignen sich jedoch die meisten Unfälle, schätzungsweise 370.000 oder 53 Prozent von insgesamt rund 700.000 Verletzungen jährlich (nach Friedl, 1982).

Verletzungen allgemein (1980)		
Arbeitsplatz ohne Arbeitsweg	263.000	38%
Verkehr	64.000	9%
Heim, Freizeit, Sport	369.000	53%
gesamt	696.000	100%
Spitalsaufenthalte (1987)		
Arbeitsplatz ohne Arbeitsweg	30.000	14%
Verkehr	33.000	16%
Heim, Freizeit, Sport	149.000	70%
gesamt	212.000	100%
Krankenstände (1987)		
Arbeitsplatz inklusive Arbeitsweg	216.000	48%
Verkehr und sonstige Schädigungen	45.000	10%
Heim, Freizeit, Sport	185.000	42%
gesamt	446.000	100%
Todesfälle (1987)		
Arbeitsplatz ohne Arbeitsweg	271	7%
Verkehr	1.544	40%
Heim, Freizeit, Sport	2.089	53%
gesamt	3.904	100%

Tabelle 1: Verletzungen nach Unfällen in verschiedenen Lebensbereichen (Quellen: Österreichisches Statistisches Zentralamt, Hauptverband der Sozialversicherungsträger, gesetzliche Unfallversicherungsanstalten).

Sicherheit für Heim- und Freizeit

Tabelle 1 gibt einen Überblick über das Unfallgeschehen in allen Lebensbereichen, wie es sich nach verschiedenen Kriterien darstellt. Tabelle 2 zeigt die volksgesundheitliche Bedeutung der Heim- und Freizeitunfälle. Demnach sind z.B. von den rund 212.000 Spitalsfällen jährlich nach Unfällen in Österreich rund 149.000 oder 70 Prozent auf Unfälle fernab des Arbeitsplatzes oder außerhalb des Straßenverkehrs zurückzuführen. Insgesamt verursachen Heim- und Freizeitunfälle rund 1,4 Millionen Spitalstage oder 8,3 Prozent von 17,3 Millionen Spitalstagen insgesamt (Kisser, Hader und Schlintl, 1989). Betroffen sind vor allem Kinder, Hausfrauen, Heimwerker, Sportler und alte Menschen.

Heim- und Freizeitunfälle sind Unfälle außerhalb des Straßenverkehrs und fernab des Arbeitsplatzes und der Schule. Sie machen etwa 53 Prozent aller rund 700.000(*) Unfallverletzungen jährlich aus.		
370.000 *	Heim- und Freizeitunfälle verursachen	
149.000	Spitalsaufenthalte	8,9%
1,444.000	Spitalstage	8,3%
185.000	Krankenstandsfälle	7,5%
4,112.000	Krankenstandstage	11,5%
2.000	Tote	2,5%
Die mit "*" bezeichneten Zahlen beziehen sich auf 1980; alle anderen auf 1987. Prozentwerte beziehen sich auf die jeweilige Gesamtzahl.		

Tabelle 2: Volksgesundheitliche Bedeutung von Heim- und Freizeitunfällen (aus: Kisser, Hader und Schlintl, 1989).

Die meisten Heim- und Freizeitunfälle (92 Prozent) sind Alleinunfälle; nur bei 5 Prozent der Unfälle spielen gefährliche oder defekte Geräte eine Rolle (Pfundt, 1985). Bei den meisten Unfällen hätte nur der Betroffene selbst seinen Unfall verhindern können. Damit ist klar, daß hier auch technische und legistische Maßnahmen (sogenannte passive Strategien) alleine nur relativ geringe Erfolgsaussichten haben. Vielmehr stehen die sogenannten aktiven Strategien der Unfallverhütung, also Sicherheitswerbung oder Sicherheitserziehung im Vordergrund.

Das Interesse an mehr Sicherheit in Heim- und Freizeit ist in Österreich erst vor kurzer Zeit auf politischer Ebene entstanden (Schuster, 1985). 1987 beschloß die private Versicherungswirtschaft, eine Initiative zu setzen und ein neues Institut für

Sicherheit in Haushalt und Freizeit zu gründen. Diese Einrichtung war von Anfang an als eine Art Ergänzung zu bestehenden Einrichtungen für Sicherheit am Arbeitsplatz und im Straßenverkehr gedacht, also vor allem zu den Unfallverhütungsdiensten der Unfallversicherungsanstalten und dem Kuratorium für Verkehrssicherheit. Rationellerweise wurde das neue Institut als Abteilung des Kuratoriums für Verkehrssicherheit etabliert.

Als ich mit Aufbau und Leitung dieses Instituts betraut wurde, mußte ich zunächst feststellen, daß es für diesen auch volkswirtschaftlich bedeutenden Problemkreis wenig von dem gab, was in der Sicherheitsarbeit im Verkehr und am Arbeitsplatz seit langem selbstverständlich ist, nämlich aktuelle Statistiken über das Unfallgeschehen, Fachzeitschriften, Unfallursachenforschung, Verhaltensanalysen, experimentelle Studien, Ansätze zu Theorien der Risikowahrnehmung, Modelle der Sicherheitsarbeit, Lehrbücher usw.. Stattdessen zeigte sich eine ungeheure Fülle von unterschiedlichen Risiken, deren einzige Gemeinsamkeit die ist, daß sie außerhalb des Straßenverkehrs liegen und nicht nach dem Allgemeinen Sozialversicherungsgesetz versichert sind.

Ausgangspunkt meiner Arbeit konnte daher nicht die psychologische Wissenschaft mit ihren Forschungs- und Anwendungsergebnissen sein, sondern die Frage, was erforderlich ist, um den großen Bedarf an Sicherheit in Heim und Freizeit zu befriedigen. Dementsprechend werde ich in meinem Referat nicht von psychologischen Theorien etwa des Risikoverhaltens, der Risikowahrnehmung oder der Informationsverarbeitung ausgehen, sondern vom wirtschaftswissenschaftlichen Begriffssystem des Marketings, welches sich sehr gut eignet, auch Sicherheitsarbeit zu strukturieren. Ich werde dabei versuchen zu zeigen, was die Sicherheitsarbeit von der Psychologie brauchen könnte. Der Ausgangspunkt mag in diesem Rahmen zwar überraschen, er eröffnet aber interessante Perspektiven für ein umfassendes Konzept der angewandten Psychologie im Bereich der Unfallverhütung.

Das Marketing-Konzept

Aufgabenstellung für das neue Institut war und ist es, in maximal möglichem Umfang zur Verhütung von Heim- und Freizeitunfällen beizutragen, aber wie dies zu geschehen habe, war anfangs nur in groben Umrissen bekannt. Erste Aufgabe war es daher, ein Institutskonzept, d.h. ein Organisations- und Arbeitsprogramm zu entwickeln. Dieses sollte ein Leitfaden für die tägliche Arbeit werden. Bei allfällig auftauchenden Problemen sollte im Institutskonzept nachzulesen sein, wie diese Probleme zu behandeln sind. Auch neuen Mitarbeitern sollte es eine rasche Orientierung über Ziele, Strategien und Grundsätze vermitteln.

Als Berater konnte Herr Univ.Doz. Dr. Werner Hasitschka von der Wirtschaftsuniversität Wien gewonnen werden, dem ich wesentliche Einsichten verdanke. Als Ausgangspunkt diente die relativ neue Theorie des Nonprofit-Marketings (Kotler,

1978; Hasitschka und Hruschka, 1982). So wie mir diese Ideen damals neu waren, nehme ich an, daß auch für viele von Ihnen die Vorstellung fremd ist, in der Unfallverhütung Verkaufsstrategien von Wirtschaftsunternehmungen einzusetzen, weshalb ich zunächst einige Grundbegriffe erläutern möchte.

Kernbegriff des Marketings ist der Austausch, wobei ursprünglich nur der Austausch von Waren und Leistungen gegen Geld (also der Verkauf) gemeint war. Aufbauend auf Erfahrungen von Jahrzehnten wurde in der Wirtschaftswissenschaft ein Begriffsinstrumentarium entwickelt, das zu systematischen Einsichten in die Struktur und Dynamik der Austauschprozesse auf einem Markt führte. Wie sich in den letzten Jahren zeigte, können Begriffe und Analyseverfahren der Erwerbswirtschaft erfolgreich auf Non-Profit-Unternehmungen übertragen werden.

Als Non-Profit-Unternehmen werden üblicherweise Unternehmen bezeichnet, die die Erfüllung gesellschaftlicher Bedürfnisse anstreben, und dabei nicht auf Gewinn, sondern allenfalls auf Kostendeckung ausgerichtet sind, wie z.B. Bahn, Post, Polizei, Universitäten, Spitäler. Es zählen dazu aber auch Unternehmen, die bestimmte Ideen und Verhaltensweisen propagieren, wie z.B. politische Parteien, karitative Vereinigungen und eben auch Unternehmungen zur Gesundheitsförderung oder Unfallverhütung. Das Marketing von Ideen wird als "Social-Marketing" bezeichnet. Social-Marketing umfaßt den Entwurf, die Durchführung und die Kontrolle von Programmen, die darauf abzielen, das Urteil gewisser Zielgruppen über Ideen oder Praktiken im positiven Sinn zu beeinflussen. Gut bekannte Organisationen, die sich seit vielen Jahren Marketingmethoden bedienen, sind z.B. Green-Peace oder die Caritas.

Notwendig ist allerdings eine Neudefinition mancher Begriffe der Erwerbswirtschaft. Worin besteht der Markt eines Unternehmens für Unfallverhütung, was sind seine Produkte, und was tauscht das Unternehmen dafür? Der Markt für Unfallverhütung besteht aus allen Menschen, die Unfälle erleiden können und dadurch einen objektiven Mangel an Sicherheit haben. Der Mangel an Sicherheit kann wie andere Mangelzustände und Bedürfnissen des Menschen betrachtet werden. Hunger oder möglicher Hunger ist die Voraussetzung dafür, daß der Bäcker sein Brot verkaufen kann; die Unbequemlichkeit beim Sitzen auf dem Boden ist die Voraussetzung dafür, daß der Möbelproduzent Sessel verkaufen kann. Die Unfallbedrohung des Einzelnen stellt jenen Mangel dar, den eine Organisation für Unfallverhütung beheben möchte. Alle geeigneten Maßnahmen kommen prinzipiell als Produkte eines Sicherheitsunternehmens in Frage.

Mein Institut hat jedoch nicht die Absicht, verschiedene Sicherheitseinrichtungen wie z.B. Helme, Herdschutzgitter oder rutschfeste Badematten zu verkaufen, was zu einem erwerbswirtschaftlichen Sicherheitsmarketing führen würde. Die Produkte eines Sicherheitsunternehmens wie die meines Instituts oder auch die des Kuratoriums für Verkehrssicherheit oder des Unfallverhütungsdienstes der Allgemeinen Unfallversicherungsanstalt sind keine Waren, sondern verschiedenartige Informationen für verschiedene Zielgruppen. Aufgabe des Social-Marketings im Sicherheitsbereich ist es, Sicherheitsinformationen in optimaler Weise an den Mann bzw. an die Frau zu bringen. Ein Unternehmen, das vor allem Informationen umsetzt, wird häufig als Agentur bezeichnet; es erscheint daher angemessen, im gegenständlichen Fall von einer Sicherheitsagentur zu sprechen.

Wie entstehen die notwendigen Informationsprodukte? Der "Rohstoff" sind einschlägige Fachinformationen über die Entstehungsweise von Unfällen, über ihre Art und Häufigkeit, über die betroffenen Personen, über Unfallfolgen und medizinische Einflußfaktoren, über Einstellungen und Gefahrenwissen der Zielpersonen, über die Vermeidbarkeit der Unfälle, die technischen und legistischen Möglichkeiten der Beeinflussung des Geschehens usw.. Auf der Basis dieser Fachinformationen können typische Informationsprodukte wie Pressekonferenzen, Broschüren, Vorträge, Unterrichtsmaterialien, Tonbild-Shows, aber auch Gesetzesvorschläge, Forschungskonzepte, Gerichtsgutachten, technische Normen usw. entwickelt werden. Der Prozeß der Transformation von Informationen für bestimmte Zielgruppen oder Zielpersonen wird generell als Information-Clearing bezeichnet; funktionell ist mein Institut eine Information-Clearing-Agency.

Angesichts des gewaltigen Wissensdefizits über die Bedingungen von Heim- und Freizeitunfälle und der Komplexität dieser Materie bedeutet Information-Clearing natürlich nicht nur "redaktionelle Arbeit", sondern auch angewandte wissenschaftliche Forschung. Anders als eine Nachrichtenagentur, die sich im wesentlichen auf den Handel mit vorhandenen Informationen beschränken kann, muß die Sicherheitsagentur wesentlich kompliziertere Leistungen erbringen. In vielen Fällen müssen Rohinformationen und Rohdaten überhaupt erst beschafft werden. Die Arbeit meines Instituts entspricht damit nicht nur der eines Händlers, sondern auch der eines Bauern, eines Müllers und Bäckers.

Alleine bei der Beschaffung der notwendigen Informationen sind allgemein sozialwissenschaftliches und speziell psychologisches Know-How von großer Bedeutung. Eine Epidemiologie der Heim- und Freizeitunfälle ist zu entwickeln, und die Unfallursachen für eine außerordentlich große Zahl verschiedener Unfalltypen sind zu erforschen. Neben statistischen Erhebungen spielen generelle Befragungen und Tiefeninterviews eine große Rolle. Für die wesentlichen Unfallbereiche sind die Faktoren der Gefahrenwahrnehmung und des Risikoverhaltens zu untersuchen, um möglichst wirksame prophylaktische Maßnahmen entwickeln zu können.

Auch wenn es klare Empfehlungen zur Gefahrenreduktion gibt, ist noch lange nicht gesagt, daß die Informationsprodukte von den Zielpersonen angenommen werden. Auch der Bäcker hat keine Macht, jemanden zum Kauf des angebotenen Brotes zu zwingen, denn der Konsument kann seinen Hunger mit Brot von anderen Herstellern oder mit anderen Nahrungsmitteln stillen. So wie der Bäcker nicht selbst Sattheit schaffen kann – das müssen schon die Konsumenten selbst tun, indem sie essen – kann auch eine Sicherheitsagentur nicht selbst Sicherheit schaffen. Unfallgefahren sind mit vielen menschlichen Tätigkeiten verbunden, und die Kontrolle darüber liegt nicht bei der Sicherheitsagentur, sondern ausschließlich bei den Menschen, die ihren Markt bilden. Ein Unternehmen für Unfallverhütung kann seinen Kunden nur Maßnahmen empfehlen, wie Sicherheit erreicht werden kann, und so wie der Bäcker muß sich eine Sicherheitsagentur um Kunden bemühen.

Daß bei diesem Bemühen um Kunden die Gestaltung der Botschaften, der richtige "Appeal" von großer Bedeutung ist, liegt auf der Hand, ebenso wie die Tatsache, daß die Psychologie hier wesentliche Hilfestellung geben kann.

Anders als in der Erwerbswirtschaft ist der Erfolg entsprechender Verkaufsbemühungen nicht direkt sichtbar. Ein profitorientiertes Unternehmen erhält durch die Bezahlung für seine Waren oder Leistungen eine unmittelbare Rückmeldung. Die erwünschte Reaktion auf Sicherheitsinformationen ist hingegen in erster Linie entsprechend sicheres Verhalten. Eine Sicherheitsagentur erfährt also nicht direkt, wie ihre Informationen angekommen sind, und ob sie damit ihrem Ziel, Risiken zu reduzieren, näher gekommen ist. Zwischen Unfallverhütung und ihrem Markt wird also nicht Ware gegen Geld, sondern Information gegen Verhalten getauscht. Dies mag vielleicht eine etwas ungewohnte Variante eines Austausches sein, dennoch besteht tatsächlich ein echtes Austauschverhältnis. Wenn ein Unternehmen Unfälle anderer Menschen verhüten will, so besteht der Unternehmenserfolg offensichtlich im sichereren Verhalten der Angesprochenen.

	Produzent	**Händler**	**Sicherheitsagentur**
Zielgruppe	Händler	Konsument	Konsument
Input	Rohstoff	Ware	Fachinformation
Produkt	Ware	Ware	Sicherheitsinformation
Leistung	Produktion	Distribution	Information-Clearing
Gegenleistung	Geld	Geld	erwünschtes Verhalten
Erfolg	Gewinn	Gewinn	mehr Sicherheit
Kontrolle	Bilanz	Bilanz	Verhaltensstudie

Tabelle 3: Einige wesentliche Begriffe des Wirtschaftslebens und ihre mögliche Konkretisierung bei Erwerbsunternehmen und einer Sicherheitsagentur.

Zur Messung des Unternehmenserfolgs genügt hier nicht der Blick auf den Kontoauszug, sondern dazu bedarf es relativ aufwendiger Untersuchungsmethoden wie Umfragen, Statistiken usw. Auch bei der Erfolgskontrolle sind allgemein sozialwissenschaftliches und spezifisch psychologisches Wissen offensichtlich von wesentlicher Bedeutung. Besondere Wichtigkeit hat auch das im Rahmen der Psychologie entwickelte Methodeninventar zur Veränderungsmessung (siehe z.B. Fischer, in diesem Band).

Einige in unserem Zusammenhang wesentlichen Begriffe für Profitunternehmen und ihre Entsprechungen im Non-Profit-Bereich zeigt Tabelle 3. Diese Tabelle dient ausschließlich dem besseren Verständnis der referierten Begriffe und darf nicht als – auch nicht als grob vereinfachendes – Modell einer konkreten Wirklichkeit verstanden werden, wie noch ausgeführt werden wird.

Marketingorientierung

Wesentlich für den Unternehmenserfolg einer Sicherheitsagentur halte ich eine strikte Marketingorientierung im Sinne Kotlers (1978). Marketing ist ein Instrument effektiven Wirtschaftens. Auch eine Organisation, deren Ziel nicht Profit, sondern Unfallverhütung ist, ist ein Wirtschaftsunternehmen, denn Wirtschaften bedeutet, rational darüber zu entscheiden, wie beschränkte Mittel eingesetzt werden sollen. Solche Entscheidungen sind rational, wenn sie den Unternehmensoutput konsequent und methodisch erhöhen, während die Ressourcen limitiert sind (oder den Input minimieren, wenn der Output limitiert ist). Daß die Mittel gerade in der Unfallverhütung limitiert sind, braucht nicht näher ausgeführt zu werden, obwohl sich über das paradoxe Mißverhältnis zwischen volkswirtschaftlichem Nutzen und eingesetzten Mitteln vieles sagen ließe (beispielsweise darüber, daß den Krankenkassen Investitionen in Unfallverhütung derzeit gesetzlich untersagt sind, obwohl sie für etwa die Hälfte der gesundheitlichen Folgekosten von rund 15 Milliarden Schilling jährlich aufkommen).

Hätten wir in traditionell tätigkeitsorientierter Weise die Unternehmensaufgabe meines Instituts definiert, so wäre etwa folgendes herausgekommen: "Aufgabe des Instituts für Sicherheit in Haushalt und Freizeit ist Forschung und Öffentlichkeitsarbeit zur Erhöhung der Sicherheit in genannten Lebensbereichen". Offensichtlich enthält diese Formulierung keine Kriterien für den Unternehmenserfolg und damit keine Kriterien dafür, wie die zur Verfügung stehenden Mittel konkret einzusetzen sind. Praktisch stünde es damit im Belieben des Instituts, welche Forschungsprojekte realisiert und welche Methoden der Öffentlichkeitsarbeit eingesetzt werden.

Ein marketingorientiertes Konzept bietet hingegen von vorneherein eine gewisse Leitlinie, was zu realisieren ist. Unsere Unternehmensaufgabe lautet daher (etwas verkürzt): "Aufgabe des Instituts ist es, den langfristig maximal möglichen Sicherheitsgewinn in Heim- und Freizeit zu erzielen". Welche konkreten Tätigkeiten dafür erforderlich sind, ist zwar ebenfalls nicht definiert, ergibt sich aber implizit aus der Analyse gegebener Restriktionen, insbesondere der eingeschränkten Finanzmittel, der verfügbare Informationen und der Marktrestriktionen. Zu machen ist das, was im Rahmen des Möglichen den maximalen Erfolg verspricht.

Eine Unternehmenskonzeption, die sich maßgeblich am Marketing orientiert, führt somit nicht nur zur einer Optimierung des "Verkaufs", sondern greift tief in die gesamte Unternehmensstruktur ein. Es lohnt sich daher, sich etwas näher mit dem Begriff Marketingorientierung zu befassen. Diese hat im wesentlichen drei Elemente: Kundenorientiertes Arbeiten, integriertes Marketing und Streben nach Kundenzufriedenheit.

Kundenorientierung bedeutet nicht, nur die Informationen zu geben, die leicht angenommen werden, denn dies würde in der Regel zu einer Verletzung des Unternehmensauftrags führen. Aktuelle Nachfrage gibt es z.B. nach Beratung von Pilzsuchern, Tips für Fallschirmspringer oder Richtlinien zur Abrichtung großer Hunde, selten aber nach den wirklichen Problemen. Kundenorientierung heißt für eine Sicherheitsagentur, dort anzusetzen, wo das meiste menschliche Leid zu verhindern ist. Kundenorientierung bedeutet, daß die wirklichen Wünsche des Kunden – das sind nicht unbedingt die aktuell vom Kunden selbst formulierten Wünsche – das Maß aller Dinge sind. Sicherheitsinformationen sind Angebote, nicht Belehrungen.

Integriertes Marketing bedeutet Ausrichtung aller Funktionen des Unternehmens auf Optimierung der Marktbearbeitung und bedeutet z.B. Ablehnung von Forschungsprojekten, von denen nur geringer Nutzen für die Sicherheitsarbeit zu erwarten ist, oder Vermeidung von Medienaktionen, die überwiegend der Selbstdarstellung dienen.

Streben nach Kundenzufriedenheit bedeutet für eine Sicherheitsagentur Streben nach wirksamer Befriedigung echter Sicherheitsmängel ohne wesentliche Beeinträchtigung der Lebensqualität. Voraussetzung ist die Überzeugung, daß davon der langfristige Unternehmenserfolg abhängig ist. Konsequenzen daraus sind z.B. der Verzicht auf Manipulation oder Fehlinformation des Kunden, selbst wenn es seiner Sicherheit dienen würde, und Respektierung der Tatsache, daß Sicherheit keine überwertige Idee ist. Unfallverhütung hat dort ihre Grenzen, wo sie Menschen wesentlich ärmer an Lebensfreude, oder gar ängstlich oder lebensuntüchtig machen würde.

Im Sinne der Marketingorientierung haben wir auch einen Namen für das Institut gesucht, der diese Kundenorientiertheit zum Ausdruck bringt, und nicht den Eindruck eines beliebigen Unternehmens oder gar eines Amtes vermittelt. Nach dem traditionellen tätigkeitsorientierten Ansatz wäre es vermutlich bei "Institut oder Kuratorium für Sicherheit in Heim und Freizeit" geblieben. So haben wir allerdings nach einem griffigen Namen gesucht, der wie ein Markenname verwendet werden kann und leicht mit der Unternehmensaufgabe zu assoziieren ist. Nach entsprechenden Umfragen wurde der Name SICHER LEBEN gewählt, der wie ein Slogan gleich das langfristige Unternehmensziel formuliert. Für ein Institut, das zweifellos viel Forschung zu betreiben hat, erschien dies zunächst ungewöhnlich. (Nachträglich verwundert aber mehr, daß diese Bezeichnung bis vor zwei Jahren noch von keinem Unternehmen besetzt war). Ähnlich war der Vorgang bei der Gestaltung des Logos, wobei bewußt Symbole gesucht wurden, die mit der Institutsaufgabe und dem Institutsnamen zu tun haben und ein Wunschimage vermitteln. Die Wirkung von Namen und Logo als wesentliche Imageträger des Unternehmens müssen natürlich entsprechend getestet werden. Angewandte psychologische Forschung spielt im Marketingkonzept also bereits bei der Festlegung des Namens und des Corporate Designs eine wichtige Rolle.

Bedarf und Nachfrage

Wie sehen die wirklichen Wünsche der Menschen in bezug auf Sicherheit aus? Das Institut SICHER LEBEN ist natürlich der Überzeugung, daß Unfallverhütung und die Reduktion von Unfallrisiken den Menschen dient, und daß es sich dabei um ein humanitäres und soziales Anliegen handelt. Wie wir aber wissen, ist nicht davon auszugehen, daß Sicherheitsarbeit von allen Menschen gleichermaßen positiv gesehen wird. Offensichtlich gibt es einen Widerspruch zwischen dem objektiven Bedarf an Sicherheit und der Nachfrage nach Sicherheitsinformationen. Marketing bedeutet das wirksame Management der Austauschbeziehungen mit den verschiedenen Märkten und Zielgruppen, und damit der Nachfrage. Das Hauptproblem des Sicherheitsmarketing ist die Belebung der Nachfrage.

Widerstände gegen Sicherheitsinformationen sind klarerweise ein Thema psychologischer Forschung. Ich kann hier leider keinen Überblick geben, wie der gegenwärtige Stand des diesbezüglichen Wissens aussieht, sondern kann nur feststellen, daß ein solcher Überblick und insbesondere einschlägige Untersuchungen dringend erforderlich wären.

Ich kann aber einige empirische Ergebnisse anführen, die zeigen, daß die aktuelle Nachfrage nicht ident mit dem tatsächlichen Wünschen der Menschen ist. Schon einfache direkte Befragungen zeigen eine hohe Akzeptanz der Unfallverhütung. In einer aktuellen Umfrage (Fessel und GFK, 1989) meinten 85 Prozent der Bevölkerung, der Staat gebe zuwenig für Unfallverhütung aus, ein Prozentsatz, der nur vom Umweltschutz übertroffen wird; sogar Gesundheitsvorsorge liegt in der Dringlichkeitsliste der Bevölkerung knapp darunter. Dieser hohe Prozentsatz ist vor allem durch die Angst vor dem Straßenverkehr bestimmt. Speziell im Heim- und Freizeitbereich ist das Bedürfnis nach Unfallverhütung geringer, weil es hier nur ein geringes Gefährdungsbewußtsein gibt. In einer ebenfalls unlängst durchgeführten Umfrage (Diess, 1989) meinten nur 60 Prozent der Befragten, daß zuwenig für die Unfallverhütung in Heim und Freizeit getan werde.

Diese Zahlen zeigen nur die breiteste und unverbindlichste Form der Zustimmung, indem nämlich Maßnahmen von anonymen Personen oder Organisationen gefordert werden. Die Akzeptanz eigener Beiträge oder gar eigener finanzieller Aufwendungen dürfte noch geringer sein. Nach erstgenannter Umfrage würden z.B. nur 39 Prozent trotz der offensichtlichen Brandgefahr auf Wachskerzen als Christbaumbeleuchtung verzichten. In der zweiten Umfrage wünschten gar nur 32 Prozent selbst mehr Information über Unfallgefahren im Haushalt, in der Freizeit und beim Sport. Offensichtlich herrscht die Meinung vor, nur die anderen bräuchten mehr Information.

Der Widerspruch zwischen unverbindlicher Zustimmung und Ablehnung eines eigenen Einsatzes ist gut bekannt und wenig überraschend. Weniger gut bekannt ist, wie dieser Widerspruch positiv aufzulösen ist. Offensichtlich handelt es sich dabei gar nicht um ein dissonantes, sondern um ein konsonantes Denkmuster, welches in der Massenkommunikation häufig als Verhaltensmaxime bekräftigt wird. In diese Richtung geht z.B. der Slogan "Stoppt den Wahnsinn", mit dem eine nicht zufälligerweise erfolgreiche Tageszeitung eine Kampagne für Verkehrssicherheit führte. Kaum jemand wird sich als wahnsinnig erleben, und die Aktivität des Lesers beschränkt sich darauf, andere zum Handeln aufzufordern. Trotzdem durften alle Leser das Gefühl haben, einen positiven Beitrag zu leisten. Jeder Betrachter wurde in seiner Angst vor den Wahnsinnigen bestätigt, aber nicht mit konkreten Vorschlägen zur eigenen Verhaltensänderung belästigt; entsprechend mäßig dürfte der Erfolg gewesen sein.

Gering ist auch die Bereitschaft zu anderen Gegenleistungen für Sicherheitsinformationen. Kaum jemand würde für eine Broschüre über Gefahren im Haushalt oder für das Betrachten eines Films über sicheres Schilaufen bezahlen. In der individuellen KostenNutzen-Rechnung bei der Prüfung eines solchen Ansinnens würde die "Ausgabenseite" deutlich überwiegen, und die Ausgabe daher unterbleiben. Der Erfolg der Unfallverhütung besteht in der Verringerung einer Schadenswahrscheinlichkeit, was als nur geringer unmittelbarer Nutzen erlebt wird. Die Verringerung der Schadenswahrscheinlichkeit erfordert in der Regel Verhaltensänderungen, die zumindest in der Gewöhnungsphase einen gewissen Aufwand bedeuten und keine unmittelbare Belohnung bieten. Lerntheoretisch haben wir es also mit einer schwierigen Situation zu tun, auf die auch von der psychologischen Sicherheitsforschung immer wieder hingewiesen wurde. Es gilt also bei der Entwicklung von Informationsprodukten, bei der Konzipierung von Aktionen usw. die unmittelbare Belohnung nach Möglichkeit mit einzubauen. Ein bescheidenes Beispiel ist etwa die Veranstaltung von Sicherheitspreisausschreiben im Rahmen von Sicherheitsveranstaltungen, wobei bereits die Einräumung einer Gewinnchance selbst als eine Art Belohnung gesehen werde kann.

Inhalt und Gestaltung

Welche Informationen sind wirklich hilfreich? Zahlreiche psychologische Untersuchungen befassen sich mit den Einflußfaktoren auf Risikowahrnehmung und Risikobeurteilung (siehe z.B. Fritzsche, 1986). Aus den Ergebnissen dieser Arbeiten können vermutlich mehr Konsequenzen für Sicherheitsinformationen und -maßnahmen als in der Vergangenheit gezogen werden. Für viele Tätigkeiten im Heim- und Freizeitbereich müssen einschlägige Untersuchungen allerdings erst durchgeführt werden. Auch zum Risikoverhalten selbst hat die psychologische Forschung eine große Zahl von Theorien entwickelt, deren Nützlichkeit in vielen praktischen Untersuchungen gezeigt werden konnte. Trotz vieler Widersprüche und Einschränkungen des Gültigkeitsbereichs entsprechender Modelle lassen sich daraus praktische Empfehlungen für die Inhalte von Sicherheitsinformationen ableiten.

Wie sollen diese Informationen aussehen? Gerade wegen der geringen Nachfrage müssen Sicherheitsinformationen so beschaffen sein, daß sie die Menschen möglichst leicht und ohne Widerstände erreichen. Für die Gestaltung von Informationsmaterialien liefern vor allem Werbe- und Public-RelationsFachleute das Know-How, wobei es sich aber eigentlich um die Anwendung psychologischen Wissens handelt. Prinzipiell kann ja jede Werbung als "Treatment" bestimmter Zielgruppen aufgefaßt werden. Bei wichtigen und teuren Informationsmedien sind eigene Untersuchungen notwendig, um jene Informationsmenge und Gestaltungsweise herauszufinden, die für eine bestimmte Zielgruppe, ein bestimmtes Medium und einen bestimmten Zweck am besten ist. Ich halte es für einen Mangel, daß die Sicherheitswerbung derzeit in Österreich nur selten den Standard professioneller Werbung erreicht, was natürlich auch mit den knappen Mitteln zusammenhängt. Aber gerade wenn die Mittel knapp sind, muß der Erfolg von Maßnahmen genau kontrolliert werden. Es genügt nicht, hunderttausend Folder zu produzieren; entscheidend ist, welche Veränderung in Richtung Sicherheit bewirkt werden. Ausgaben für wirksame Gestaltung und Wirkungskontrolle sind ein Gebot der Sparsamkeit.

Professionalität ist umso wichtiger, als die Unfallverhütung in einer ideellen Konkurrenz zu mächtigen Wirtschaftszweigen, die ohne allzu viel Skrupel Risikobereitschaft als Weg zum Glück darstellen. Zu diesen konkurrierenden und teilweise manipulierenden Einflüssen bietet die Unfallverhütung derzeit ein eher schwaches Gegengewicht.

Angst und Nachfrage

Es besteht ein offensichtlicher Zusammenhang zwischen Gefährdungsbewußtsein und Nachfrage nach Sicherheitsinformationen. Das Bewußtsein der Verletzlichkeit stellt die wissensmäßige Basis für die Akzeptanz von Sicherheitstips dar. Im Sinne des Nachfragemanagments sind daher Informationen über die tatsächliche Gefährdungssituation notwendig, um den subjektiven Bedarf an Sicherheit an den objektiven heranzuführen.

Wenn man Unfallverhütung will, muß man auch über Unfälle sprechen. Das Wissen um Gefahren führt leicht zu einer Erhöhung der Angst vor einem Unfall. Umfragen zeigen, daß die latente Angst vor einem Unfall generell relativ hoch ist, bei Jugendlichen sogar höher als vor Umweltkatastrophen und Gewaltverbrechen (Steiner, 1988). Dies ist vor allem auf das hohe Gefährdungsbewußtsein im Straßenverkehr zurückzuführen. 76 Prozent der Bevölkerung erwarten einen Unfall am ehesten im Straßenverkehr, aber nur 13 Prozent im Haushalt und gar nur ein Prozent im Sport (Diess, 1989). Die Erhöhung der Ängstlichkeit ist dennoch nicht Ziel der Unfallverhütung.

Es ist eine geläufige Ansicht, daß eine höhere Angstneigung sicherheitsgerechtes Verhalten begünstigt. Sofern die höhere Angstneigung Ausdruck angemessenen Gefährdungsbewußtseins ist, wird man dem zustimmen müssen. Andererseits ist aber bekannt, daß Angst auch Ausdruck der Hilflosigkeit gegenüber gefährlichen Situationen ist. Die hohe Angst vor dem Straßenverkehr dürfte weniger auf Faktenwissen, als auf Hilflosigkeit durch widersprüchliche Informationen und das Gefühl der Gefährdung durch andere zurückzuführen sein. Konsequenzen für das eigene Verhalten werden daraus offensichtlich viel zu selten gezogen. Auch im Sinne langfristiger Kundenzufriedenheit kann Panikmache keine geeignete Maßnahme zur Hebung der Sicherheit sein, auch wenn es notwendig ist, das unterschätzte Gefahrenpotential in Heim und Freizeit bewußt zu machen.

In den Medien ist es beliebt, mit drastischen Unfallberichten Aufmerksamkeit zu erwecken, denn Medien haben nicht nur das Ziel, Sicherheitsinformationen zu vermitteln. Auch wenn viele Medien ihre soziale Verantwortung durchaus ernst nehmen, geht es doch immer auch um die Steigerung der Leser-, Zuhörer- oder Zuseherzahlen. Die Funktion der Angstlust beim Medienkonsum und deren Einfluß auf die Übermittlung von Sicherheitsinformationen dürften noch nicht erschöpfend untersucht sein. In solchen Wechselwirkungen dürften wesentliche Grenzen der Medienarbeit in der Unfallverhütung liegen.

Experimentelle Untersuchungen haben wiederholt bewiesen, daß verstärkte Angst und Streß zu schlechteren Wahrnehmungsleistungen, rigidem Verhalten und ungenaueren Leistungen führen (Fröhlich, 1965). Die unmittelbare Aktivierung von Angst in Verbindung mit Sicherheitsinformationen führt nicht zu höherer Akzeptanz, sondern zu Abwehrreaktionen. Mit Bildern blutverschmierter Kinder wird man Eltern nicht sehr erfolgreich konkrete Empfehlungen nahebringen können. Andererseits sind natürlich latente Angst um das Kind oder Angst vor schlechtem Gewissen Voraussetzung für die relativ große Bereitschaft, etwas zur Vermeidung von Kinderunfällen zu tun. Generell scheint eine zweigeteilte Strategie gangbar, nämlich einerseits durch Informationen über Unfallgefahren die Medienberichterstattung über konkrete Unfälle anzuregen, in der eigentlichen Sicherheitswerbung jedoch die positive Bewältigung der angsterweckenden Situation aufzuzeigen.

Imagebildung

Werbepsychologisch ist es natürlich schwieriger, das Bedürfnis nach sicherem Verhalten auf dem Umweg über Erhöhung des Gefährdungsbewußtseins und Belebung der Nachfrage nach Sicherheitsinformationen anzustreben. Einfacher wäre es, das Bedürfnis nach sicherem Verhalten durch Koppelung mit einem ohnedies vorhandenem Bedürfnis zu koppeln, wie etwa mit dem Bedürfnis, dem anderen Geschlecht zu gefallen oder es sich gut gehen zu lassen. Zuvor ist es dennoch oft notwendig, die entsprechenden Imageträger und Opinion-Leader durch Sachinformation zu vernunftgesteuerten Verhaltensänderungen zu bewegen. Erst überzeugte sicherheitsorientierte Vorbilder werden der Strategie der Imagebildung zum Erfolg verhelfen. Ein Raucher als Leiter einer Anti-Raucher-Kampagne kann offensichtlich nicht erfolgreich sein.

Sicherheit hat in der Bedürfnispyramide des Menschen einen hohen Stellenwert, nach Maslow (zitiert nach Fritzsche, 1986) sogar den zweithöchsten nach den unmittelbaren Bedürfnissen der physischen Existenz, kann aber nicht unabhängig von anderen Bedürfnissen befriedigt werden. Sicherheit ist mehr oder weniger vorhandene Eigenschaft jedes Systems oder jeder Tätigkeit, deren Ziel selten primär Sicherheit ist. Oder wie Klebelsberg (1982, Seite 212) formuliert: "Niemand nimmt am Straßenverkehr teil, um sicherer zu leben".

Unsicherheit wird im Interesse des Hauptziels in Kauf genommen; Sicherheit steht also in Konkurrenz zu anderen Zielen des Menschen und kann daher nicht mit Erfolg unabhängig von den mit Risiken verbundenen Tätigkeiten propagiert werden, weil auch die Gefahren nicht unabhängig von konkreten Tätigkeiten bestehen. Sicheres Verhalten wird am ehesten praktiziert, wenn es das Leben einfacher macht, Nebennutzen bietet und die Erreichung des eigentlichen Tätigkeitsziels sicherstellt (vergleiche Klebelsberg, 1982; Seite 211ff.).

Langfristiges Ziel der Sicherheitsarbeit muß es daher sein, Sicherheit – auch die vor Unfällen – als selbstverständliches Element des Lebens zu verankern. Der Wert der Sicherheit soll generell gehoben werden, Sicherheit bei jedem Tun als wichtiger Bestandteil selbstverständlich werden. Anstrebenswert ist die Etablierung sicherer Gewohnheiten und eines sicheren Lebensstils. Konsequenz einer solchen Grundüberzeugung ist die Zusammenarbeit der Unfallverhütung mit der Gesundheitsförderung, dem Umweltschutz, dem Zivilschutz, der Brandverhütung und der Ersten Hilfe. Suboptimal ist es, einer Organisation oder gar einem Amt alleine die Zuständigkeit für Unfallverhütung zu übertragen.

Schwerpunktsetzung

Ethisch ist es vollkommen richtig zu sagen: Jeder Tote ist ein Toter zuviel. In der Unfallverhütung übersieht dieser Standpunkt jedoch das Faktum, daß sowohl der einzelne Mensch wie auch die Gesellschaft sehr wohl für unterschiedlichen Nutzen unterschiedliche Risiken eingeht. Offensichtlich werden z.B. freiwillig und bewußt eingegangene Gefahren nicht gleich hoch wie entsprechende unfreiwillig auferlegte Gefahren bewertet. Eine Schwerpunktsetzung ist alleine auch aus Gründen der Wirtschaftlichkeit notwendig. Jede Schwerpunktsetzung ist eine politische Entscheidung, die nicht willkürlich, sondern an Hand von formulierten allgemeinen Wertvorstellungen getroffenen werden sollte. Als Kriterien bieten sich insbesondere an:

1. Unfallrisiko einer bestimmten Population (kollektives Risiko)

Die absoluten Unfallzahlen beeindrucken und sind als Indikator für den volkswirtschaftlichen Schaden bedeutend. Eine entsprechende Unfallstatistik ist die Basis jeder vernünftigen Unfallverhütung. Die absoluten Zahlen können jedoch nicht ausschließliches Kriterium für die Wichtigkeit eines Problembereichs sein, wie die Diskussion der folgenden Kriterien zeigt.

2. Unfallrisiko des Einzelnen bzw. einzelner Gruppen (individuelles Risiko)

Aus menschlichen Gründen ist wohl zu verlangen, daß niemand ungebührlich hohen Unfallrisiken ausgesetzt ist, auch wenn er nur zu einem kleinen Kollektiv von Gefährdeten gehört.

3. Tötungsrisiko

Unfallgefahr ist nicht gleich Unfallgefahr. Unfalltypen, bei denen ein hohes Tötungsrisiko oder ein hohes Risiko für eine schwere Verletzung oder einen Dauerschaden besteht, ist wohl erhöhtes Augenmerk zuzuwenden. Ein spezielles Problem stellt in diesem Zusammenhang z.B. die Sturzgefahr hochbetagter und gebrechlicher Menschen dar. Bei ihnen besteht oft in Folge eines allgemein schlechten körperlichen Zustands bereits bei relativ geringfügigen Unfällen ein hohes Tötungsrisiko .

4. Freiwilligkeit des Risikos

Risiken, denen sich Menschen mit einem hohen Maß an Freiwilligkeit aussetzen, werden für die Unfallverhütung generell weniger bedeutsam sein. Bei vielen Sportarten ist jedem Ausübenden bewußt, daß Verletzungsgefahren gegeben sind. Das Risiko wird in Hinblick auf den Lust- oder Erlebnisgewinn in Kauf genommen. Es ist psychologisch nicht gerechtfertigt, solche Risiken mit der gleichen Intensität zu bekämpfen, wie gleich hohe Risiken, denen Menschen unfreiwillig ausgesetzt sind, z.B. durch Wohnen in baufälligen Behausungen oder durch Verwendung mangelhaft gekennzeichneter Chemikalien.

5. Voraussichtliche Beeinflußbarkeit des Risikos

Die Beeinflußbarkeit kann z.B. durch den voraussichtlich erforderlichen Aufwand zur Reduktion des Risikos um einen bestimmten Betrag definiert werden. Die stets beschränkten Mittel wird man dort einsetzen, wo die größere Nutzenstiftung zu erwarten ist.

Es ist anzustreben, diese Kriterien so zu operationalisieren, daß definierte Maßzahlen zur Verfügung stehen. Mit definierten Größen könnte ein mathematisches Modell entwickelt werden, welches für die Praxis Entscheidungshilfen bietet, wo die Unfallverhütung vorzugsweise einsetzen soll. Für ein derartiges Projekt könnten verschiedene Skalierungsverfahren herangezogen werden.

Derzeit ist ein derartiges Bewertungsmodell zwar noch nicht verfügbar, einen richtungsweisenden Ansatz formulierten aber Merz, Schneider und Hehlen (1985).

Erfolgskontrolle

Ziel jeder Unternehmenstätigkeit ist nicht "Beschäftigung", sondern Erfolg. Für erfolgreiches Sicherheitsmarketing stellt die Segmentierung des Marktes sowohl nach Risiko- bzw. Unfalltypen als auch nach Bevölkerungsgruppen eine der Voraussetzungen dar. Ziel der Segmentierung ist es, eine Optimierung von Produktgestaltung und Vertrieb zu ermöglichen. Übliche Segmentierungskriterien sind geographische Variablen wie Wohnortgröße bzw. städtischer oder ländlicher Raum, Bundesland usw., demographische Variablen wie Alter, Geschlecht, Bildung, Beruf, Einkommen usw., Lifestylevariablen wie Medienkonsumgewohnheiten, Freizeitgewohnheiten, Mitgliedschaften bei Vereinen usw., psychographische Variablen wie Risikobereitschaft, Bedürfnis nach Sicherheit für sich selbst oder die Familie, Wissen über Unfallgefahren usw.

In unserem Zusammenhang hat die psychographische Segmentierung nach der Bereitschaft, sich sicher zu verhalten, eine besondere Bedeutung. Es ist unrealistisch zu erwarten, daß durch eine einzelne Maßnahme, einen einzigen Kontakt sofort sicheres Verhalten ausgelöst wird. Der Erfolg eines Informationsprodukts kann in den seltensten Fällen kurzfristig über die Unfallzahlen nachgewiesen werden. Vielmehr ist angesichts des vielfach fehlenden Gefahrenbewußtseins und der mangelnden Nachfrage ein Stufenprozeß anzunehmen, der z.B. folgendermaßen beschrieben werden kann (vergleiche auch Kliemt und Diekershoff, 1978; Seite 49ff.):

1. Das Gefährdungsbewußtsein bei bestimmten Tätigkeiten oder in bestimmten Lebensbereichen ist unterentwickelt und entspricht nicht den tatsächlichen Gefahren (irriges Sicherheitsgefühl oder Fatalismus).

2. Das subjektive Gefährdungsbewußtsein bei diesen Tätigkeiten oder in diesen Lebensbereichen entspricht zwar ungefähr der tatsächlichen Gefährdung, es ist aber unbekannt, worin die Gefahr konkret liegt (Bewußtsein der Unfallgefährdung).

3. Das Wesen der konkreten Gefahr, d.h. die Gegebenheiten, die zu einem Unfall führen könnten, werden richtig verstanden, es ist aber unbekannt, wie die Gefahr am besten reduziert oder vermieden werden kann (Wissen, wie Unfälle entstehen).

4. Das richtige, sichere Verhalten bei einzelnen Tätigkeiten oder in einzelnen Lebensbereichen ist bekannt, wird aber für sich selbst nicht für notwendig oder zutreffend erachtet (Wissen, wie Unfälle zu vermeiden sind).

5. Das richtige, sichere Verhalten wird bei einzelnen Tätigkeiten oder in einzelnen Lebensbereichen regelmäßig praktiziert (bewußt sicheres Verhalten).

6. Die Vermeidung unnötiger Risiken, die Wertschätzung sicheren Verhaltens ist weitgehend generalisiert, sie wird auch bei neuen Situationen routinemäßig gesucht (Sicherheit als Grundwert oder Lebensprinzip).

Theoretisch sollten für alle Stufen eigene Informationsprodukte geschaffen werden. Es erscheint unwahrscheinlich, daß man mit einem Produkt, das für eine Stufe konzipiert ist, mehrere Schritte auslösen kann, auch wenn es einen wiederholten Kontakt mit diesem Produkt gibt. Sehr hilfreich ist es jedenfalls, für jede Stufe eigene Meßinstrumente (vor allem Befragungen) zu haben, mit deren Hilfe eine gezielte Wirkungskontrolle von Informationsmaßnahmen möglich ist, noch bevor diese tatsächlich verhaltenswirksam werden und sich etwa in einer Reduktion der Unfallzahlen niederschlagen. Wirkungskontrollen sind wie professionelle Gestaltung von Sicherheitswerbung ein Gebot der Sparsamkeit.

Unternehmensstrategie

Ein Unternehmenskonzept muß, wenn es praktisch wirksam sein möchte, gegebene Restriktionen berücksichtigen. Es darf keine utopischen Wünsche formulieren. Wesentliche Restriktionen sind üblicherweise gegeben durch den Markt, durch die Konkurrenz, durch die Leistungsfähigkeit des Unternehmens selbst und durch die zur Verfügung stehenden Ressourcen (Informationen, Personal, Finanzierung).

Die entscheidende Restriktion stellen klarerweise die zur Verfügung stehenden Finanzmittel dar. Die dem Institut verfügbaren Mittel sind abgestimmt auf ein kleines, interdisziplinäres und gut qualifiziertes Institut, welches das wesentliche Know-How sammelt und weiterführende Konzepte entwickelt. Auch die Durchführung einzelner großer Forschungsvorhaben und Aktionen der Öffentlichkeitsarbeit, sowie eine regelmäßige Medienarbeit ist damit möglich. Es ist aber völlig klar, daß mit einigen Millionen Schilling nicht an eine österreichweite und thematisch einigermaßen umfassende Sicherheitsarbeit zu denken ist.

Das bisher über Sicherheitsmarketing Gesagte ist damit – zumindest soweit es um Sicherheit in Haushalt und Freizeit geht – derzeit weitgehend Theorie. Die finanzielle Restriktion hat nämlich – bei Berücksichtigung des Unternehmensauftrags – einen wesentlichen Einfluß auf die Strategie bei der Bearbeitung des "Unfallmarktes". SICHER LEBEN unterhält keineswegs nur Austauschbeziehungen zu den verschiedenen Zielgruppen der Konsumenten und Vermittlergruppen, denen Informationen über sicheres Verhalten gegeben werden sollen:

- Konsumenten (verschiedene Zielgruppen),
- Medien (Nachrichtenhändler) und
- Multiplikatoren (Lehrer, Sozialarbeiter, Ärzte usw.)

Austauschbeziehungen bestehen auch mit anderen Organisationen, die auf gleichen oder angrenzenden Gebieten wie SICHER LEBEN tätig sind, und mit denen aus den bereits erwähnten Gründen eine Zusammenarbeit angestrebt wird. Besondere Zielgruppen sind natürlich jene Stellen, die derzeit die Hauptlast der Folgekosten von Heim- und Freizeitunfällen tragen:

- staatliche Stellen,
- Landesregierungen,
- Gemeinden und
- Sozialversicherungen.

Das Institut SICHER LEBEN muß sich – folgend seinem Unternehmensauftrag und seinem marketingorientierten Unternehmenskonzept – bemühen, auch andere Kosten- und Leistungsträger zu nennenswerten Leistungen für die Verhütung von Heim- und Freizeitunfällen zu bewegen. Da alleine die Gesundheitskosten durch Heim- und Freizeitunfälle auf etwa 15 Milliarden Schilling jährlich zu schätzen sind, ist bei den Trägern dieser Kosten mit Interesse an Investitionen zur Kostendämpfung zu rechnen. Allerdings kann es nicht nur Ziel sein, die großen Kostenträger wie Staat, Krankenkassen oder Länder zur Unterstützung des Instituts zu veranlassen. Es ist auch zu fordern, daß diese Stellen selbst eigene breitangelegte Aktionen durchführen. Wenn alle Organisationen im Rahmen ihrer Möglichkeiten für mehr Sicherheit arbeiten, ist dies in seiner Gesamtheit viel effektiver, als alle Verantwortung einer Stelle aufzubürden. Voraussetzung ist, daß diese Aktivitäten einander inhaltlich nicht widersprechen und koordiniert sind.

Weitere Zielgruppen sind Wirtschaftsunternehmen, die als Sponsoren für Unfallverhütung aus anderen Gründen in Frage kommen, und natürlich die derzeitigen

Geldgeber, die selbstverständlich umfassend informiert werden wollen, was mit ihrem Geld geschieht.

Große Erfolge können nicht kurzfristig erwartet werden. Wichtig wäre ein eindrucksvoller Nachweis, was Unfallverhütung wirklich leisten kann. Anzustreben ist daher mittelfristig ein über mehrere Jahre gehender, wissenschaftlich begleiteter Modellversuch in einem definierten Gebiet in Österreich, um die Wirksamkeit eines umfassenden Sicherheitsprogramms zu demonstrieren.

Für diese Vorgangsweise gibt es ein eindrucksvolles Beispiel aus Schweden. Dort wurden in der Region Skaraborg (Bezirk Falköping) in den Jahren 1978 bis 1980 zunächst eine umfassende epidemiologische Erhebung durchgeführt, um die Struktur des Unfallgeschehens genau kennenzulernen und um einem Maßnahmenkatalog auszuarbeiten. In den Jahren 1980 bis 1982 wurde schließlich unter Einbeziehung aller relevanten gesellschaftlichen Gruppierungen, der kommunalen Stellen und der Bürger selbst ein umfassendes Sicherheitsprogramm realisiert. Dabei zeigte sich, daß der Effekt der gemeinsam gesetzten Maßnahmen größer ist als die Summe der Effekte jeder einzelnen Maßnahme. Es kommt offensichtlich zu einer wechselseitigen Verstärkung durch die öffentliche Mobilisierung. Während im Heim- und Freizeitbereich das Ersparnispotential bisher nur auf etwa zehn Prozent geschätzt wurde (Pfundt, 1985), konnte bewiesen werden, daß eine wesentlich größere Reduktion der Unfallzahlen möglich ist. Das Resultat des schwedischen Versuchs war eine Reduktion der häuslichen Unfälle um 27 Prozent, der Verkehrsunfälle um 28 Prozent und der Arbeitsunfälle um ebenfalls 28 Prozent. Zur Kontrolle wurden die gleiche statistische Erhebung im Vergleichsbezirk Lidköping durchgeführt, in der es nur einen wesentlich geringeren Rückgang gab (Schelp, 1988).

Dieses Resultat war Anstoß zur Verabschiedung eines nationalen Sicherheitsprogramms (Svanström, Schelp und Skjönberg, 1989). Ein ähnliches Vorgehen erscheint durchaus auch für Österreich sinnvoll. Ohne ein solches nationales Sicherheitsprogramm werden die Ziele des WHO-Konzeptes "Gesundheit 2000" (Weltgesundheitsorganisation, 1985) voraussichtlich nicht erreichbar sein. Als Ziel 4 formuliert dieses Konzept, das auch mit der Stimme Österreichs verabschiedet wurde: "Bis zum Jahr 2000 sollte die durchschnittliche Zahl der Lebensjahre, die frei von schweren Krankheiten oder größeren Funktionsbehinderungen verbracht werden, um mindestens zehn Prozent erhöht werden". Ziel 11 lautet: "Bis zum Jahr 2000 sollte die Zahl der Todesfälle infolge von Unfällen durch verstärkte Bemühungen zur Verringerung der Unfallhäufigkeit im Straßenverkehr, zu Hause und am Arbeitsplatz um mindestens 25 Prozent vermindert werden".

Bereits bei den vorbereitenden Modellversuchen muß es aber eine unabhängige und interdisziplinär besetzte Stelle geben, die strategische Konzepte liefert, Daten und Fachinformation sammelt und aufbereitet. An dieser Stelle muß z.B. eine

Unfalldatenbank geführt werden, müssen begleitende Forschungsprojekte durchgeführt und exemplarische Umsetzungsmodelle entwickelt, sowie die Veränderungen der Einstellung der Bevölkerung sowie des Unfallgeschehens laufend kontrolliert werden. Ich hoffe, daß ich zeigen konnte, welche Beiträge die Psychologie dabei leisten könnte.

Literaturverzeichnis

Diess, L.: Subjektive Unfallgefährdung in den Lebensbereichen Straßenverkehr, Beruf, Haushalt, Freizeit und Sport. Umfragebericht. Wien: Institut SICHER LEBEN (1989).

Fessel u. GFK: Lifestyle 1989. Teilauswertung. Wien: Dr.Fessel und GFK (Bericht in Vorbereitung) (1989).

Friedl, H. P.: Freizeitunfälle und häusliche Unfälle – Ergebnisse des Mikrozensus Dezember 1980. Statistische Nachrichten, 37, 167 – 168, 657 – 662 (1982).

Fritzsche, A. F.: Wie sicher leben wir? Köln: Verlag TÜV Rheinland (1986).

Fröhlich, W.: Angst und Furcht. In: Thomae, H. (Hrsg.) Motivation. Handbuch der Psychologie, Bd.2. Göttingen: Hogrefe (1965).

Hasitschka, W. u. Hruschka, H.: Nonprofit-Marketing. München: Verlag Franz Vahlen (1982).

Kisser, R.; Hader, H. u. Schlintl, E.: Heim- und Freizeitunfälle – Stiefkinder der Unfallstatistik. Wien: Literas Universitätsverlag (1989).

Klebelsberg, D.: Verkehrspsychologie. Berlin, Heidelberg: Springer-Verlag (1982).

Kliemt, G. u. Diekershoff, K.: Lernprozeß Sicherheit. München: Bundesverband der Unfallversicherungsträger der öffentlichen Hand – BAGUV (1978).

Kotler: Marketing für Nonprofit-Organisationen. Stuttgart: C. E. Poeschel Verlag (1978).

Merz, H.; Schneider, Th. & Hehlen, P.: Beurteilung des Unfallgeschehens aus der Sicht des individuellen und kollektiven Risikos. Bern: Schweizerische Beratungsstelle für Unfallverhütung – bfu (1985).

Pfundt, K.: Bedeutung und Charakteristik von Heim- und Freizeitunfällen. Köln: Verband der Haftpflicht-, Unfall-, Auto- und Rechtsschutzversicherer – HUK (1985).

Schelp, L.: Community intervention and changes in accident pattern in a rural Swedish municipality. Health Promotion, 2, No. 2, 109 – 125 (1987).

Schuster, G.: Sicherheit im Haushalt. Wien: Verein für Konsumenteninformation (1985).

Svanström, L.; Schelp, L. & Skjönberg, G.: The establishment of a safety promotion programme for prevention of accidents and injuries. Health Promotion, 4, No. 4 (in press) (1989).

Weltgesundheitsorganisation: Einzelziele für "Gesundheit 2000". Kopenhagen: Weltgesundheitsorganisation – Regionalbüro für Europa (1985).

Der Normalbürger als typische Unfallpersönlichkeit – Psychologie im Sicherheitsmarketing

R. Risser
Institut für Soziologie, Universität Wien, Österreich

Der Titel dieses Konferenzblockes bringt, wenn ohne Fragezeichen belassen, die Hypothese zum Ausdruck, daß Unfallgefahr prinzipiell allen droht, und daß die Ursachen dafür im Bereich der menschlichen – resp. "normalbürgerlichen" – Persönlichkeit zu suchen sind, oder, etwas freier interpretiert: Generell im Bereich des "Faktors Mensch".

Obwohl eine ausführliche Problemanalyse in bezug auf Unfälle, resp.auf Sicherheit im menschlichen Leben zunächst möglichst ohne Einschränkungen auf bestimmte Lebensbereiche durchgeführt werden sollte, habe ich eine solche Einschränkung dennoch getroffen: Einmal in Anbetracht der geringen Zeit, und außerdem, weil es bezüglich der Interpretation bestehenden Fachwissens sicherer schien, sich auf die Bereiche zu konzentrieren, denen beide Referenten dieses Themenblocks angehören. Ich habe daher mein Referat auf die Unfallproblematik des "Normalbürgers" in den Bereichen Haushalt, Freizeit und Straßenverkehr ausgerichtet.

So sehe ich also die Voraussetzungen für dieses Referat. Diese Sichtweise empfand ich als anregend für meine Argumentation und für die Suche nach den zu stellenden Fragen und ich habe daher beschlossen, mich innerhalb dieses Rahmens zu bewegen.

Ausgangspunkt

Mit dem Begriff der "Unfällerpersönlichkeit" möchte ich mich nicht näher befassen, wohl aber darauf verweisen, daß es mit Sicherheit Faktoren gibt, die bewirken, daß unter bestimmten Bedingungen für bestimmte Menschen oder Menschengruppen erhöhte Unfallgefahr besteht: In Abhängigkeit vom Lebensalter, von der Tagesverfassung, von der Lebenssituation, usw. usf. gibt es unserem heutigen Wissen zufolge unterschiedliche Unfallrisiken. Anders betrachtet: Im Zuge unseres Lebens und unserer Entwicklung machen wir Phasen mit unterschiedlichem Unfallrisiko durch; und auf der anderen Seite der Münze gibt es für alle Altersgruppen ihre speziellen Risken (siehe etwa KISSER et al. 1989).

Der "Faktor Mensch" spielt beim Unfallgeschehen wohl fast immer eine Rolle, da es in der Regel wir sind, die in bestimmten Situationen handeln, was dann auch hin und wieder in einem Unfall mündet. Ausgenommen von diesem Handlungsszenario sind Unfälle vom Typ "einstürzende Brücken" oder "Erdbeben".

Eine Ausweitung diese Konzepts menschlicher Beteiligung kann man noch vornehmen, indem man den Menschen auch sieht als Planer und Gestalter

- von Transportsystemen,
- von Häusern und Wohnungen,
- von Arbeitsplätzen und der Arbeitswelt,
- des gesellschaftlichen Lebens und
- des Zeitgeistes, etc..

Es besteht nach dieser Sichtweise aber wohl kein Zweifel daran, daß man sich vom Konzept des einzelnen, unabhängig von anderen handelnden Menschen verabschieden muß, wenn man versucht, diese Bereiche in seine Überlegungen zum Unfallgeschehen einzubauen: Die Verbindung von Ursachen und Wirkungen, die schon recht diffus ist, wenn man sich auf das Verhalten einzelner Individuen beschränkt, wird allerdings noch weit verwirrender, will man auch letzgenannte Aspekte – die in summa das produzieren, was man soziale Strukturen nennt – mitberücksichtigen.

Denken wir nun zunächst einmal nach, welche Beziehungen zwischen Handlungen, resp. Verhalten, und Unfällen wir kennen; wir stellen dabei sehr rasch fest, daß wir wohl einiges über Unfallumstände wissen, aber wenig über Unfallursachen, sprich: über die Ursachen gefährlichen Verhaltens. Ich weiß darüber auch nicht sehr viele Antworten, aber das Studium der Literatur hat mich zu einigen Fragen veranlaßt, die man, so meine ich, beantworten muß, ehe man sich daran macht, so praktische Dinge wie ein Sicherheitsmarketing durchzuführen.

Frage 1: Auf welchen Ebenen wird unser Verhalten gesteuert?

Die erste Frage die sich stellt, hat damit zu tun, nach welchen Aspekten wir unser *Verhalten*, bzw., im Rahmen von Tätigkeiten, unsere *Handlungen* ausrichten. In der Literatur kommt in letzter Zeit häufig ein Dreistufenmodell zur Sprache (siehe z.B. ROTHENGATTER & DE BRUIN 1989 mit mehrereren Beiträgen aus dem Bereich der Verkehrssicherheit, die aber gut verallgemeinerbar sind):

1. ***Stufe*** (Mehr oder weniger) diffuser Motivationshintergrund:
- eigenes Aktivationsniveau, soziale Anregung, eigene Situation, gesellschaftliche Situation/Kultur, eigene Einstellungswelt, soziale Normen, "Zeitgeist", "Philosophie" (z.B. "Zeit ist Geld", u.ä.)

2. ***Stufe*** Tätigkeitsmotivation: Zwang vs. Freiwilligkeit, Beispielwirkung aus der Umgebung, Können und Kennen einer Aktivität, Spaß vs. Notwendigkeit/sachlich-neutrale Abwicklung, bewußtes Agieren vs. Automatismus (z.B. längere Autofahrten: streckenweise ist man "mit dem Kopf ganz woanders")

3. ***Stufe*** Handlungsmotivation: Jene augenblicklichen Gegebenheiten, die dazu führen, daß man im Rahmen einer bestimmten Tätigkeit bestimmte

Handlungen setzt; situative Variablen, Handlungsgewohnheiten, Kommunikationsroutinen, Reflexhandlungen, aber auch rasche und improvisierte Denkprozesse und deren Umsetzung (James Bond ist dafür ein gutes Beispiel; auch dafür, daß jemand etwas tut und andere dann einen Unfall haben; aber dazu später mehr)

Gelänge es, eine Unfallkategorisierung danach zu entwickeln, welche dieser Voraussetzungen nach welchen Mustern zusammenwirken, sodaß Unfälle entstehen, dann könnte man vermutlich seine Chancen erhöhen, die Menschen zu bestimmten Verhaltensweisen zu motivieren, resp. sie dazu zu bringen, bestimmte Verhaltensweisen zu setzen, andere zu modifizieren und wieder andere zu unterlassen. (Beispiel: Kombinierte Empfehlung eines Verhaltens das gleichzeitig Spaß macht und sicher ist; siehe HACKER 1986).

Frage 2: Welches Interesse haben die Sicherheitsexperten an höherer Sicherheit?

Aus der Sozialpsychologie ist bekannt, daß man Empfehlungen samt dazugehörigen Argumenten dann eher annimmt, wenn man dem Sender traut. Wenig vetrauenswürdig kann aber nicht nur ein Sender sein, der lügt, sondern auch einer, der sich seiner eigenen Motive selbst nicht im klaren ist. Was wollen wir also mit unserer Sicherheitsarbeit?

- Vielleicht braucht man nur einmal schaun, wer die meisten von uns bezahlt, um zu verstehen, daß hinter unserer Tätigkeit auf jeden Fall ökonomische Interessen stehen. Dagegen ist natürlich überhaupt nichts einzuwenden, solange eine fach- und sachgerechte Sicherheitsarbeit gewährleistet ist.
- Es ist jedoch auch nicht von der Hand zu weisen, daß wir eine Alibifunktion haben: Solange nämlich, als man nichts wirklich durchschlagendes z.B. gegen Straßenverkehrsunfälle machen kann, weil etwa Planung und Bau sowohl von Verkehrsanlagen als auch von Fahrzeugen viel stärker das Verhalten der Menschen beeinflussen als sämtliche Appelle.
  Obwohl wir dies wissen, will man sich gleichzeitig aber nicht den Anschein der Untätigkeit geben und versucht sein bestes via Sicherheitsmarketing in Richtung Endverbraucher. Sachzwänge bewirken also, daß es kurzfristig dazu keine Alternativen gibt.

Vielleicht schwingt auch hier und dort der Zeigefinger des Weltverbesserers mit, wobei in diesem Fall oft Lehrmeisterliches gute Absichten und gute Ideen entwertet.

Wie auch immer: Wenn jemand, den ich zu bestimmten Verhaltensveränderungen anregen will, die ersten beiden Gründe bei mir vermutet, so kann das die Effizienz meiner Arbeit empfindlich stören, weil dadurch meine Glaubwürdigkeit beeinträchtigt wird. Auch der erhobene Zeigefinger ist hinderlich für die Überzeugungsarbeit, wenn ihm nicht eine vernünftige und glaubwürdige Erklärung folgt.

Die aber kann nur im Rahmen einer gesellschaftspolitischen Sichtweise und nach einem *breiteren Konzept* gegeben werden.

Folgende Gesichtspunkte wären u.a. in diesem Zusammenhang zu nennen:
- Offenheit darüber, warum man sich für eine bestimmte Sache einsetzt, ist einmal unter dem Gesichtspunkt der Autentizität vorteilhaft, einem Begriff, den wie wir aus der therapeutischen Forschung und Praxis ja kennen; zum zweiten muß das Nachdenken darüber und das Begründen, warum man sich für etwas einsetzt, logischerweise und fast zwangsläufig Argumente zutage fördern, die wiederum im Rahmen des Sicherheitsmarketing gut einsetzbar wären.
- Ökonomische Gründe können und müssen so dargestellt werden, daß sie dahinterstehende Prinzipien der Solidarität und Fairness transparent werden lassen, wenn es darum geht, bestimmte Schäden für die Allgemeinheit zu minimieren, bzw, zum ökonomischen Nutzen der Allgemeinheit zu handeln; sollten im Rahmen offener Diskussion andere – gesellschaftlich weniger erwünschte – Prinzipien durchleuchten (wenn etwa die Ziele der Sicherheitsarbeit im Zuge der Alltagsroutine aus den Augen verloren gehen), so ist offenbar der Hebel hier anzusetzen.
- Wenn man in die Situation des Alibi-Funktionärs gerät, so müßte prinzipiell die Möglichkeit bestehen, diese "schiefe Optik" zu erklären: Sachzwänge, die momentan keine besseren und grundlegenderen Veränderungen zulassen, müßten sich in diesem Fall verständlich machen lassen. Den Anschein zu erwecken, daß man von bestimmten strukturellen Voraussetzungen nichts weiß – oder tatsächlich nichts davon zu wissen – schadet hingegen der Glaubwürdigkeit und hieße vermutlich, den "Durchschnittsbürger" zu unterschätzen.
- Die Motivationen "Solidarität" und "Verantwortung für andere Menschen" müssen aus der Schublade genommen werden. Gesellschaftliches Verhalten – und dazu gehören auch Haushaltsunfälle, wenn man sie zu einer Angelegenheit der Gesellschaft macht – wird schließlich und endlich gesellschaftlich geregelt. Oder haben wir Begriffe wie Sozialisierung und Internalisierung schon vergessen?

In Bezug auf den letzgenannten Zugang zum Problemkreis ist folgendes zu sagen: Wir haben kein Recht, uns in Privatangelegenheiten hineinzumischen; und sind "Privatsachen" als eigentlich von öffentlichem Interesse anzusehen, so muß sich das aus dieser Perspektive artikulieren lassen, wenn man eine gewisse Plausibilität der Dinge annimmt.

Wenn mir wer anderer sagt, daß ich mir nicht den Oberschenkelhals brechen soll, so muß er einen Grund angeben können, der uns beide anregt, damit ich ihm zugestehe, daß ihn das was angeht: Jemandem der behauptet, daß er ausschließlich an meiner Sicherheit interessiert ist, glaube ich nicht. Wenn er mir aber die Dinge offen als vorteilhaft für mich und als vorteilhaft für die Gemeinschaft "verkauft", tu ich mir leichter, ihm zu glauben.

Frage 3: Welche "Qualitätskriterien für das Leben" gibt es?

Die Darstellung, welche Vorteile die Empfänger von Botschaften im Rahmen des Sicherheitsmarketing haben, wenn sie sich überzeugen lassen, muß allerdings auch innerhalb eines gewissen Konzeptes erfolgen. Das "Vermeiden von Unfällen" allein ist ein zu abstrakter und zu negativer Grund, um jemanden zu besonderem Einsatz zu motivieren. Durch Vorgangsweisen, die sich vorwiegend an diesem Motiv orientiert haben, hat sich meiner Meinung nach z.B. die Verkehrssicherheitsarbeit der Möglichkeiten zu weit größeren Erfolgen als bisher beraubt.

Viel grundlegendere Fragen nach Sinn und Zweck, vorsichtig zu sein, müßten gestellt werden, als wir das üblicherweise tun. Es ist ja keineswegs verboten, zu fragen, ob bestimmte Arten von Unfällen evtl. "normal" sind und gleichsam zum menschlichen Leben,bzw. zu einem von allen doch gut geheißenen System dazugehören, sodaß u.U. die Lebensqualität im Sinne des Overprotecting eingeschränkt würde, wenn man sich zu sehr auf eine Vermeidung dieser Unfälle konzentrierte, wie: Daß man als Kind hinfällt, daß man sich in der Küche im wahrsten Sinn des Wortes die Finger verbrennt, daß man sich beim Freizeitsport den Fuß verstaucht, u.ä. Geht man den Ursachen nach, die dazu führten, daß z.B. der motorisierte Individualverkehr in letzter Zeit häufiger kritisiert wird, so wird man feststellen, daß diese selten bzw. kaum mit der objektiven Unsicherheit zusammenhängen, die von ihm ausgehen; hingegen vielmehr

- mit der Belastung der Bürger durch schlechte Luft, durch Lärm und durch für das Auge unschöne Verbauung;
- mit dem stärker werdenden Bewußtsein von Gruppen von Bürgern, die sich zumindest teilweise auch in der Rolle der Nichtautofahrer sehen, daß ihre spontane Mobilität in dieser anderen Rolle durch den motorisierten Individualverkehr und dessen Einrichtungen eingeschränkt wird;
- mit dem stärker werdenden Bewußtsein, daß die Begriffe Bequemlichkeit und Flüssigkeit vorwiegend für den motorisierten Individualverkehr Gültigkeit haben; Wegverlängerungen bzw. Umwege für Fußgänger und Radfahrer einzuplanen ist dagegen gang und gäbe;
- mit dem Faktum, daß man sich als älterer Mensch, oder als Eltern seine Kinder, mehr oder weniger von der Straße fernhalten muß weil man Überforderung und Gefährdung spürt.

Fassen wir diese Motive zusammen, so stellen wir fest: Es sind der Schutz der Umwelt, die freie Beweglichkeit und Mobilität, die Bequemlichkeit und das Gefühl der Sicherheit bzw. der Geborgenheit, die die Menschen anstreben und deren Beinträchtigungen sie zu Maßnahmen anregen, *und nicht* die Beeinträchtigung der objektiven Sicherheit pur und abstrakt, solange wir im Zusammenhang mit dieser Beeinträchtigung keinen "Leidensdruck" verspüren. Natürlich wird niemand behaupten wollen, daß das *alle* Motive sind, die eine Triebkraft für gesellschaftliche Entwicklungen darstellen, aber es sind jene, die in letzter Zeit häufig öffentlich zum

Ausdruck kommen. (Und offenbar ist es so, daß man sich vor einer Beeinträchtigung obgenannter Bereiche weniger betroffen fühlt, wenn man vorwiegend mit dem Auto unterwegs ist.)

Für ein effizientes Sicherheitsmarketing ist die Erforschung der Einwirkung des Kräftespiels dieser öffentlichen/veröffentlichten Kriterien der Lebensqualität auf die Menschen sicher unabdingbar;genauso wie die Sammlung von Wissen darüber, welche anderen Motive, die wir der Öffentlichkeit vielleicht nicht so gerne preisgeben, unser Verhalten noch steuern. Argumente, die die Verbesserung akzeptierter Qualitäts-kriterien anvisieren, lassen sich ohne solches Wissen nicht mit ausreichender Zielsicherheit finden.

Frage 4: Wie sollen sich die angesprochenen Menschen verhalten?

Zusätzlich kommt es aber noch auf eine ganz wichtige Frage an, die bisher erst angedeutet wurde: Nämlich als ich sagte, daß die Intention eines "Sicherheitsmarketing" im weitesten Sinn in der Anregung zu bestimmten Verhaltensweisen, zur Modifikation anderer Verhaltensweisen und zur Unterlassung wieder anderer Verhaltensweisen bestünde. Die Schwierigkeit liegt nun darin, in diesen drei Bereichen zufriedenstellend genaue Handlungsanweisungen zu geben. Natürlich gibt es Empfehlungen, die inhaltlich leicht und eindeutig zu erfassen sind. "Sperren Sie Medikamente weg, damit Ihre Kinder nicht dran kommen!" Oder: "Überqueren Sie als Fußgänger die Autobahn bei Über- oder Unterführungen!"

Noch leichter ist es, weitverbreitete und klar definierte Fehlverhaltensweisen hervorzuheben, die, wenn sie vermieden werden, das Risiko, das sowohl "Spielen" im weitesten Sinn als auch die Alltagsroutine mit sich bringen, in Grenzen halten. Völlig unsystematisch fallen mir hierzu Beispiele ein, wie

- in höheren Stockwerken ungesichert außen Fenster zu putzen,
- in unbekannte Gewässer einfach hineizuspringen,
- mit Elektrogeräten im Bad zu hantieren, oder
- mit 70 km/h durch eine Ortsstraße zu fahren, etc.

Alternativvorschläge für Bereiche mit geringerer Klarheit in bezug auf ihre Sicherheitsrelevanz kann man zwar auch formulieren, wie etwa statt mit dem Pkw mit öffentlichen Verkehrsmitteln in die Arbeit zu fahren (wobei ich bezweifle, ob ich für diesen Altenativvorschlag auch nur hier im Saal überwiegend Zustimmung erhalte), oder statt Berg zu klettern Berg zu wandern (wobei hier jeder Kletterer vermutlich verächtlich abwinkt); aber es zeigt sich hier, daß man es fast immer schwer hat, die überzeugenden Vorteile eines Alternativverhaltens, das man vorschlagen möchte nachzuweisen.

Hier taucht ein Problem auf, daß durchgehend feststellbar ist: Fragt mich wer, ob ich Sicherheit will, sage ich ja. Sagt er mir, was ich dafür tun muß, ist dieser Hinweis entweder trivial, oder er wird zunächst von mir nicht nachvollzogen, bzw. ich nehme den Vorschlag nicht automatisch an. Es bedarf der Begründung, damit etwas geglaubt wird, und zwar nicht nur, wie oben erwähnt, im Hinblick auf die *Glaubwürdigkeit des Engagements* des Senders, sondern auch im Hinblick auf die Transparenz der Tatsache, daß dem Sender bekannt ist, wie die Probleme, auf die er mich anspricht denn gelöst werden könnten.

Verweilt man in diesem Zusammenhang bei der Tätigkeit des Aufzählens kommt man vom Hundertsten ins Tausendste mit dem Resultat, daß man den Menschen einen vielseitigen Katalog von Handlungsanweisungen präsentieren müßte, der nur von einem gut programmierten Roboter umzusetzen ist. Informationen und Vorschläge müssen also offenbar so kommen, daß sie im Hinblick auf einen breiteren Verhaltensabschnitt relevant sind. Sie müssen aufgrund kognitiver, resp. reflexiver Auseinandersetzung mit dem Thema seitens der angesprochenen Menschen bei diesen Denkprozesse auslösen, die eigene Initiative und eigene Entschlüsse fördern, welche letztlich zu höherer Sicherheit führen. Eine effiziente Kommunikation im Sicherheitsmarketing muß offenbar auf ausführlichem Know-how darüber aufbauen, welche konkreten Inhalte zu vermitteln sind, wobei man natürlich den Aspekt der Didaktik zu beachten hat.

"Seien Sie vorsichtig!" ist hier sicher zu allgemein, "Lassen Sie keine Seife hinter Ihrer Eingangstüre liegen!" wiederum zu speziell. Das letzte Beispiel leitet zur nächsten und zugleich letzten Frage über, die ich im Rahmen dieses Referates anreißen möchte:

Frage 5: Wer trägt für wen die Verantwortung?

Im Bereich Haushalt und Freizeit dürften der überwiegende Teil der Unfälle "Alleinunfälle" sein, das heißt, man verletzt sich bei einem Unfall, an dem man als Handelnder nur allein beteiligt ist, selber. Das Verhalten der beteiligten Person hat in solchen Fällen auf den ersten Blick keinerlei Implikationen für die Sicherheit anderer Menschen. Es wäre aber irrig, deshalb anzunehmen, daß Alleinunfälle ausschließlich als Folge individuellen, gesellschaftsunabhängigen Verhaltens zustande kommen:

Zunächst sei jener allgemeine Verhaltensinhalt erwähnt, der üblicherweise im Rahmen des soziokulturellen Austausches über die Medien propagiert, bzw. über die Begegnung mit anderen Menschen wahrgenommen wird, sich als Mode verbreitet und dann üblich, bzw. "in" ist (in der Freizeitgestaltung, im Umgang mit Geräten, vor allem beim Sport, etc., wirkt sich das dann aus; REICHARDT spricht damit im Zusammenhang bereits 1969 von einer Verhaltensdiffusion; und die Versicherung macht's wieder gut).

Die Situation im Straßenverkehr ist die, daß nur etwa 25 Prozent der Unfälle Alleinunfälle sind. In etwa 75 Prozent der Fälle gibt es also mehrere Beteiligte:

- Daraus resultiert der Tatbestand, daß in diesen Fällen logischerweise Personen für den Schaden, den andere erleiden, (mit)verantwortlich sind.

Warum wird diese Verantwortung so offensichtlich schlecht wahrgenommen; und im Rahmen welcher Konzepte kann man die Idee der Verantwortlichkeit effizient der anderswo so reichlich präsenten Idee der "letzten Freiheit des Mannes" gegenüberstellen?

Interpersonelle, bzw. sozialpsychologische Aspekte, die ebenfalls auf eine Verantwortung, die man für andere Menschen hat, hinweisen, sind außerdem noch in anderer Hinsicht von Bedeutung, auch im Zusammenhang mit Alleinunfällen:

- Da ist einmal – vorwiegend bezüglich der Unfälle, die nicht im Straßenverkehr geschehen – der Aspekt zu nennen, daß Produzenten für ihre Produkte haften (müßten) und im Rahmen österreichischer Gesetze von Personen, die aufgrund von Produktfehlern verletzt werden oder sonstigen Schaden erleiden, zur Verantwortung gezogen werden können (wir spannen hier also zumindest einmal einen Bogen zu den eingangs erwähnten strukturellen Bedingungen).
- Zum anderen ist der Gesichtspunkt von Bedeutung, daß jegliches Verhalten in dem Maße, in dem es von anderen Menschen – aber natürlich insbesondere von Kindern – beobachtet werden kann, zur Nachahmung anregt, bzw. auch dazu führt. Riskantes Verhalten nun, das wissen wir, mündet nicht regelmäßig, meist nicht einmal häufig, in einem Unfall; es wird nachgeahmt, ohne daß die Imitatoren die möglichen Konsequenzen durchschauen.

Im Straßenverkehr sind, bezüglich dieses Aspektes, die sozialen Voraussetzungen für das Verhalten noch weit deutlicher ausgeprägt:

- Imitationslernen spielt mit Sicherheit die wichtigste Rolle bei der Sozialisation der Verkehrsteilnehmer: Den Großteil seiner Zeit im Verkehr verbringt man damit, sein Verhalten mit dem der anderen Verkehrsteilnehmer abzustimmen; wobei keineswegs gesagt sein soll, daß diese Abstimmung in zufriedenstellenden Bahnen verläuft, bzw. daß sie sehr bewußt erfolgt.

Der Routinier der glaubt, alles zu können und dementsprechend fährt, ist unter diesem Gesichtspunkt mitverantwortlich für das Verhalten der anderen Menschen im Verkehr, speziell der Kinder und Jugendlichen; wenn man ihm auch rechtlich keinen Strick daraus drehen kann, wenn er diese Verantwortung nicht wahrnehmen will.

Dem Aspekt der Imitation unterliegt auch das Ausleben sozialer Vergleichprozesse, die insbesondere bei jugendlichen Personen leicht anzuregen sind, was speziell im Straßenverkehr fatale Konsequenzen hat.

- Tendenzen, andere Personen zu übertrumpfen oder zu besiegen, haben direkte

Rückwirkung auf das System Verkehr, indem sie dieses schneller und dynamischer machen, aber auch, indem sie Verkehrsteilnehmer mit noch mangelnder Routine und noch mangelndem Problembewußtsein zu gefährlichen Verhaltensweisen anregen.

Eine weiter Gruppe von Unfällen neben den Alleinunfällen – im Haushalts- und Freizeitbereich und auch im Straßenverkehr – sind solche, bei denen in irgendeiner Form der Aufsichtspflicht nicht in ausreichendem Maße nachgekommen wurde:

- Hier wird der Faktor der Verantwortung für andere Personen besonders deutlich, weil es sich um solche Personen handelt, für deren Unmündigkeit es keinerlei Zweifel gibt.

Dagegen ist es nicht so leicht, die Notwendigkeit der Übernahme von Verantwortung für erwachsene Personen transparent zu machen, obwohl es Gruppen gibt, denen man wohl übereinstimmend mehr oder weniger stark ausgeprägte Hilfsbedürftigkeit zuerkennt: Behinderte etwa, oder auch gebrechliche ältere Personen. Die Frage ist, in welcher Form soll sich die Verantwortung gegenüber diesen Personen denn manifestieren? Was kann man aus dieser Perspektive gegen die vielen Stürze auf gleichem Niveau unternehmen, denen z.B. sehr viele sehr alte Personen zum Opfer fallen? Ist hier jemand zur Verantwortung zu ziehen?

Zusammenfassend kann man aus dem hier gegeben Szenario folgende Formen der Verantwortung herauslesen:

- Verantwortung als Aufsichtsperson,
- Verantwortung für hilfsbedürftige Personen,
- Verantwortung im Rahmen einer Vorbildfunktion,
- Verantwortung für die Sicherheit anderer Menschen im Rahmen einer potentiell gefährlichen sozialen Interaktion und
- Verantwortung ausschließlich für sich selbst (die ich weiter vorne durch James Bond symbolisiert habe, der nur einer fiktiven Queen und sonst niemandem gegenüber Verantwortung trägt).

Zum Schluß

Dieser letzte Punkt sollte einen Überblick über mögliche Perspektiven bezüglich des Aspektes "Verantwortung" resp. "Verantwortlichkeit" geben, weil ich meine, daß speziell dieser Aspekt in allen seinen Facetten in Sicherheitsmarketing-Konzepte wird eingehen müssen, um deren Effizienz zu gewährleisten:

Die Überlegungen bezüglich aller anderen diskutierten Punkte hängen nämlich stark davon ab, inwiefern man den Gedanken eines vernetzten Sozialsystems akzeptiert, innerhalb welchen kaum eine Handlung unabhängig von anderen Personen, bzw. für andere Personen ohne Belang ist.

Literatur

HACKER, W.: Arbeitspsychologie, Psychische Regulation von Arbeitstätigkeiten, Huber Verlag, Bern Stuttgart Toronto (1986).

KISSER, R.; HADER, H. & SCHLINTL, E.: Heim- und Freizeitunfälle – Stiefkinder der Unfallstatistik, Literas Universitätsverlag Wien (1989).

REICHARDT, R.: Möglichkeiten einer Soziologie des Kraftfahrverkehrs, in ROSENMAYER L. & HÖLLINGER S. (Hrsg.),

ROTHENGATTER J.A. & DE BRUIN R.A. (Eds.) 1988, Road User Behaviour. Theory and Research, Van Gorcum, Assen/Maastricht (1969).

Neuentwicklungen in der Psychotherapieforschung

U. Baumann
Institut für Psychologie der Universität Salzburg
Salzburg, Österreich

1. Psychotherapie, Verhaltensmedizin, Gesundheitspsychologie

Mit den Begriffen Psychotherapie, Verhaltensmedizin und Gesundheitspsychologie werden drei unterschiedliche Begriffe ins Spiel gebracht, die primär ohne Bezug zueinander stehen, in neuerer Zeit aber zunehmend an Bedeutung gewonnen haben. Im folgenden soll zuerst die gegenseitige Relation dieser drei Begriffe geklärt werden. Für Psychotherapie gibt es – trotz unterschiedlichster Vorschläge – keine verbindliche Definition; in Anlehnung an Strotzka können aber Bestimmungsstücke angegeben werden, die eine Präzisierung von Psychotherapie ermöglichen (Strotzka, 1975a; Baumann, 1984, S. 3):

- Psychotherapie stellt eine geplante, zielorientierte Maßnahme dar, die zu Änderungen führen soll.
- Die Maßnahmen sind im Zusammenhang mit Verhaltensstörungen, Leidenszuständen, psychischen Beeinträchtigungen, psychischen Krankheiten zu sehen.
- Zur Veränderung werden psychologische Maßnahmen eingesetzt, d.h. Vorgehensweisen, die im Erlebens- und Verhaltensbereich ihren Ansatzpunkt haben und mittels psychologischen Theorien fundiert werden.
- Psychotherapie erfolgt durch Personen, die dafür ausgebildet worden sind, also durch professionelle Helfer.
- Psychotherapie ist ein Prozeß, der theoretisch fundiert sein muß und zwar bezüglich Zielsetzung, Planung und Realisierung der Maßnahmen, der behandelten und behandelnden Personen und deren Interaktionen.
- Psychotherapie ist empirisch zu überprüfen, wobei insbesondere die Kriterien Wirksamkeit, Effizienz (Kosten – Nutzen), Patienten – Zufriedenheit und ethische Angemessenheit (Baumann & ReineckerHecht, 1986) anzulegen sind.

Dieser Psychotherapieumschreibung ist ein Schema gegenüberzustellen, das den Begriff Psychotherapie erweitert und die gegenseitige Relation der drei eingangs angeführten Begriffe klären hilft. Zum einen ist der Präventionsbegriff (Strotzka, 1975b) hinzuzunehmen, zum anderen die Unterscheidung zwischen psychischen und somatischen Störungen zu treffen (vgl. Tabelle 1).

Wir kommen damit zu einem allgemeinen klinisch-psychologischen Interventionsrahmen, der verschiedenste Felder umfaßt. Psychologische Intervention bezieht sich zum einen auf psychische und auf somatische Störungen. Diese Erweiterung ist seit den 70er-Jahren zu beobachten und hat zum Begriff *Verhaltensmedizin* geführt (behavioral medicine; Miltner, Birbaumer & Gerber, 1986). Verhaltensme-

	Psychische Störungen	Psychische Phänomene somatischer Störungen
Primäre Prävention (Vorbeugung)	Gesundheits-psychologie	Gesundheits-psychologie
Sekundäre Prävention (Behandlung i.e.S.)	Psychotherapie	Verhaltensmedizin
Tertiäre Prävention (Rehabilitation)	Verhaltensmedizin	Verhaltensmedizin

Tabelle 1

dizin ist dabei nicht nur ein Begriff für Intervention, sondern ein interdisziplinäres Forschungskonzept für die Medizin, das Fragen der Ätiologie, Diagnostik und Intervention (Prävention, Behandlung, Rehabilitation) miteinbezieht. Neben der Erweiterung im Hinblick auf die Störungsarten kann der Interventionsbereich durch die drei Präventionsfelder ergänzt werden. Der Bereich der primären Prävention – vielfach mit Prävention im engeren Sinne umschrieben – hat in den letzten Jahren vermehrt Interesse gefunden und durch den Begriff der *Gesundheitspsychologie* eine neue Akzentuierung erhalten (Stone et al., 1987). Es geht in der Gesundheitspsychologie nicht mehr nur um die Verhinderung von Störungen/Krankheiten, sondern um die Förderung von Gesundheit als positives Gut. Nach dem Diskussionskonzept der WHO von Kopenhagen 1984 wird Gesundheit wie folgt konzipiert. "Als Maßstab für Gesundheit wird dabei die Möglichkeit des einzelnen und von Gruppen gesehen, einerseits Wünsche und Bedürfnisse befriedigen zu können und andererseits mit ihrer Umwelt übereinzustimmen oder sie bewußt zu verändern. Gesundheit wird somit als eine wesentliche Grundbedingung des alltäglichen Lebens und nicht als Lebensziel verstanden" (vgl. auch Tagung der Sektion Klinische Psychologie des BÖP).

Klinisch-psychologische Intervention umfaßt also unterschiedlichste Bereiche; Psychotherapie im allgemeinen Verständnis, wie es sich auch in den Bemühungen um ein Psychotherapiegesetz niederschlägt, deckt dabei nur einen Teilbereich ab (primär das Feld der sekundären Prävention bei psychischen Störungen).

Die Interventionsaufgaben in den verschiedenen Feldern des Schemas in Tabelle 1 sind zum Teil strukturell miteinander vergleichbar und gehen vielfach ineinander über (z.B. Krisenintervention im Zwischenfeld zwischen primärer und sekundärer Prävention; Langzeittherapien im Zwischenfeld zwischen sekundärer und tertiärer Prävention). Aus wissenschaftlicher und berufspolitischer Sicht ist daher eine zu starke Abgrenzung der verschiedenen Interventionsfelder problematisch.

Trotz dieser Vorbehalte gegenüber einer Eingrenzung auf Einzelbereiche werde ich in meinem Beitrag die klinisch-psychologische Intervention bei psychischen Störungen in den Vordergrund stellen; Fragen der Gesunheitspsychologie und Verhaltensmedizin kann ich nur am Rande behandeln. Am Schluß werde ich nochmals auf den Gesamtrahmen eingehen und insbesondere die Frage der Konsequenzen für Aus- und Weiterbildung ansprechen. Sofern ich keine auf ein Feld spezifizierte Intervention impliziere, werde ich den Begriff der klinisch-psychologischen Intervention benutzen; Psychotherapie bezieht sich vor allem auf das zweite Feld des angeführten Schemas. Zum Teil wird auch für klinisch-psychologische Intervention der Begriff klinisch-psychologische Behandlung (im weiteren Sinne), für Psychotherapie der Begriff Behandlung (im engeren Sinne) verwendet. Für einen Überblick über neuere Entwicklungen im Psychotherapiebereich seien genannt: Garfield und Bergin (1986) und Themenhefte des American Psychologist (1986, Heft 2) und Journal of Consulting and Clinical Psychology (1986, Heft 1).

2. Unterschiedliche Betrachtungsebenen der klinisch-psychologischen Interventionsforschung

Wie wir an anderer Stelle ausgeführt haben (Baumann, 1986a), kann die klinisch-psychologische Interventionsforschung unterschiedlichen Leitbildern folgen. Im Laufe der Zeit haben sich vor allem folgende Leitbilder als wichtig erwiesen:

- Eysencks Leitbild der experimentellen Psychologie hat zur Forderung kontrollierter Therapiestudien mit Kontrollgruppen geführt (zum Problem der Kontrollgruppen vgl. Baumann, 1986b).
- Kieslers Gittermodell hat das Postulat der differentiellen multimodalen Therapiestudien aufgestellt. In Therapiestudien sind bezüglich Störungsgruppen, Therapieverfahren, Therapeuten differentielle Aspekte zu berücksichtigen; der Erfolg ist multimodal zu erfassen und die Messungen sind vor, während, am Ende der Therapie vorzunehmen und durch Katamnesen zu ergänzen.

In Anlehnung an medikamentöse Prüfmodelle wurde für die klinisch-psychologische Interventionsforschung ein Phasenmodell gefordert (Müller-Oerlinghausen & Linden, 1981), in dem die Evaluation im Rahmen eines Forschungsprogrammes erfolgen sollte. Folgende Phasen können unterschieden werden:

Phase O: Schaffung eines neuen Interventionsansatzes.

Phase 1: Erkundungsphase. Erprobung des Interventionsansatzes in Einzelfallstudien, Analogstudien, Gruppenstudien (ohne Kontrollgruppe).

Phase 2: Pilot-Phase. Genaue Überprüfung durch kombinierte Prozeß-Erfolgsstudien (mit Kontrollgruppen).

Phase 3: Testphase. Überprüfung im Großversuch, vielfach in Form von Verbundstudien.

Phase 4: Follow-Up. Überprüfung der Implementierung im Praxisfeld.

Dieses in der medikamentösen Forschung verbindliche Phasenmodell hat sich leider bis heute nicht für klinisch-psychologische Interventionen im allgemeinen, bzw. Psychotherapien durchgesetzt. Der oft beklagte desolate Zustand der Psychotherapieszene beruht nicht zuletzt darin, daß neue Psychotherapieverfahren häufig nicht über die Phase 1 hinauskommen und dennoch breite Verbreitung finden; auf Ausnahmen werde ich später zu sprechen kommen.

Wir selbst haben für die Psychotherapieforschung (gilt auch für die klinisch-psychologische Intervention im allgemeinen) ein Perspektivenmodell (Baumann, 1984) vorgeschlagen. Danach ist Psychotherapieforschung unter folgenden drei *Perspektiven* zu konzipieren:

- Makroperspektive: Beschreibung und Bewertung der Gesundheitversorgung,
- Handlungsanalyse: Gesundheits- und Krankheitsverhalten des Patienten; Handlungsdeterminanten des Therapeuten und
- Mikroperspektive: Prozeß-Erfolgsforschung.

Für die Forschung ist es notwendig, das Perspektivenmodell mit dem Phasenmodell zu kombinieren.

Bezieht man in die Diskussion stärker das Berufsfeld ein, so sind folgende Ebenen zu unterscheiden:

1. Theorie und Technologie (Wissenschaft),
2. Ausbildung,
3. Berufszulassung und
4. Finanzierung.

In meinem Beitrag werde ich mich am Perspektivenmodell orientieren; dabei sollen wissenschaftliche Aspekte im Vordergrund stehen. Fragen der Aus-, Weiter- und Fortbildung werden am Schluß angesprochen. Durch das Perspektivenmodell werden Fragestellungen mit Psychotherapie in Verbindung gebracht, die auf den ersten Blick wenig mit Psychotherapie zu tun haben. Es soll aber gezeigt werden, daß Psychotherapie nicht isoliert gesehen werden kann, sondern in allgemeinere Überlegungen einzubetten ist.

3. Psychotherapie: Makroperspektive

Psychotherapie ist keine isolierte Interaktion zwischen Therapeut und Patient, sondern spielt sich im Rahmen einer konkreten Gesundheitsversorgung ab. Die bei einzelnen Störungen und Interventionen theoretisch möglichen Effektivitäts- und Effizienzwerte sind nur dann in einzelnen Therapien realisierbar, wenn dies der Gesamtrahmen, die Gesundheitsversorgung zuläßt. Die beste Therapiemethode und der beste Therapeut nützen wenig, wenn der Patient nicht den Zugang zum Versorgungssystem findet. Daher ist es notwendig, Versorgungssysteme selbst, nicht nur einzelne Interventionsmethoden oder Therapeutenvariablen zum Forschungsgegenstand zu machen. In der Psychiatrie hat die Versorgungsforschung eine längere Tradition (vgl. z.B. Arbeiten des Zentralinstituts für Seelische Gesundheit in Mannheim); dabei werden aber vielfach psychologische Institutionen nur am Rande oder gar nicht berücksichtigt, da die Versorgungsforschung primär an medizinischen Institutionen interessiert ist. Vergleichbare Beiträge zur Gesundheitsversorgung aus psychologischer Sicht sind eher selten (z.B. Baumann, Gastager, Mackinger & Nagl-Pickerle, 1987); einzelne Arbeiten sind auf spezielle Berufsgruppen fokussiert wie z.B. der Bericht zur Psychotherapeutischen Versorgung in Österreich (Jandl-Jager et al., 1987) oder zum Beratungsangebot für Frauen im Schwangerschaftskonflikt (Wimmer-Puchinger, Kundi & Bronneberg, 1988). Versorgungsforschung muß zum einen Bestandesaufnahmen machen, zum anderen aber auch zu Bewertungen kommen.

Wie wir in unserer Evaluationsstudie zum Bundesland Salzburg (Baumann et al., 1987) hingewiesen haben, benötigen Evaluationsaussagen Zielvorstellungen. Diese wurden verschiedentlich vorgelegt; die neuesten Konzepte finden sich in den Empfehlungen der Expertenkommission der Bundesregierung (BRD) zur Reform der Versorgung im psychiatrischen und psychotherapeutisch/psychosomatischen Bereich (Expertenkommission der Bundesregierung, 1988). Folgende allgemeine Grundsätze werden weiterhin als bewährt und verbindlich betrachtet (S. VII):

- Gemeindenahe Versorgung,
- Bedarfsgerechte und umfassende Versorgung *aller* psychisch Kranken und Behinderten,
- Koordination aller Versorgungsdienste und
- Gleichstellung von psychisch Kranken und somatisch Kranken.

Ergänzend werden u.a. folgende Punkte angeführt (zusammenfassende Darstellung durch den Verfasser):

- Betonung der Verantwortung der kommunalen Gebietskörperschaften (Landkreise, Gemeinden etc.) für die Gesundheitsversorgung,
- Betonung der Wichtigkeit nichtprofessioneller Kräfte und des Selbsthilfepotentials,
- Betonung der Verantwortung der kommunalen Gremien heißt nicht auch finanzielle Alleinverantwortung dieser Rechtskörperschaften und Entlastung von Bundesländern oder Bund,
- Versorgungseinheiten sollten in der Regel 100.000 bis 150.000 Einwohner nicht überschreiten und mit politischen Einheiten übereinstimmen (also nicht – wie in früheren Expertenberichten – Einheiten von der Größe von 250.000 Einwohnern).
- Die Verantwortung der unteren politischen Einheiten (Gemeinden etc.) liegt vor allem bei dem außerstationären Bereich und seiner Verknüpfung mit dem stationären Bereich.
- Den chronisch kranken Patienten ist besondere Beachtung zu schenken.

Vergleichbare Aussagen finden sich im Expertenbericht für das Land Baden-Württemberg (Rössler et al., 1987). Wie wir in unserer Evaluationsstudie zum Bundesland Salzburg (Baumann et al., 1987) gezeigt haben, ist in den 70er und 80er Jahren eine Vielzahl an Institutionen geschaffen worden, die ein vielfältiges Angebot für Personen mit psychischen Störungen machen. Dennoch bleiben verschiedenste Punkte offen und bedürfen einer besseren Lösung. Insbesonders ist das Angebot an Gesundheitsversorgung für die Landbevölkerung weiterhin unzureichend (gilt für den stationären, komplementären und ambulanten Sektor). Die Gleichstellung psychisch und somatisch Kranker ist nicht erreicht (vgl. z.B. Trennung der Kliniken oder unterschiedliches Leistungsangebot der Krankenkassen); ob eine berufspolitische Fokussierung der Psychotherapie auf psychische Störungen, anstelle auf den gesamten Bereich der Störungen letztlich nicht auch die Trennung der beiden Bereiche signalisiert, wäre eine interessante Diskussionfrage. Auch die Koordination des Versorgungsangebotes läßt vielfach zu wünschen übrig. Auf weitere Defizite in der Gesundheitsversorgung (z.B. Altenbereich) kann hier nicht näher eingegangen werden; zu erwähnen ist nur, daß die Gesundheitsversorgung der psychischen Aspekte somatischer Störungen konzeptuell und personell völlig unzureichend ist. Diese Aussagen gelten für das Bundesland Salzburg, sind aber nach unserer Einschätzung auch für andere Bundesländer Österreichs gültig.

Zusammenfassend ist zum Punkt Makroperspektive bzw. zur Gesundheitsversorgung zu sagen, daß durch die Diversifikation im Angebot verschiedenste Neuentwicklungen in Gange gekommen sind. Das klinisch-psychologische Interventionspotential, das von der Wissenschaft bereit gestellt worden ist, wird aber in der konkreten Gesundheitsversorgung nur unzureichend genutzt. Hier Abhilfe zu schaffen ist Aufgabe der Forschung durch Bereitstellung empirischer Daten, aber auch der Berufsverbände durch Mitwirken und Einflußnahme an Diskussionen und Regelungen der Gesundheitsversorgung.

4. Psychotherapie: Handlungsanalyse

Auf der Handlungsebene des *Patienten* ist für Psychotherapie vor allem das Gesundheits- und Krankheitsverhalten bedeutsam. Die Konzepte Bewältigung/Coping und Soziales Netzwerk, Soziale Unterstützung haben sich für diese Bereiche als besonders wichtig erwiesen. Einerseits wird mit dem Stichwort *Bewältigung (Coping)* darauf hingewiesen, daß in der Regel Personen mit psychischen Störungen vor jeder professionellen Behandlung eigene Bemühungen um die Bewältigung ihrer Problematik unternehmen. Klinisch-psychologische Interventionen haben die Aufgabe, diese Bewältigungsformen – sofern sie adäquat sind – zu unterstützen oder – sofern sie unangemessen sind – zu modifizieren. Mit dem Bewältigungskonzept wird das bereits im vorherigen Kapitel erwähnte Selbsthilfepotential angesprochen, das es zu fördern gilt. Die Forschung hat in den letzten Jahren eine Vielzahl an Ergebnissen zur Bewältigung hervorgebracht, die für die Gesundheitsförderung, aber auch den Sektor der somatischen Medizin – z.B. Operationsvorbereitung, Umgang mit chronischem Schmerz (Peterson, 1989) – wichtig sind (vgl. Moos, 1986). Auch hier ist festzustellen, daß Ergebnisse zur klinisch-psychologischen Intervention vorliegen, aber noch zu wenig umgesetzt worden sind.

Neben dem Bewältigungskonzept sind auch die Konstrukte *Soziales Netzwerk* und *Soziale Unterstützung* zu nennen, die für die Handlungsanalyse der Psychotherapie wichtig und fruchtbar sind (Baumann, 1987; Angermeyer & Klusmann, 1989). Gerade die Erforschung schwerer psychischer Störungen wie Schizophrenien etc. hat gezeigt, daß der Verlauf von Störungen nicht nur vom Patienten selbst, sondern auch vom sozialen Umfeld abhängt (vgl. Konzept Expressed Emotion; Leff & Vaughn, 1985). Klinisch-psychologische Intervention muß daher das Soziale Netzwerk in seine Überlegungen implizit oder explizit (vgl. Angehörigengruppen oder Familientherapie) miteinbeziehen. Aber auch im Vorfeld der Intervention (vgl. Krankheitsverhalten) ist das Soziale Netzwerk von Bedeutung, da Krankheitsdefinition und Hilfesuchverhalten des Betroffenen vom Umfeld beeinflußt wird. Diese Erkenntnisse haben Konsequenzen für die Gesundheitspsychologie, indem entsprechendes Basiswissen und Basisfertigkeiten des Umganges mit psychischen Problemen zu vermitteln sind.

Für die Handlungsperspektive ist nicht nur der Patient, sondern auch der *Therapeut* von Bedeutung. Seit langem ist klar, daß die Forschung nur partiell den therapeutischen Handlungsrahmen abdecken kann. Zusätzliche Handlungsdeterminanten sind unter Anleitung erworbene Berufserfahrung und persönliche Erfahrung. Daher wird bei Praktikern den Ergebnissen der Forschung oft wenig Beachtung geschenkt (vgl. Morrow-Bradley & Elliott, 1986). Aus dieser Problematik ergeben sich für die Wissenschaft, aber auch für die Praxis Konsequenzen. Die Wissenschaft ist gefordert, stärker die im Handlungsfeld sich artikulierenden Probleme zu erforschen, um umsetzbares Wissen anzubieten. Für die Praxis ergeben sich Forderungen bezüglich Weiter- und Fortbildung bzw. Supervision.

Umsetzbare Ergebnisse der Forschung stellen strukturierte und evaluierte Therapiemethoden dar, die in den letzten Jahren vermehrt in Form von Therapiemanuals vorgelegt wurden (z.B. Depressionsbereich: Hautzinger, Stark & Treiber, 1989; schizophrene Störungen: Roder, Brenner, Kienzle & Hodel, 1988). Diese Behandlungsanleitungen (Manuals), die einerseits die Struktur vorgeben, andererseits für den individuellen Verlauf genügend Raum offen lassen müssen, haben sich in der Ausbildung von Therapeuten und für eine wirksame Durchführung als sehr nützlich erwiesen (vgl. Beutler, 1988; dort auch weitere Beiträge zum Thema Ausbildung). Zur Handlungsanalyse gehören auch Fragen zur Therapiesituation und -setting. Als Beispiel für anwendungsorientierte Forschung seien Untersuchungen zu sexuellen Beziehungen zwischen Therapeut und Klient genannt; ein Thema, das in letzter Zeit vermehrt in der englischsprachigen Therapieforschung Beachtung gefunden hat. So weisen z.B. Pope, Keith-Spiegel und Tabachnick (1986) anhand empirischer Daten auf die Problematik hin und fordern, die Thematik in der Ausbildung explizit zu berücksichtigen.

Die Handlungsanalyse fokussiert die Forschung stärker auf die konkreten Fragen des Interventionsbereichs und hat damit die Chance, die oft beklagte Kluft zwischen Forschung und Praxis überbrücken zu helfen. Für diese Forschungsperspektive wären künftig stärkere Forschungsbemühungen notwendig.

5. Psychotherapie: Mikroperspektive

Im Bereich der Mikroperspektive sind am meisten Forschungsaktivitäten zu beobachten. Drei Aspekte sollen behandelt werden: Metaanalysen, Interventionsverfahren, Prozeßforschung.

5.1. Metaanalysen

In den letzten zehn Jahren wurden zur Systematisierung der Therapiestudien verschiedenste sog. Metaanalysen durchgeführt, bei denen die jeweiligen Einzelstudien als Stichprobenelemente in eine statistische Analyse eingingen (Shapiro, 1985; Brown, 1987; Lösel, 1987). Auf die verschiedenen Detailbefunde kann hier nicht eingegangen werden; übereinstimmend wird festgehalten, daß klinisch-psychologische Interventionsverfahren gegenüber unbehandelten Kontrollgruppen effektiv sind, d.h. die grundsätzliche Legitimation von Psychotherapie ist also erbracht. Ebenso wird aber übereinstimmend festgestellt, daß die Unterschiede zwischen verschiedenen therapeutischen Ansätzen bezüglich Wirksamkeit (Erfolg) gering sind. Dieser Befund kann zur Folgerung führen, daß "alle Wege nach Rom führen", es also keine spezifischen Indikationsregeln gibt, was indirekt den "Psychoboom" legitimieren würde. Eine kritische Sichtung der bisherigen Forschung weist aber darauf hin, daß diese Folgerung nicht zwingend ist (vgl. Grawe, 1989). Zum einen hängen die nicht identifizierten Unterschiede mit der Methode der Metaanalyse zusammen; zum anderen ist die bisherige Methodik der Therapieforschung in vielen Punkten kritisierbar, so daß prägnantere Aussagen kaum zu erwarten sind (vgl. Ausführungen zum Phasenmodell in Abschnitt 2. und zur Prozeßforschung im nächsten Punkt). Genauere Analysen, insbesondere die Auswertung methodisch exakter Studien weisen auf spezifischere Indikationsregeln hin, die die Äquivalenz unterschiedlicher Verfahren in Frage stellen (z.B. Überlegenheit von Konfrontationsverfahren (in vivo) bei Phobien gegenüber anderen Verfahren; Überlegenheit von kognitiven oder verhaltensorientierten Verfahren gegenüber psychodynamischen oder humanistischen Verfahren). Wenn hier Aussagen zu Therapieverfahren gemacht werden, so gilt dies für empirisch überprüfte Verfahren; leider weisen gerade neuere Therapieangebote nur wenig Daten vor, obwohl sie breit propagiert werden.

5.2. Interventionsverfahren

Wie bereits betont, werden auch in neuerer Zeit Therapiestudien mit ausgefeilter Methodik durchgeführt. Auf die verschiedenen Bereiche kann hier nicht eingegangen werden; als Beispiel seien Studien zur Therapie *depressiver Störungen* angeführt. Besonders umfassend wurde und wird die Frage der Wirksamkeit von kognitiver Verhaltenstherapie im Vergleich zu Antidepressiva allein oder zu Antidepressiva in Kombination mit kognitiver Verhaltenstherapie überprüft (Hautzinger et al., 1989). Der Forschungsstand kann so zusammengefaßt werden, daß die kognitive Verhaltenstherapie allein oder in Kombination mit Antidepressiva vielfach gegenüber der alleinigen medikamentösen Behandlung überlegen ist. Dies gilt für unterschiedlichste Kriterien wie Abbrecher, Erfolg bei Therapieende und Rezidivrate. Wieweit eine klinisch-psychologische Intervention ohne Antidepressiva durchzuführen ist, ist zum Teil von der exakten Depressionsdiagnose abhängig (z.B. bei endogenen Depressionen eher Kombinationstherapie). Wesentlich ist aber, daß für ein großes Störungsgebiet – nämlich für die depressiven Störungen – nachgewiesen wurde, daß spezifische – nicht irgendwelche – Psychotherapieverfahren eine Alternative oder Ergänzung zu Psychopharmaka darstellen.

In einem weiteren Bereich sind zur Zeit für klinisch-psychologische Interventionen große Forschungsbemühungen im Gange, nämlich im Bereich der *chronisch psychisch Kranken*. Experten sind sich einig (vgl. Heimann & Zimmer, 1987), daß diese Patientengruppen nur mittels komplexer Interventionsstrategien adäquat betreubar sind. Zum einen steht der Patient im Vordergrund der Intervention, zum anderen sind aber auch Angehörige miteinzubeziehen. In der Regel ist eine Kombination von Psychopharmaka- und Psychotherapie notwendig. Dieser Sektor ist ein besonders gutes Beispiel für die Überschneidung zwischen sekundärer und tertiärer Prävention (Behandlung/Rehabilitation) und für ein Selbstverständnis von Psychotherapie, das weit über das Konzept der klassischen Dyade mit dem Ziel der Persönlichkeitsveränderung hinausgeht.

Als weiteres Beispiel für Neuentwicklungen seien klinisch-psychologische Interventionen bei *krankhaften Glücksspielen* genannt. Wie die Arbeitsgruppe um Hand in Hamburg zeigt, können Personen mit krankhaftem Glücksspiel durch gezielte komplexe verhaltensorientierte Interventionen erfolgreich behandelt werden (Klepsch et al., 1987; Wlazlo et al., 1987). Auch hier zeigt sich, daß theoretisch fundierte Interventionskonzepte, durch kompetente Therapeuten realisiert, für bestimmte Problemgruppen Hilfe bringen können, die anderweitig nicht erreichbar ist.

Auf weitere Bereiche kann hier nicht eingegangen werden, insbesondere nicht auf die vielfältigen Forschungsbemühungen für psychologische Interventionsformen im Sektor der somatischen Störungen. Hinzuweisen ist auch auf verstärkte empirische Forschungsaktivitäten zur Familientherapie (z.B. Hazelrigg, Cooper & Borduin, 1987).

5.3. Prozeßforschung

Obwohl seit langem gefordert, ist erst in neuerer Zeit die psychotherapeutische Prozeßforschung aktiver geworden. Zum einen werden gesamte Therapieverläufe, zum anderen einzelne Therapiesitzungen als Prozesse analysiert (Bastine, Fiedler & Kommer, 1989; Greenberg & Pinsoff, 1986). Voraussetzung für eine Prozeßforschung sind Erfassungsmethoden von Interaktionen, die über die klassischen Ratings der Gesprächspsychotherapie hinausgehen. In den letzten Jahren wurden in diesem Sektor verschiedene neue Zugänge soweit entwickelt, daß sie für die Prozeßforschung fruchtbar gemacht werden konnten: Textanalysen mittels Computer, Ausdrucksanalyse von Videoaufnahmen (z.B. System von Ekman und Friesen), spezifischere Einstufungsverfahren und komplexe statistische Analysemethoden. Die Forschungsergebnisse sind für Grundlagenfragen (Interaktionsforschung) und die Ausbildung vielversprechend; es kann auch gezeigt werden, daß die kombinierte Prozeß-Erfolgsforschung zu differentiellen Indikationsaussagen kommt, die über die Aussagen der Erfolgsforschung hinausgehen (vgl. Bastine et al. 1989). In der empirischen Prozeßforschung kann auch die Schulenzentriertheit des Psychotherapiesektors relativiert werden, die ja vor allem auf der Einstellungsebene (Therapieverbände etc.), weniger auf der Handlungsebene von Bedeutung ist. In der Prozeßforschung lassen sich die theoretisch postulierten Unterschiede empirisch überprüfen, womit Gemeinsamkeiten und Unterschiede deutlich werden.

6. Folgerungen für Universitätsausbildung und Weiterbildung

Für die Psychotherapieforschung sind noch viele Fragen offen, was die Akzeptanz von Psychotherapie erschwert. Allzu viel Unbewiesenes und Geglaubtes wird als wissenschaftlich fundiert ausgegeben. Psychotherapie ist auch heute noch oft durch folgende Merkmale charakterisiert: schulenbezogen, von der Wissenschaft abgekoppelt, nicht evaluiert, geringer Versorgungsbezug. Dieses Selbstverständnis ist aus wissenschaftlicher, aber auch aus gesundheitspolitischer Sicht abzulehnen.

Die Ausführungen haben gezeigt, daß auch ein anderes Selbstverständnis möglich ist. Insbesondere wurde betont, daß klinisch-psychologische Intervention einen breiten Rahmen abdeckt, der über das klassische Psychotherapie – Selbstverständnis hinausgeht. Die Erweiterung betrifft die Störungsformen (psychische und somatische Störungen), aber auch die Interventionssektoren (primäre, sekundäre, tertiäre Prävention). Wenn auch eine Spezialisierung für einzelne Sektoren unumgänglich ist, so darf sie sich nicht primär an einzelnen Schulen orientieren. Vielmehr ist die Breite des Tätigkeitsbereiches als übergeordnete Einheit und als verbindenes

Element zu betonen. Für das Universitätsstudium bedeutet dies, daß keine Spezialisierung erwünscht ist, da die klinisch-psychologischen Interventionsfelder sehr breite Kompetenzen aus unterschiedlichsten Teilgebieten der Psychologie erfordern. Für die Postgraduale Phase ist eine Weiterbildung in *Klinischer Psychologie* anstelle in einzelnen Therapieschulen der Vorzug zu geben. Dies schließt nicht eine Akzentuierung auf Tätigkeitsfelder und Therapiemethoden aus, betont aber das strukturell Gemeinsame. Im Konzept des Klinischen Psychologen, das von der Föderation Deutscher Psychologenvereinigungen (1987) entwickelt wurde, sehen wir eine Zielrichtung, die letztlich auch für gesetzliche Regelungen eine sinnvolle Basis darstellt. Es sind nicht Ausbildungsrichtlinien von Therapieverbänden vom Gesetzgeber mittels Psychotherapiegesetz abzusichern; vielmehr sind Anerkennungsmodalitäten anzustreben, bei denen Weiterbildungskonzepte in Klinischer Psychologie auch die Voraussetzung zur psychotherapeutischen Tätigkeit schaffen. Derartige Ausbildungsgänge sind im Verbund zwischen Universitäten, Praxiseinrichtungen und evtl. Berufsverbänden zu planen und umzusetzen. Durch die stärkere Vernetzung zwischen Universität und Praxis im Weiterbildungssektor wäre auch eine notwendige, aber nicht hinreichende Bedingung für eine bessere Umsetzung von Forschungsergebnissen in die Praxis gegeben. Die jetztige Form der Sozialisierung in Therapieverbänden erleichtert diese Umsetzung nicht. Wieweit eine allgemeine Regelung der Psychologentätigkeit wünschenswert sei (Psychologengesetz), ist von diesen Überlegungen unabhängig.

Zusammenfassend ist zu sagen, daß die forscherischen Entwicklungen in Psychotherapie bzw. in klinisch-psychologischer Intervention eine Wandlung des Bildes vom Psychotherapeuten zum Klinischen Psychologen mit sich bringt, das berufspolitisch umzusetzen ist.

6. Literatur

American Psychologist (1986) Psychotherapy research (Special issue). American Psychologist, 41.

Angermeyer, M.C. & Klusmann, D. (Hrsg.): Soziales Netzwerk. Berlin: Springer (1989).

Bastine, R.; Fiedler, P. & Kommer, D. (Hrsg.).: Psychotherapeutische Prozeßforschung (Themenheft). Zeitschrift für Klinische Psychologie, 18 (Heft 1) (1989).

Baumann, U. (Hrsg.): Psychotherapie: Makro- und Mikroperspektive. Göttingen: Hogrefe (1984).

Baumann, U.: Evaluation von Psychotherapie – zugrundeliegende Forschungsleitbilder. Zeitschrift für Klinische Psychologie, Psychopathologie und Psychotherapie, 34, 169 – 176 (1986a).

Baumann, U.: Zum Placebo-Konzept in der Psychotherapie. In H. Hippius; K. Überla; G. Laakmann & J. Hasford (Hrsg), Das Placebo-Problem. Stuttgart: Fischer (1986b).

Baumann, U. (Hrsg.): Soziales Netzwerk, Soziale Unterstützung (Themenheft). Zeitschrift für Klinische Psychologie, 16 (Heft 4) (1987).

Baumann, U.; Gastager, H.; Mackinger, H. & Nagl-Pickerle, B.: Psychiatrische und psychosoziale Versorgung im Bundesland Salzburg. Salzburg: Müller-Verlag (1987).

Baumann, U. & Reinecker-Hecht, Ch.: Psychotherapie-Evaluation. In Kisker, K.P.; Lauter, H.; Müller, J.E.; Müller, C.M. & Strömgren, E. (Hrsg.), Psychiatrie der Gegenwart Band 1: Neurosen, Psychosomatische Erkrankungen, Psychotherapie (3. Aufl.). Berlin: Springer (1986).

Beutler, L.E. (Eds.): Training to competency in psychotherapy (Special series). Journal of Consulting and Clinical Psychology, 65 (Nr. 5) (1988).

Brown, J.: A reviw of meta-analyses conducted on psychotherapy outcome research. Clinical Psychology Review, 7, 1 – 23 (1987).

Expertenkommission der Bundesregierung: Empfehlungen zur Reform der Versorgung im psychiatrischen und psychotherapeutisch-psychosomatischen Bereich. Bundesministerium für Jugend, Familie, Frauen und Gesundheit. Bonn: Aktion Psychisch Kranke (1988).

Föderation Deutscher Psychologenvereinigungen: Weiterbildung Klinische Psychologie. Psychologische Rundschau, 38, 42 – 45 (1987).

Garfield, S.L. & Bergin, A.E. (Eds.): Handbook of psychotherapy and behavior change (3rd ed.). London: Wiley (1986).

Greenberg, L.S. & Pinsof, W.M. (Eds.): The psycho-therapeutic process. New York: Guilford (1986).

Grawe, K.: Von der psychotherapeutischen Outcome-Forschung zur differentiellen Prozeßanalyse. Zeitschrift für Klinische Psychologie, 18, 23 – 34 (1989).

Hazelrigg, M.D.; Cooper, H.M. & Borduin, Ch.M.: Evaluating the effectiveness of family therapies: an integrative review and analysis. Psychological Bulletin, 101, 428 – 442 (1987).

Hautzinger, M.; Stark, W. & Treiber, R.: Kognitive Verhaltenstherapie bei Depressionen. München: Psychologie Verlags Union (1989).

Heimann, H. & Zimmer, F.T. (Hrsg.): Chronisch psychisch Kranke. Stuttgart: Fischer (1987).

Jandl-Jager, E.; Stumm, G.; Wirth, B.; Stocker, K.; Weber, G. & Ahlers, C.: Psychotherapeutische Versorgung in Österreich. Projektbericht. Schriftenreihe des Instituts für Tiefenpsychologie und Psychotherapie der Universität Wien, Wien (1987).

Journal of Consulting and Clinical Psychology: Psychotherapy research (Special issue). Journal of Consulting and Clinical Psychology, 54 (Nr.1) (1986).

Klepsch, R.; Hand, I.; Wlazlo, Z.; Kaunisto, E. & Friedrich, B.: Langzeiteffekte multimodaler Verhaltenstherapie bei krankhaften Glücksspielen, In: Retrospektive Katamnese der Hamburger Pilot-Studie. Suchtgefahren, 33, 137 – 147 (1987).

Leff, J. & Vaughn, Ch.: Expressed emotion in families. New York: Guilford (1985).

Lösel, F. (Hrsg.): Meta-Analysen zur Integration von Forschungsergebnissen (Schwerpunktheft). Zeitschrift für angewandte Sozialpsychologie, 18 (Heft 4) (1987).

Miltner, W.; Birbaumer, N. & Gerber, W.D.: Verhaltensmedizin. Berlin: Springer (1986).

Morrow-Bradley, Ch. & Elliott, R.: Utilization of psychotherapy research by practicing psychotherapists. American Psychologist, 41, 188 – 197 (1986).

Moos, R.H. (Eds.): Coping with life crisis. New York: Plenum (1986).

Müller-Oerlinghausen, B. & Linden, M.: Rationalität der Indikation zur psychopharmakologischen Behandlung. In U. Baumann (Hrsg.), Indikation zur Psychotherapie. München: Urban & Schwarzenberg (1981).

Peterson, L. (Ed.): Coping with medical illness and medical procedures (Special series). Journal of Consulting and Clinical Psychology, 57 (Nr. 3) (1989).

Pope, K.S.; Keith-Spiegel, P. & Tabachnick, B.G.: Sexual attraction to clients: the human therapist and the (sometimes) inhuman training system. American Psychologist, 41, 147 – 158 (1986).

Roder, V.; Brenner, H.D.; Kienzle, N. & Hodel, B: Integriertes Psychologisches Therapieprogramm für schizophrene Patienten (IPT). Weinheim: Psychologie Verlags Union (1988).

Rössler, W.; Häfner, H.; Martini, H.; an der Heiden, W.; Jung, E & Löffler, W.: Landesprogramm zur Weiterentwicklung der außerstationären psychiatrischen Versorgung Baden-Württemberg – Analysen, Konzepte, Erfahrungen. Weinheim: Deutscher Studien Verlag (1987).

Shapiro, D.A.: Recent applications of meta-analysis in clinical research. Clinical Psychology Review, 5, 13 – 34 (1985).

Stone, G.C.; Weiss, S.M.; Matarazzo, J.D.; Miller, N.E.; Rodin, J.; Belar, C.D.; Follick, M.J. & Singer, J.E. (Eds.): Health psychology. London: University of Chicago Press (1987).

Strotzka, H.: Prävention und Rehabilitation psychischer Krankheiten. In W.J. Schranl & U. Baumann (Hrsg.), Klinische Psychologie I (3. Aufl.). Bern: Huber (1975a).

Strotzka, H.: Psychotherapie: Grundlagen, Verfahren, Indikationen. München: Urban & Schwarzenberg (1975b).

Wlazlo, Z.; Hand, I.; Klepsch, R.; Friedrich, B. & Fischer, M.: Langzeiteffekte multimodaler Verhaltenstherapie bei krankhaftem Glücksspielen, II: Prospektive Katamnese der Hamburger Projektstudie. Suchtgefahren, 33, 148 – 161 (1987).

Wimmer-Puchinger, B.; Kundi, M. & Bronneberg, G.: Frauen im Schwangerschaftskonflikt – Beratungsangebote. Bericht des Bundesministeriums für Umwelt, Jugend und Familie, Wien (1988).

Der Wechselbalg Psychotherapie

E. Jaeggi
Freie Universität Berlin, Bundesrepublik Deutschland

(Ein Wort zum Titel: Das Fischer Taschenbuch-Lexikon bezeichnet als "Wechselbalg" ein mißgestaltetes Neugeborenes, das von Dämonen an Stelle eines gesunden ausgetauscht wurde. Ich bin der Meinung, daß einige Therapieforscher uns eine Mißgestalt vorführen, wenn sie den therapeutischen Prozeß forscherisch bearbeiten.)

Von den von Urs Baumann genannten Bestimmungsstücken moderner Psychotherapie, nämlich: geplante, zielorientierte Maßnahme, Änderung von psychischen Störungen; Einsatz psychologischer Maßnahmen; professionelle Hilfe; theoretische Fundierung; empirische Überprüfung, möchte ich drei herausgreifen, deren Stellenwert ich anders sehe als Urs Baumann dies tut. Es sind dies:

- geplantes, zielorientiertes Vorgehen,
- theoretische Fundierung und
- empirische Überprüfung.

Relativiert man diese drei Bestimmungsstücke, dann ergibt sich möglicherweise ein neuer Ausblick auf die Landschaft der Psychotherapieforschung.

Ich finde wenig Dissens bei den von Urs Baumann als "Makroperspektive" bezeichneten Problemen. So wie er sehe ich hier sozusagen im Vorfeld der eigentlichen Psychotherapieforschung sehr bedeutende Fragestellungen. Zum Thema "Handlungsanalyse" gibt es vermutlich ebenfalls einige Übereinstimmungen, vor allem solche im Bereich der noch-nicht-therapeutischen Bewältigung von psychischen Problemen, oder – was damit zusammenhängen mag – im Bereich der Kliententheorien über psychische Störungen bzw. psychische Gesundheit.

Allerdings haben wir hier vermutlich in einigen Bereichen unterschiedliche methodische Vorstellungen – denn auch hier – wie im später zu erörternden Bereich der Psychotherapieforschung i.e.S., scheinen mir meist qualitative Methoden angebrachter als die in der Psychologie üblichen statistischen, die der sogenannten Operationalisierung ihren Aussagewert verdanken.

Gehen wir daher gleich über zur sogenannten Mikroperspektive, weil ich denke, daß hier unsere stärksten Unterschiede liegen. Die drei von mir anders gesehenen Bestimmungsstücke: geplantes, zielorientiertes Handeln; theoretische Fundierung; empirische Überprüfung sollen dabei als Leitlinien der Disputation gelten für die von mir angepeilte Betrachtung der Psychotherapie im allgemeinen und der Psychotherapieforschung im besonderen.

Planvolles, zielorientiertes Handeln

Dieses Bestimmungsstück stammt aus verhaltens- und kommunikationstheoretisch orientierten Therapien und beschreibt dort den Prozeß sehr adäquat, weshalb 1970 die Verhaltenstheoretiker Urban und Ford Therapie erstmalig als "Problemlöseprozeß" i.S. kognitiven Problemlösens betrachtet haben. Dies ist den meisten Einsichtstherapien recht fremd, obwohl natürlich keine Rede davon sein kann, daß Freud'sche oder Rogerianische Therapien etwa ungeplant und ziellos seien. Die Zielvorstellungen sind aber bekanntlich sehr viel komplexer und daher abstrakter (genitale Reife, sebstkongruente Person etc.) und dementsprechend dienen sie nur als Meta-Signale, die nicht ein ganz spezifisches Handeln initiieren, sondern nur grobe Handlungsraster vorgeben.

Die Auswahl der Mittel und Wege, sowie das Aufstellen von Vergleichsmustern wird bekanntlich dort problematisch, wo die Sollwerte allzu abstrakt sind und auch innerhalb eines theoretischen Systems die dorthin führenden Handlungsschemata nicht genau bekannt sind. (Hacker 1988). Vielmehr sind viele dieser Einsichtstherapien dadurch gekennzeichnet, daß es vorrangig erst Aufgabe der Therapie ist, immer konkretere Zielformulierungen zu finden. Der nicht-verhaltenstheoretisch/kognitionstheoretisch orientierte Therapeut hat zwar innerhalb seines theoretischen Systems gewisse Handlungsvorgaben, sie sind aber keineswegs so fest determiniert, wie es vor allem bei Verhaltenstherapeuten (siehe z.B. Schulte-Schema, 1974) oder bei Problemlösetherapeuten zu sein scheint.

Psychotherapie ist, wie alle Interaktionen, schwer im handlungstheoretischen Modell unterzubringen; besonders schwierig wird es dort, wo die Therapietheorie davon ausgeht, daß es unbewußte Ziele sind, die sich erst langsam im Dialog formulieren, wobei auch das Unbewußte des Therapeuten zielgestaltend mitwirkt. Wenn aber das Bestimmungsstück Planen und Zielorientierung nicht durchgängig für alle Therapien im gleichen Maße gültig ist, dann sind viele Fragen und Untersuchungsdesigns schief, da in sehr vielen Studien der Ergebnisforschung die Frage der Zielerreichung im Mittelpunkt steht.

Das aber heißt für viele Therapieformen: daß solch Ziele therapiefremd im Nachhinein aufoktroyiert werden müssen, damit Forschungsvergleiche möglich sind. In manchen Studien, (z.B. Grawe 1989) wird sogar der Therapieprozeß nach jeder Stunde durch einen Fragebogen unterbrochen, in dem u.a. die Verwirklichung von Beziehungsvorstellungen und Zielvorstellungen abgefragt wird – ein Vorgehen, das einer kognitiven Therapie oder speziell einer Verhaltenstherapie angemessen sein mag, das aber für viele Einsichtstherapien eine grobe Einmischung darstellt, die den therapeutischen Prozeß vergewaltigt, weil sie den sublimen therapeutischen Zielfindungsprozeß innerhalb der Therapie stört.

Das Verhältnis von Theorie und Praxis

Daß bestimmte Theorien, nämlich solche von Anwendungstheorien, wozu Therapietheorien gehören, nicht in einer strikten Ableitungsrelation zum therapeutischen Handeln stehen (Scheele 1982), wurde u.a. von Grawe (1985) in Anlehnung an Foppa dargestellt. Foppa spricht von Perspektivwissenschaften gegenüber Erklärungswissenschaften und stellt ihren globalen Anregungswert für therapeutisches Handeln in den Vordergrund. Die immer wieder beklagte "Kluft" zwischen Theorie und Praxis schien sich nicht schließen zu wollen: die Ergebnisse der Erfolgskontrollforschung bleiben seit Beginn der Forschungsbemühungen etwa gleich und erhöhen sich höchstens bei gewissen Pionieren. Das Reden von der qua Forschung erhofften besseren theoretischen Fundierung erweist sich als Alibigerede zur Erhöhung von Forschungsmitteln. Müssen wir uns also abfinden mit dem offensichtlich nur vage heuristisch wirksamen Gerüst der Theorie für die Praxis? Ich glaube: ja! und will versuchen, dies zu begründen.

Wenn wir nicht der Illusion anhängen, es gäbe eine sozusagen "abstrakte" Wissenschaft der Psychologie (wie die Mechanik oder die Optik) die unabhängig vom historischen Raum und historischer Zeit existiert, dann wird klar, daß jedes ganzheitliche psychologische System einen bestimmten Ausdruck einer historischen Epoche darstellt, daß es ein Stück "Zeitgeist" spiegelt und natürlich auch den Zeitgeist prägt. Wissenschaftshistoriker und Soziologen haben dies für eine ganze Reihe von psychologischen Schulen bereits sehr gedankenvoll dargestellt: Schorske (1961), Gay (1988) und Ellenberger (1973) für die Tiefenpsychologie, Chr. Lasch (1979) für die neueren psychoanalytischen Bewegungen der Narzißmustheoretiker, Brodkin (1980) für die Familientherapie. Auch R. Jacoby (1978) hat in seinem Buch über die "Soziale Amnesie" in dieser Hinsicht einiges geleistet.

Auf der Seite derjenigen, die psychotherapeutische Praxis reflektiert haben (z.B. Frank 1971 oder Torrey 1971) wird seit einiger Zeit immer wieder klargemacht, wie wichtig – als sogenannter unspezifischer Therapiefaktor – die gemeinsame Sprache zwischen Pt. und Therapeut ist, wie wesentlich die Gemeinsamkeit eines kulturellen Rahmens, einer Mythologie und eines Rituals für das Gelingen einer Therapie sind.

Alle diese Überlegungen aber weisen daraufhin, daß das Licht der jeweiligen Theorie nur in vielfach gebrochener Manier auf die Praxis fällt. Das brechende Medium aber, durch das der Lichtstrahl durch muß, heißt "Kultur", "Zeitgeist", "Epoche" oder wie immer man jene bunte Vielfalt unserer historisch je einmaligen Situation benennen mag.

Wichtiger als immanente Theoriedetails einer spezifischen Therapieschule erscheint mir daher der gesellschaftliche Kontext, in dem eine Therapie stattfindet, da dieser offensichtlich ganz wesentlich beiträgt zum Therapieerfolg, wie uns ein

Blick in die Geschichte der Psychotherapie immer wieder erneut zeigen kann. Die Änderung des Kontexts verlangt jeweils eine andere Psychotherapie.

Wenn aber Theorie und Praxis nur in solch lockerem Zusammenhang zueinander stehen, dann ist nicht zu erwarten, daß sich die theoretischen Komplettierungen eines Systems in besonderer Weise auswirken auf die Heilerfolge; es ist auch nicht zu erwarten, daß die verschiedenen Schulen besondere Unterschiede hinsichtlich ihrer Effizienz aufzuweisen haben oder – soferne man Unterschiede ausmachen kann – daß diese auf besondere theoretische und/oder praktische Verbesserungen zurückzuführen sind. Vielmehr ist das Wirksam- und Unwirksamwerden (auch das gibt es; welcher gebildete Mittelschichtsangehöriger würde sich wohl heute noch von Mesmer heilen lassen!) von psychotherapeutischen Heilverfahren sehr viel mehr vom historisch-soziologischen Kontext abhängig, als von sog. wissenschaftlich begründeten Korrekturen der Theorie oder der praktischen Methodik. (Der in meiner langen Erfahrung als Therapeutin und Supervisorin wohl eindrücklichste Fall von Therapieeffizienz wurde mir durch einen Verhaltenstherapeuten – einem ziemlich wenig charismatischen übrigens – demonstriert. Es handelte sich nämlich um einen sehr gläubigen Bischof der Mormonensekte, der hauptsächlich Mitglieder seiner Gemeinde behandelte. Dabei verwendete er die damals in den Siebziger Jahren üblichen Methoden der SD, des Kontraktmanagments u.ä.m., kombinierte sie aber vor und nach jeder Sitzung mit Gebeten und seinem Segen. Seine Erfolge grenzten ans Wunderbare – aber natürlich nur innerhalb der Gemeinde.)

Das ist es, was ich meine, wenn ich von therapeutischer Effizienzsteigerung via Kontextänderung spreche – und ich denke, daß wir normalen Therapeuten hier sehr bald an Grenzen stoßen, die nur ganz begabte und intuitive Therapeuten persönlich ein wenig ausweiten können. Uns anderen ist der Kontext und damit seine Begrenzung vorgegeben – welch gängige Methode wir auch immer anwenden: die Erfolgskontrollstudien zeigen das 1/3 Muster. "Everbody has won and all must have prizes". (Luborsky 1975) Ich kann mir vorstellen, daß einzelne Schulenvertreter unter Ihnen nun mit Beispielen aufwarten können, wie sehr sich die X-Schule seit Einführung der Y-Methode verbessert hat. Möglicherweise haben Sie persönlich oder auch die Mitglieder Ihrer Supervisionsgruppe wirklich mehr Vertrauen in Ihre Therapie gewonnen, seit es diese oder jene Variante gibt: in den statistischen Erfolgskontrollstudien schlägt sich dies nicht nieder.

Am heftigsten werden hier vielleicht einige Psychoanalytiker protestieren: gilt doch seit einigen Jahren das Cliché, daß Kohuts Narzißmustherapie oder Kernbergs Expressive Therapie endlich die Behandlung der bisher als unbehandelbar geltenden "narzißtischen Neurosen" oder der "Borderline"-Pt. möglich gemacht hat. Auch hier möchte ich vor dem Nachplappern warnen: wenn Sie die Fallbeispiele der älteren Analytiker durchgehen (inkl. Freuds eigene) werden Sie sehen, daß es sich damals sehr oft um sehr schwer gestörte Menschen mit sehr kompliziertem

Persönlichkeitshintergrund handelt – sog. Ich-Schwache – die wir heutzutage sofort als Borderline-Persönlichkeiten oder narzißtisch gestört einstufen würden. (z.B. den Wolfsmann). Sie wurden – wenngleich unter der üblichen traditionellen Neurose-Diagnostik – so wie heute mit mehrminder gutem Erfolg behandelt (1/3-Gesetz) und ich denke, daß Cremerius durchaus zuzustimmen ist, wenn er meint, daß Kohut keine neue Behandlungsform erfunden hat, sondern nur die üblichen psychoanalytischen Behandlungsregeln in seiner zweiten Phase endlich ernstgenommen hat.

Welche Funktion aber hat dann die Theorie? Nach allem Gesagten könnte man ja fast meinen, ich würde einem wilden Herumprobieren, einer Art psychotherapeutischer Zauberei Tür und Tor öffnen wollen? Das will ich beileibe nicht! Allerdings ist zu sagen, daß dieses Tor sowieso halb offen steht und nur mit großer Mühe von den berufspolitischen Gralshütern immer wieder zugedrückt wird, wobei sich aber ganz offensichtlich immer wieder Seiteneingänge entdecken lassen.

Trotzdem: ich glaube nicht, daß meine Schlußfolgerungen im totalen Relativismus enden müssen. Wir müssen nur davon ausgehen, daß in unserer heutigen gesellschaftlichen Situation pluralistisch orientierter Lebensentwürfe mehrere Therapiesysteme nebeneinander denkbar und nötig sind. Diese Nebeneinander sollte aber nicht unselektiv alles umfassen, was der Markt bietet. Vielmehr gibt es durchaus Kriterien, nach denen die unterschiedlichen Systeme zu beurteilen sind. Berufspolitik könnte sich übrigens bei An- oder Aberkennung des Therapeutenstatus oder der Kassenabrechnungsmöglichkeiten dieser Kriterien durchaus bedienen. Das Kriterium der Kulturangemessenheit einer Therapieschule ist zwar wichtig, erledigt sich aber sozusagen von selbst: nur kulturangemessene setzen sich überhaupt durch und finden eine Lobby. Das dichte Verstrickungsnetz der Kulturen bringt es allerdings mit sich, daß immer wieder fremdländisch anmutende Moden – der Schamanismus z.B. – auftauchen. Meist halten sie sich nicht sehr lange und werden schnell vergessen.

Gelingt es solchen Richtungen allerdings, festen Fuß zu fassen (Rebirthing z.B.), dann stellt dies ein Signal dar, das für Psychologen sozialwissenschaftlicher Provinienz interessant und aufklärungsbedürftig ist. Fragen, die sich dabei stellen, wären etwa: auf welche Bedürfnisse stößt eine solche Therapierichtung? Welch Klienten finden sich unter dieser Flagge, welche Therapeuten? Gibt es historische Vorläufer? u.ä.m. Ein m.M. nach wichtigeres Kriterium als das eben genannte aber stellen Differenziertheit und Geschlossenheit eines Systems dar. Es gibt einfache Erklärungsmodi des Psychischen, die in sich aber gut geschlossen sind, da sie sich auf einem hohen Abstraktionsniveau bewegen – z.B. das Rogerianische System oder V. Frankls Existenzanalyse. Der Geschlossenheit und Abstraktheit ist allerdings die Differenzierungsfähigkeit so weit geopfert worden, daß es bei diesen Systemen keine differentielle Neurosenlehre gibt. Bei der Psychoanalyse gibt es zwar wesentlich mehr Differenzierungsmöglichkeit; sie gehen jedoch auf Kosten der Geschlossenheit, was sich in Widersprüchen, ungelösten Problemen und einer starken Ausdifferenzierung der Schulen kundtut.

Ein weiteres Kriterium, mit dem große therapeutische Schulen gemessen werden können, besteht in der Tatsache, ob und inwieweit sie auch andere Bereiche als die Psychopathologie konzeptuell erreichen können: neben den psychologischen Alltagsphänomenen (Denken Sie an den "Witz", den "Traum" oder die "Fehlhandlungen") betrifft dies auch geistige Produkte, künstlerische und wissenschaftliche Werke, Glaubenssysteme, aber auch sozialpsychologische Phänomene.

Daß ein einigermaßen "komplettes" System Modelle auch für die normale Entwicklung (kindliche und erwachsene), für therapeutische und außertherapeutische Interaktionen, sowie für die Prävention psychischer Störungen ermöglichen sollte, versteht sich von selbst. Theorien und Veränderung – therapeutische und außertherapeutische – zielen direkt auf den therapeutischen Prozeß und damit ergibt sich als ein weiteres Kriterium das des direkten Anregungswertes einer Theorie für das technischtherapeutische Vorgehen. Dies ist ein subtiles, schwer zu recherchierendes Gebiet und wir werden etwas später noch draufkommen, wo hier die Empirie ihren Platz haben könnte.

Kulturangemessenheit, Differenzierung, Geschlossenheit, Breite auch für außertherapeutische Phänomene und Anregungswert für die Therapietechnik scheinen mir – nochmals zusammengefaßt – als die wichtigsten Kriterien, mit denen eine Therapieschule zu beurteilen ist. Alle diese Kriterien sind so beschaffen, daß man sie einesteils theoretischreflektierend an die Systeme anlegen kann, daß man aber andererseits solider empirischer Unterstützung bedarf, um sie feststellen zu können. Wie diese aussehen sollte, weicht m.M. nach allerdings stark ab von herkömmlicher Forschung. Dies führt direkt zum Thema der:

Empirischen Untersuchung

Behält man die Perspektive einer historisch-sozialwissenschaftlich argumentierenden Psychologie bei, dann werden einige traditionelle Fragestellungen ziemlich sinnlos. Die Vorstellung, man habe es – analog der naturwissenschaftlichen Medizin – mit einer Heilmethode zu tun, die man durch mehr und mehr Kenntnisse der Krankheiten und der Wirkfaktoren des Heilmittels immer stärker verbessern kann, hat bisher einen Großteil der empirischen Fragestellungen geleitet. Die Ergebnisse (bzw. Nicht-Ergebnisse) zeigen an, daß wir mit der Analogie zu manchen medizinischen Behandlungsmethoden (kritische Ärzte schränken ihren Bereich selbst sehr ein) falsch liegen. Die sogenannte Effizienzforschung, die ja eng mit der Indikationsforschung verbunden ist, hat bisher – U.B. hat schon darauf hingewiesen – alles in allem enttäuscht. Keine Therapieschule schlägt hier "voll durch" – weder im allgemeinen, noch bei irgendeinem spezifischen Krankheitsbild. Die Frage: welche Therapieform wirkt besonders gut bei welcher Störung (oder: bei welcher

Persönlichkeit) ist offensichtlich falsch gestellt. Unter bestimmten kulturell-historisch-sozialen Bedingungen wirken alle möglichen therapeutischen und außertherapeutischen Mittel etwa gleich gut, soferne verantwortungsbewußte Menschen sie applizieren – dies gilt im übrigen auch für die Laien.

Wenn wir davon ausgehen, daß die verschiedenen Psychotherapien als Produkte ihrer Zeit in verschiedenartiger Form immer schon dagewesen sind, weil die Notwendigkeit zum Heilen und Helfen einen menschlichen Grundbestand darstellt, dann muß man sich fragen, ob Psychotherapieforschung und die damit angestrebte bessere theoretische Fundierung diesem altehrwürdigen Handwerk, in dem es hauptsächlich auf Beziehungserfahrung, Intuition und Kenntnis kulturangemessener Sprache und Rituale (innerhalb des je eigenen Systems) ankommt, dem Praktiker wirklich etwas zu sagen hat. Vermutlich würde jeder ernstzunehmende Künstler sich ja auch wundern, wenn Kunsthistoriker, Kunstpsychologen und andere Kunstwissenschaftler erklärten, die Ergebnisse iher Wissenschaft würden den Künstlern bald einmal helfen, *bessere* Kunstwerke zu schaffen. Psychotherapie ist bekanntlich in einigen Aspekten einem Kunsthandwerk durchaus zu vergleichen.

Die Enttäuschung über die wenig unterschiedliche Wirksamkeit verschiedener Therapieschulen und damit auch die offensichtlich schlechte Beantwortbarkeit der Indikationsfrage hat im gesamten viel beigetragen zu einer möglichen neuen Sicht auf Psychotherapie. Die Frage: "Was wirkt" und "was verändert sich" (Fiedler u.a. 1989), die von den Prozeßforschern gestellt wird, wird aber zu einem für den Praktiker ebenfalls enttäuschenden Ergebnis führen, weil auch hier der erfahrene Psychotherapeut intuitiv schon viele Antworten kennt. Soll man sich also wirklich damit zufrieden geben, daß man jetzt alles – quantitativ abgesichert – eben "genauer" oder "sicherer" weiß?

Nur um das konstatieren zu können, würde die viele Arbeit nicht lohnen – noch dazu, wo es bei statistisch abgesicherten Untersuchungen mit der "Sicherheit" nie so weit her ist, weil ja jede Aussage für den Einzelfall wiederum relativiert werden muß.

Es war sicher sinnvoll – da wir in einem wissenschaftlichen Zeitalter leben – sich auf statistischem Wege der Wirksamkeit von Psychotherapie überhaupt zu vergewissern; es ist anzunehmen, daß die 1/3-Regel eine altehrwürdige Zahl darstellt und daß sie auch in Zukunft gültig bleiben wird – variiert natürlich durch Persönlichkeit und Talent des Psychotherapeuten – aber auch d a s war ja schon immer bekannt. Es bleibt aber zu fragen, ob Psychotherapieforschung als Prozeßforschung ganz unabhängig von jenem illusionären Nützlichkeitswahn, einen Sinn haben kann, da ja ganz offensichtlich die Fragen, die durch sie aufgeworfen werden, jeden denkenden Psychotherapeuten beschäftigen. Was wirkt? was verändert sich?: das sind Leitfragen, deren Beantwortbarkeit von unterschiedlichen Forschern und

Therapeuten recht divergent eingeschätzt wird und die dies auch auf methodisch recht unterschiedliche Art versuchen. Ich skizziere im folgenden einige Antwortebenen, die mehr oder weniger weitreichende Erklärungen auf unterschiedlicher methodischer Ebene beinhalten.

1. Die Ebene der systemimmanenten Erklärung

Es gibt natürlich – auch *vor* jeder Therapieforschung i.e.S. – Antworten auf diese Fragen; es sind die relativ globalen Antworten, die innerhalb von Therapieschulen anhand der Verschränkung von Eigenerfahrung und theoretischem Konzept gegeben werden. Daß es z.B. die richtige Deutung ist, die per Einsicht aus Unbewußtem Bewußtes schafft, war den ersten Analytikern klar. Ein wenig später wurden daraus Variationen abgeleitet: nicht die rein kognitive Einsicht, sondern das emotionale Erleben, am besten in der Übertragung, sollte Veränderung bewirken u.ä.m. Wir könnten hier eine Reihe von Therapieschulen und ihre Verzweigungen durchbuchstabieren und würden vermutlich immer wieder auf ein wenig anders gelagerte Konzepte stoßen.

2. Die Ebene der schulenübergreifenden Erklärungen

Im Laufe der modernen Entwicklung der Psychotherapie hin zu vielen Schulen gab es neue Antworten, die sich nicht mehr auf die individuelle Schule bezogen. Torrey (1971), Frank (1973), Garfield (1982), Strupp (1986) sind dabei herausragende Namen. diese haben – z.T. *vor* jeder Forschungsaktivität – die *gleichartigen* Elemente in allen Psychotherapien herausgearbeitet, die sog. unspezifischen Therapievariablen. Ich sage und meine: *vor* jeder Forschungsaktivität, weil die Therapieforscher unter ihnen, also z.B. Strupp und Garfield, im Resümee der verschiedenen Forschungen gar nichts anderes sagen konnten als es schon etwa die Reflexion von Frank und Torrey ergeben haben, nämlich etwa: daß Psychotherapie gekennzeichnet ist durch einen gemeinsamen kulturellen Rahmen, gemeinsame Konzeptbildung, eine nichtalltägliche Beziehung von hoher Emotionalität, eine gewisse Aktivierung, Neustrukturierung von Erfahrungen etc.

3. Die Ebene der operationalen Wissenschaft

Moderne Psychotherapieforschung als Prozeßforschung versucht andere Wege als die der Reflexion von Erfahrungen innerhalb oder zwischen den Therapieschulen. Sie versucht, getreu einer dominanten psychologischen Forschungstradition, Operationalisierungen verschiedener vermuteter Wirk- bzw. Veränderungsvariablen zu bilden und überzieht den Therapieprozeß sozusagen mit einem dichten Netz von Befragungen und Beobachtungen. Dies ist meist äußerst aufwendig; Peter Fiedler, ein Prozeßforscher, erzählte mir einmal, daß er für eine einzige Therapiestunde etwa 80 Forschungsstunden rechne – man kann sich lebhaft vorstellen, wie rasch ökonomische und motivationale Reserven dabei verbraucht werden. Das aber heißt: ein Prozeßforscher, der sich der vielen Interdependenzen im Therapieprozeß bewußt ist, gerät bald an Grenzen der Informationsverarbeitung; nur die Interaktanden kraft ihrer vielfältig verwobenen Erfahrungen miteinander allerdings mögen diese noch immer relativ gut beherrschen – jedenfalls fühlt sich der erfahrene Therapeut meist ziemlich sicher bei der bewußten oder unbewußten Beurteilung dessen, was sich therapeutisch gerade tut, weshalb trotz aller Probleme die Methode des "stimulated recall" vermutlich ganz gute Ergebnisse zeitigen kann, allerdings nur sehr eingeschränkt praktikabel ist.

Wir wissen natürlich längst, daß jede Operationalisierung komplexer psychischer Tatbestände eine kleine Vergewaltigung der Komplexität darstellt, eine Vergewaltigung im Lichte bestimmter Vorurteile natürlich. Wenn die "Beziehung zum Therapeuten" beispielsweise mit Items wie: "Ich habe mich heute verstanden gefühlt" oder "Ich glaube, daß mein Therapeut heute unzufrieden mit mir war" operationalisiert wird, weiß jeder praktisch arbeitende Therapeut, daß sich hier nur ein kleiner Teil dessen widerspiegeln kann, was therapeutische Beziehung ausmacht. Auch Faktorenanalysen sind natürlich kein Mittel, hier auf ein "höheres" Niveau der Operationalisierung zu gelangen, da ja bekanntlich nie mehr herauskommen kann, als der Forscher hineinsteckt. Aber auch deutende Verfahren wie der psychoanalytisch orientierte und höchst komplexe ZBK von Luborsky als ein Mittel, veränderungswirksame Interventionen zu erfassen (Ergebnis: Die Akkuratheit der ZBK-Deutung hat mit dem Therapieerfolg zu tun) sind natürlich aus forschungstechnischen Gründen mit den Vorurteilen behaftet, die auch einer relativ flexiblen Operationalisierung zukommen. So ist es beim ZBK z.B. gerade für den Psychoanalysekundigen auffällig, daß die hinter den beobachtbaren Beziehungswünschen stehenden Latenzen nicht beachtet werden. Das ist auch gar nicht möglich, weil nur der Gesamtzusammenhang hier Einblick verschaffen könnte und nicht diskrete Beobachtungseinheiten.

Alle diese forschungstechnisch notwendigen Verkürzungen führen beim Praktiker – wenn er die Ergebnisse hört – meist zum Gefühl: das ist doch längst bekannt und: *so* stimmt es ja auch wieder nicht, denn: im Hinblick auf den Einzelfall und/oder die Therapiephase muß es wiederum relativiert werden... Von Spöttern wird dies "Meine Oma wußte schon immer..."-Forschung genannt. Nun könnte man ja ein wenig optimistischer sein und denken, daß wir all dies nur noch besser, noch exakter, noch komplexer erfassen lernen müssen, um prozeßadäquat zu forschen. In diesem Sinne wird auch von Prezeßforschung immer wieder als von einem derzeit zwar noch unfertigen, aber doch zu schönen Hoffnungen berechtigenden Kind gesprochen. Ich aber glaube nicht an die großartigen Entwicklungschancen dieses Wechselbalges qua operationalisierende Herangehensweise – weder in der Entwicklung neuer Therapieverfahren noch in der Erforschung des Prozesses. Allzu komplex ist das Feld und allzu viel fällt unter den Tisch, wenn man sich auf einzelne Aspekte konzentriert. Natürlich möcht ich nicht alles abwerten. Es g i b t durchaus Forschungsaspekte, die die Mühe lohnen. Am lohnendsten sind m.M. nach diejenigen, die sich mit Aspekten befassen, für die wir im Alltagsleben und im therapeutischen Geschehen wenig Codierungen haben, gleichwohl aber darauf reagieren: nämlich die Erforschung von Mimik und Gestik. Hier können schon relativ einfache Interaktionssituationen Ergebnisse zeitigen, die nicht jedem Praktiker selbstverständlich sind. (Krause 1989)

Was ich an den nomologisch operationalisierenden Wissenschaftlern am eindrucksvollsten finde, sind bisher weniger ihre Ergebnisse, als die wissenschaftlich klare und präzise Begriffsbildung in der Konzeptualisierung des therapeutischen Prozesses. Jede vernüftige Reflexion – egal auf welcher methodischen Basis – hat es nötig, formale Grundkonzepte zu bilden, unter denen sie Inhalte betrachtet. Mir erscheint daher die Begriffsarbeit *vor* der Forschung recht wichtig (und soferne sie Ergebnis der Forschung ist, natürlich ebenfalls!) So sind Fragestellungen, die sich mit dem Verhältnis von veränderungsrelevanten Episoden und unmerklichen Veränderungsprozessen (sog. "stille Phasen") befassen, anregend und belebend für die Reflexion. Auch die Überlegungen zur Bedeutung des Kontextes der Psychotherapie (also z.B. kritische Lebensereignisse oder die institutionellen Bedingungen, unter denen Therapie stattfindet) geben dem reflektierenden Praktiker und dem Theoretiker gute Hinweise.

4. Die Ebene der qualitativen Forschung und das Verstehen

Legt man all diese Überlegungen zugrunde und will man dennoch Praxis systematisch reflektierend begleiten (=Wissenschaft), dann gibt es natürlich noch die Möglichkeit – und diese schiene mir dem Gegenstand am angemessensten – mit rein qualitativen, hermeneutisch orientierten Methoden an die Erforschung der Therapie heranzugehen: Die Sicht des Subjekts sollte hier ausschlaggebend sein. Körner (1985) hat für den psychoanalytischen Therapieprozeß (und ich denke, daß in anderen Therapien Ähnliches abläuft, wenngleich anders akzentuiert und nicht so systematisch angestrebt) aufgezeigt, daß neben dem kausalen und dem intentionalen Erklärungsmodus der Modus des Sinnverstehens in der Psychotherapie wohl der bedeutendste ist: vor dem Hintergrund bisheriger sinnhafter Erfahrungen werden immer mehr Einzelheiten sinnvoll eingefügt, bis unsere Biographie als ein in sich stimmiges Neues ersteht. Therapien dieser Art lassen sich nicht nur im erklärenden Modus nachzeichnen, sondern brauchen den Verstehensmodus, um sichtbar zu machen, was in der Psychotherapie geschehen ist. Hier erweitert sich das Forschungsfeld um einiges: neben dem Prozeß selbst (der ja besonders schwer zu beforschen ist) könnte das Experteninterview, das Klienteninterview und die Erforschung der Supervision wichtige Erkenntnisse für den Psychotherapieforscher erbringen. Auch TB-Eintragungen und Stundenprotokolle geben einiges her.

Hermeneutik als via regia psychologischer Forschung – das macht vor allem dort Sinn, wo, wie in der Psychotherapie, das interaktive Sinnkonstruieren im Vordergrund steht, und das nicht nur auf der Basis bewußten Aushandelns wie im rationalen Dialog, sondern auch in der Verschränkung der beiden unbewußten Anteile. Die hermeneutisch gut bearbeitete Kasuistik wäre ein Idealziel, das nirgends wirklich erreicht ist, das anzustreben mir aber nicht so illusionär erscheint wie die immer präziser operationalisierende Durchdringung des therapeutischen Prozesses. Fragen, die sich ergeben, beträfen dann z.B. eine veränderte Sprache der Klienten, eine neue Konstruktion von Lebensereignissen – und dies z.B. variiert von Therapieschule zu Therapieschule. Auch die sich verändernden Sinnkonstruktionen der Therapeuten sind natürlich untersuchenswert: wie sehen ihre kognitiven Leitideen aus, welche theoretischen, welche Alltagskonzepte leiten ihr Handeln? Die Frage der Wirksamkeit im Sinn des Erfolges scheint mir demgegenüber recht zweitrangig und eher eine Frage der Krankenkasse als der Wissenschaft. Inhaltliche Fragen wie die Behandlung der Berufsarbeit, der Partnerschaft und der familiären Rollen in der Psychotherapie könnten einbezogen werden in Befragungen und/oder Beobachtungen des therapeutischen Prozesses und seiner Nachwirkungen.

Wesentlich dabei ist, daß hier nicht mit Operationalisierungen gearbeitet werden soll, sondern die Methode des hermeneutischen Textverstehens verwendet wird als eine Entfaltung je immer wieder neuer Sinnhorizonte, wo eine Verständnisdimension die nächste hervorbringt. Es gibt bisher eine Reihe von elaborierten Interpretationsformen, die wir an qualit. Material herantragen können – für die raffinierteste und genuinst psychologische halte ich die Auswertungsmethode des Theoretischen Kodierens nach Glaser und Strauss, wo eben jene Zirkularität von Interpretieren und Validieren des Interpretierten am neuen Material sehr prägnant aufgezeigt wird. Die Kunst der Interpretation verlangt ähnliche Qualitäten wie der gute Therapeut sie aufweisen muß: weder darf allzu schematisch vorgegangen werden, noch darf man dem Prozeß eines endlosen Regresses verfallen. Gerade eine sozialhistorische Betrachtung der Psychotherapien sollte uns aufgeschlossen machen für diese Art des Vorgehens: nicht die Verbesserung der Therapie, auch nicht eine Schließung der "Kluft" zwischen Theorie und Praxis ist das Ziel der Forschung. Das Ziel ist vielmehr eine immer präzisere Antwort auf die Frage: unter welchen dialogischen Bedingungen taucht bei beiden Partnern neues Sinnverständnis der je eigenen Biographie auf und: mit welchen Konzepten machen sich die beiden diesen neuen Sinn für ihre Lebensgestaltung fruchtbar?

Literatur

Bastine, R. et al: Was ist therapeutisch an der Psychotherapie? Versuch einer Bestandsaufnahme und Systematisierung der Psychotherapeutischen Prozeßforschung in: Zeitschrift für klinische Psychologie 1989, Bd. XVIII, Heft 1, 3 – 22.

Brodkin, A.M.: Family Therapy: The Making of a Mental Health Movement. In: Amer. j. Orthopsychiat. 50/1, Jan. 1980.

Ellenberger, H.F.: Die Entdeckung des Unbewußten. 1973, Bern-Stuttgart-Wien.

Frank, J.D.: Persuasion and Healing. New York-Baltimore.

Garfield, S.: Psychotherapie. Ein eklektischer Ansatz. 1982, Weinheim.

Gay, P.: Freud. Eine Biographie für unsere Zeit. 1988 Ffm.

Grawe, K.: Von der psychotherapeutischen Outcome-Forschung zu differentiellen Prozeßanalyse. Zeitschrift für Klinische Psychologie, 1989, Band XVIII, Heft 1, 23 – 34.

Jacoby, R.: Soziale Amnesie. Eine Kritik der konformistischen Psychologie von Adler bis Laing. 1978 Ffm.

Körner, J.: Vom Erklären zum Verstehen in der Psychoanalyse. Untersuchungen zur psychoanalytischen Methode, 1985, Göttingen.

Krause, R.; Lütolf, P.: Mimische Indikatoren von Übertragungsvorgängen. – Erste Untersuchungen – in: Zeitschrift für klinische Psychologie 1989, Band XVIII, Heft 1, 55 – 67.

Lasch, C.: Das Zeitalter des Narzißmus, 1979 Ffm.

Luborski, L. et al: Who will benefit from Psychotherapy? Predicting therapeutic outcomes, 1988, New York.

Luborski, L. et al.: Comparative studies of psychotherapies: Is it true that "everybody has won and all must have prizes?" in: Arch. Gen. Psychiatry, 32, 1975, 995 – 558.

Scheele, B.: Psychotherapie und ihre allgemeinpsychologische Gundlegung in: Bastine et al. (hrsg.) Grundbegriffe der Psychotherapie, S. 143 – 148, 1982, Weinheim.

Schorske, C.E.: Politics and the Psyche in fin de siècle Vienna: Schnitzler and Hoffmannsthal, In: American Historical Rev. LXVI, 1981, 930 – 46.

Strupp, H.-H.: Das Wesen des psychotherapeutischen Einflusses, in: Forum der Psychoanalyse, Bd. 2, Heft 3, Sept. 1986.

Torrey, F.: Whitchdoctors and Psychiatrists. 1971, Penguin books.

Urban, H.B.; Ford, D.H.: Some historical and conceptual perspectives on psychotherapy and behavior change. In: Bergin, A.E. und Garfield (hrsg.) Handbook of Psychotherapy and Behavior change, 1971, 3 – 35.

Führung als Beziehungsprozess im Gestalten von Organisationen

H. P. Dachler
Hochschule St. Gallen, Schweiz

In der Führungs- und Managementforschung sowie in der entsprechenden Praxis kann aufgrund vieler Aussagen und empirischer Resultate von einer Krise gesprochen werden. Es sollen nicht die Symptome besprochen werden, die ja in der Literatur schon einsichtig diskutiert werden; sondern es sollen Fragen nach den grundsätzlichen Ursachen dieser Krise gestellt werden. In diesem Kontext werden einige programmatische Forschungsprobleme für Führung und Management entwickelt, die sich aus einem alternativen Wissenschaftsverständnis und einem darauf aufbauenden Konzeptionsrahmen ergeben.

These 1

Das grundlegende Problem in der Führungsforschung und der Managementpraxis liegt im geschichtlich verankerten und die aktuellen Konzeptionen noch sehr stark prägenden methodologischen Individualismus.

Er beinhaltet die implizite Vorstellung, daß Führung und Management als Individualproblem verstanden werden muß. Die zentralen Fragen beziehen sich auf die Eigenschaften und Verhaltensweisen von situativ bestimmten Einzelpersonen, die im Rahmen von Prinzipien der Arbeitsteilung und der Hierarchie als Führungskraft oder Manager vorbestimmt sind. Diese Eigenschaften und Verhaltensweisen werden in bezug auf vorbestimmte, anscheinend rational-funktionalistisch abgeleitete Erfolgskriterien für die einzelnen Führungspositionen bewertet. Im Kontext des methodologischen Individualismus werden Fragen über Führung und Management als soziale und beziehungsgebundene Prozesse der Wissensgenerierung und Gestaltung sozialer Systeme vernachlässigt oder können gar nicht als problematisch erkannt werden. Auch der Notwendigkeit, Management- oder Führungserfolg als kollektiv interpretierte Vorstellung und Alltagstheorie zu betrachten, kann in diesem Rahmen nicht Rechnung getragen werden.

These 2

Die Individualperspektive der Führung und des Managements erhält ihren Sinn, Nutzen, ihre Zweckmäßigkeit und praktische Bedeutung prinzipiell im Verständniskontext einer strukturell/funktionalistischen Auffassung von Organisation als Ganzheit.

Dieser grundsätzliche Zusammenhang zwischen den Grundannahmen über Führungsphänomene und (meist unhinterfragten) Grundannahmen über das Wesen von sozialen Systemen ist kein expliziter Bestandteil heutiger Führungs- und Managementkonzeptionen. Das Grundproblem liegt daher nicht an der noch unvollständigen Anzahl und Arten von Variablen, die noch in Führungsmodelle eingebaut werden müssen, sondern in den noch schlecht verstandenen Erkenntnisprozessen, aufgrund derer wir unsere Fragen stellen und damit auch schon gewisse Antworten vorbestimmen.

Wenn Führungs- und Managementperspektiven ihren Sinn, Zweck und Nutzen nur im Verständniskontext einer entsprechenden Organisationstheorie erhalten, dann kann eine Änderung der Führungskonzeptionen nur entstehen durch eine gleichzeitige Änderung der Grundannahmen über das Wesen von sozialen Systemen im allgemeinen. Weil aber die grundsätzlichen und oft impliziten paradigmatischen Annahmen über soziale Systeme in der Führungs- und Managementforschung wie auch in der Managementpraxis nicht explizit hinterfragt werden, sind alternative Managementperspektiven gar nicht wahrnehmbar, oder sie werden als unzweckmäßig, sinnlos oder nutzlos abgetan. In anderen Worten, sie können nicht "verstanden" werden.

These 3

Die grundsätzlich epistemologischen Prozesse in der Führungs- und Managementforschung sowie die sozialen Grundlagen erkannter Führungs- und Managementrealitäten in der Praxis werden kaum thematisiert und sind kein grundsätzlicher Bestandteil aktueller Theorie und Praxis.

Die neopositivistische und vom methodologischen Individualismus geprägte Führungs- und Managementforschung geht prinzipiell davon aus, daß der Wahrheitsgehalt der Erkenntnisse an der objektiv gegebenen Struktur und am Inhalt der objektiven Führungsrealität zu bestimmen sei. Die Resultate der Subjektivität des Forschenden werden als Fehler bezeichnet und mit dem gegebenen methodischen Instrumentarium so gut wie möglich vermindert, weil sonst das Abbild der objektiven Realität verfälscht wird. Es wird aber der grundsätzlichen Unmöglichkeit, die objektive Realität unabhängig von unserem subjektiv geprägten Erkenntnisapparat überhaupt wissen zu können, gar keine Rechnung getragen. Mit These 2 wurde schon angesprochen, daß Erkenntnisse über Führung und Management nur im Kontext gewisser impliziten Perspektiven und Annahmen über soziale Systeme im allgemeinen interpretiert, verstanden, oder als wahr erkannt werden können. Führungs- und Managementforschung nimmt die durch quantitative oder qualitative (hauptsächlich Interviews) Methoden gewonnenen Fakten als gegeben (mit Ausnahme der durch statistische Methoden mehr oder weniger bestimmbaren Meßfehler und subjektiven Verzerrungen), ohne sich Rechenschaft zu geben über den sozialen Prozeß, durch den Daten, Berichte, usw. im organisatorischen Beziehungsgefüge der individuellen und sozialen "Objekte" in Interaktion mit dem forschenden "Subjekt" entstehen. Ohne grundsätzliches Wissen über den sozialen Konstruktionsprozeß der Erkenntnisse über Führung, Management und soziale Systeme im allgemeinen gibt es keine Basis, aufgrund derer wir die Bedeutung unserer Resultate eindeutig festlegen können. Noch weniger ist es uns möglich, deren Validität sinnvoll bestimmen zu können.

These 4

Jegliche Vorstellung von Führung und Management, in der Führung wie auch in der Praxis, wird durch fast gänzlichen Ausschluß anderer möglichen Denktraditionen total beherrscht von einem unhinterfragten männlichen Weltbild.

Durch die Tatsache, daß bestehende Führungskonzeptionen fast gänzlich auf Annahmen aufbauen, die aus dem männlichen Weltbild entspringen, wird grundsätzlich verhindert, daß wir erstens diese männliche Vorstellung als eine geschichtlich-sozial konstruierte Wirklichkeit begreifen können und zweitens, daß wir die Möglichkeit erkennen, diese konstruierte Führungswirklichkeit auf ihren Sinn und ihre Nützlichkeit für heutige Problemstellungen zu hinterfragen.

These 5

Das Grundelement von Führung und Management ist nicht das Individuum, sondern Beziehungen zwischen Individuen und sozialen Gruppierungen.

Obwohl Beziehungen mit Mitarbeitern, Vorgesetzten, usw. eine zentrale Problematik in der Führungs- und Managementforschung sowie in der Praxis darstellen, werden Beziehungen nach naturwissenschaftlichem Vorbild auf die Eigenschaften und Verhaltensweisen der Interaktionspartner reduziert. Beziehungen als solche werden nicht problematisiert. Beziehungen als grundsätzlich kommunikative Prozesse verstanden, sind aber oft geprägt durch implizite, d.h. nicht direkt zugängliche Bedeutungskontexte, deren Inhalte, Regeln, kollektiv interpretierte Alltagstheorien, usw. offensichtlich mehr darstellen als die Aggregation der Eigenschaften und Verhaltensweisen der Interaktionspartner. Komplexe Beziehungsnetze, welche soziale Systeme konstituieren, spielen sich im Kontext verschiedener Metakommunikationsebenen ab (Gruppenkontext, organisatorischer Kontext, gesellschaftlich/kultureller Kontext, usw.) welche die soziale Basis für die Bedeutung und Handlungsrelevanz von Beziehungen darstellen. Im Rahmen solcher Überlegungen ist es möglich, Fragen über die sozialen Realitätsgestaltungsprozesse in Organisationen zu stellen und damit Führung und Management als sozial/politische Gestaltungs- und Erkenntnisprozesse verstehen zu lernen. Vielleicht wird es in einem solchen Konzeptionsrahmen möglich, relevantere Fragen über Konzepte zu stellen, wie Macht, Mitbestimmung, Autorität, Verantwortung, Motivation,

Selbständigkeit und Mündigkeit von Organisationsmitgliedern, sowie über grundsätzliche organisationstheoretische Problematiken, wie Struktur und kollektive Handlungen. Die immer drängender werdenden Probleme der Komplexität, der begrenzten Machbarkeit, der internationalen Vernetzung etc., mit denen Organisationen immer mehr konfrontiert werden, verlangen nach neuen Denkansätzen in der Führungs- und Managementforschung sowie in der Praxis.

In der Literatur ist eine rasch wachsende Thematik zu beobachten, die sich mit den Unterschieden in der geschlechtsspezifischen Kultur und den daraus entstehenden unterschiedlichen Weltbildern befaßt. Diese bisher fast gänzlich vernachlässigte Fragestellung hat enorme Konsequenzen für Grundkonzeptionen und deren (oft impliziten) Annahmen über Führung, Management und das Wesen der Organisation schlechthin. Einige der wichtigsten Aspekte in den unterschiedlichen Weltbildern des Männlichen und des Weiblichen, die sich langsam aus dieser Literatur herauskristallisieren lassen, beziehen sich auf die Bedeutung von Beziehungen im Selbstverständnis von Mann und Frau, auf die Art, wie Situationen beurteilt werden, auf die Vorstellung von Erfolg und auf die Bedeutung von Regeln in ihrer Allgemeingültigkeit.

Das männliche Verständnis von Beziehungen betont die Distanz und Abgrenzung. Konkurrenz, Wettstreit, sich mittels Erfolg und Leistung von anderen positiv abheben, und andere männliche "Identitätsskripten" tragen alle dazu bei, daß Einbettung in enge persönliche Beziehungen als bedrohlich, als Erzeugung von Abhängigkeiten, als Begrenzung der Eigenständigkeit und der männlichen Identität interpretiert werden. Beziehungen haben im männlichen Weltbild einen stark instrumentellen Charakter. Das Denken in Regeln, z.B. den Regeln der Hierarchie, denen persönliche Beziehungen untergeordnet werden, und die Abstützung auf allgemeine Prinzipien der Gerechtigkeit, der Verantwortung und Moral im allgemeinen sind weitere wichtige Inhalte des männlichen Weltbildes. Geurteilt wird aufgrund von formalen, abstrakten Überlegungen. Logik, Regeln und Gesetze sind Instrumente zur Konfliktlösung.

Das weibliche Weltbild dagegen scheint ganz andere Akzente zu setzen. Das Weibliche empfindet sich als in der Umwelt eingebettet. Ganz besonders kann man von einem spezifisch weiblichen Beziehungsverständnis sprechen, das das weibliche Weltbild durchzieht und in starkem Masse das weibliche Denken, Handeln und Empfinden prägt. Obwohl dieses Beziehungsverständnis von Frau zu Frau variiert und Aspekte dieses Verständnisses sicherlich auch bei Männern beobachtet werden können, so existiert doch ein Grundtenor im weiblichen Verständnis, der sich in wesentlichen Punkten vom Grundtenor des Beziehungsverständnisses der Männer unterscheidet. Männlichkeit wird in der Sozialisation durch Ablösung konstruiert, Weiblichkeit hingegen durch Bindung. Somit wird Männlichkeit durch Intimität bedroht, die Weiblichkeit hingegen durch Trennung. Aufgrund der Zentralität des Eingebettetseins in Beziehungen für die weibliche Identität, d.h. das Selbst und die anderen sind gegenseitig von einander abhängig, spielt persönliche Verantwortung gegenüber anderen, wie auch gegenüber sich selbst, eine wichtige Rolle. Gilligan (1984) z.B. spricht von "care" als Grundprinzip des weiblichen Beziehungsverständnisses, mit dem sie Fürsorge, Pflege, Zuwendung meint und nicht das oft falsch verstandene Prinzip der Aufopferung von Frauen.

Die oft beobachtete Aufopferung der eigenen Bedürfnisse und Interessen von Frauen ist ein Produkt des Kulturkonfliktes zwischen männlichen und weiblichen Weltbildern, in dem eben die Frau oft gezwungen wird, sich dem männlichen Denken anzupassen, wenn ihre "Weiblichkeit" im Kontext des männlichen Weltbildes als sinnvoll und nützlich von anderen wahrgenommen werden soll.

Konflikte entstehen im weiblichen Weltbild aus sich widersprechenden Verantwortlichkeiten und nicht aus konkurrierenden allgemeinen Rechten. Konfliktlösungen beruhen auf einer kontextbezogenen Denkweise, die narrativ und nicht formal und abstrakt ist. Die Betonung von Rationalität und harten Fakten im männlichen Denken haben das Intuitive bei Männern zum Teil verkümmern lassen, während im weiblichen Beziehungsselbstverständnis dem emotionalen Moment eine größere Bedeutung beigemessen wird. Die Leitfunktion von Regeln für allgemeine Situationen in der Männerwelt beruht auf Abstraktionen, die nur zustande kommen durch die Konzentration auf das Wesentliche und die Vernachlässigung des Nebensächlichen. Aber dadurch entstehen oft unzulässig vereinfachte Betrachtungsweisen, wie zum Beispiel in der politischen Auseinandersetzung mit ökologischen Fragen zu beobachten ist. Denn oft sind es eben die nur scheinbar nebensächlichen Aspekte, die das Wesen einer Situation prägend kennzeichnen. Indem das Weibliche eben kontextbezogen urteilt, erkennt es auch die Bedeutung des jeweiligen Umfeldes, die Bedeutung der scheinbaren Nebensächlichkeiten und deshalb ist der Urteilsprozeß im weiblichen Weltbild ganzheitlicher, als das im typischen Männerdenken der Fall ist.

Nun stellt sich die Frage, welche Bedeutung die unterschiedlichen geschlechtsspezifischen Beziehungsverständnisse und die starke Prägung der Führungsforschung und -praxis durch die männliche Kultur für die Krise in Führung und Management haben. Erstens habe ich schon angedeutet, daß wir aus einer männlich dominierten Vorprägung unseres Verständnisses von Führung und Management das weibliche Beziehungsverständnis häufig als schwach oder ineffizient bezeichnen. Es wird der aus Männersicht verstandenen Grundproblematik der Führung als nicht entsprechend und deshalb als wenig angemessen, sinnvoll und nützlich empfunden. Wiederum entstehen Konzeptionsschranken, die mögliche alternative Wirklichkeiten entweder nicht erkennen lassen oder sie als unzweckmäßig oder sinnlos abwerten.

Wenn wir uns aber die heutigen Problematiken in unserer verorganisierten Gesellschaft vergegenwärtigen, Probleme, die aufgrund starker Vernetzungen und großer Dynamik viel komplexer und sicherlich vager, mehrdeutiger und vielschichtiger geworden sind, dann kann man wohl von den Grenzen der männlichen Weltsicht zu sprechen. Wir müssen verstehen lernen, daß das weibliche Selbstverständnis besonders in Führung und Management nicht als Schwäche, sondern sich als eine ausgesprochene Stärke erweisen kann. Es sind ja eben genau die grundsätzlichen Beziehungs-, Kommunikations- und Erkenntnisaspekte, die zum großen Teil heutige Führungs- und Managementprobleme prägen. Es ist eine große Herausforderung, Führungs- und Managementkonzeptionen aus weiblicher Weltsicht für weibliche und männliche Führungspersonen zu entwickeln.

Neuere Entwicklungen in der Führungspsychologie – Der tiefenpsychologische Ansatz

M. Hofmann
Wirtschaftsuniversität, Wien, Österreich

Es ist für mich eine große Ehre und Freude, heute hier bei Ihnen als angewandter Analytiker im Hinblick auf die Probleme der Organisation und der Führung sprechen zu dürfen, denn hierzulande war es zumindestens nicht selbstverständlich, daß die herrschende Schulpsychologie sich in einer so direkten Weise mit der Psychoanalyse einläßt und – wie mir scheint – hier eine wissenschaftliche Begegnung auf einer gleichberechtigten Ebene doch noch ohne weiteres möglich ist.

Mir ist es aber auch eine Ehre, nach meinem Kollegen Dachler zu sprechen, der in einer so beredten und beeindruckenden Weise die Probleme bzw. die Krisen in der Führungsforschung dargestellt hat und damit eigentlich – ohne es wahrscheinlich beabsichtigt zu haben –, auch für mich schon ein Motiv anklingen ließ, das den psychoanalytischen Ansatz in der Führungsforschung und die Notwendigkeit, sich tiefenpsychologisch und unter Einbringung der Phänomene des Unbewußten mit dem Führungsproblem zu beschäftigen, schon nahegelegt hat. Seine Klagen über die konzeptionellen Schwächen und Einschränkungen im Zusammenhang mit der Führungsforschung sind zugleich eine Anregung, über diese technische Rationalität – wie er es genannt hat – hinauszugehen oder Einschränkungen in methodologischer Hinsicht die sich so stark auch vom Individualismus her erklären lassen, auszudehnen auf das Ganze der Beziehungen, wie es in der Psychoanalyse geschieht.

Schließlich war auch von der Vermännlichung der Führungsforschung ("der Führer"), die in einer wissenschaftlich unzulänglichen Weise allerdings bis jetzt Forschung und Lehre auf diesem Gebiet dominiert, die Rede. Diese drei von ihm so überzeugend genannten Begründungen für Einschränkungen und konzeptionelle Mängel in der Führungsforschung sind zugleich Herausforderungen, sich auch einmal zu bemühen, mit den Konzepten und einem Instrumentarium der Psychoanalyse sich dem Problem der Führung zu nähern. Ich habe aber nicht nur diesen Beitrag unter dem Titel "Neuere Entwicklungen in der Führungspsychologie – der tiefenpsychologische Ansatz" zu leisten, sondern ich habe Ihnen auch den Hintergrund dieser neuen Entwicklungen und das, was wir jetzt den Wiener Ansatz in der Managementlehre nennen, der besonders ausgezeichnet ist durch die Einbeziehung der Psychoanalyse als wissenschaftliches Erkenntnismittel auf dem Gebiete der Führung, nahezubringen. Dieser neue Wiener Ansatz der Managementforschung und -lehre, auch der Managementberatung, den ich etwa seit den Anfängen der siebziger Jahre habe, auszuformulieren und zu gestalten (und zugleich in der Praxis erprobt habe), gewinnt nun zunehmend an Umriß und ist nicht zuletzt durch das Erscheinen meiner Vorlesungen an der Pekinger Universität (allerdings in chinesischer Sprache) mit dem Untertitel "Introduction into General Management, The Vienna School Approach" dort ganz besonders aufgefallen durch die starke Einbeziehung von Sigmund Freud und seinen Konzepten in die Erklärung der Führungsprobleme; er hat anscheinend die Chinesen sehr angesprochen, und sie fanden ihn für ihre Probleme, die sie im Management und mit der Wirtschaftsentwicklung haben, sehr anwendbar. So ist gewissermaßen auf einem Umweg über das Ausland heute hier vom neuen Wiener Ansatz die Rede.

Dieser neue Wiener Ansatz hat mehrere Entwicklungslinien oder Einflüsse, von denen ich hier aber nur einen – eben den tiefenpsychologischen – näher erläutern will. Der Vollständigkeit halber möchte ich aber kurz erwähnen, daß diese Wiener Managementlehre begründet ist in zwei seinerzeit an der Hochschule für Welthandel sehr stark vertretenen Richtungen, nämlich der betriebswirtschatlichen Richtung der Wiener Leistungslehre oder funktionalen Betriebswirtschaftslehre, die sich besonders mit zwei verehrten Lehrern von mir, Professor Willibald Bouffier und Professor Karl Oberparleiter, verbinden und der volkswirtschaftlichen Tradition der Ganzheitslehre, die insbesondere in der Persönlichkeit von Professor Walter Heinrich der Hochschule für Welthandel internationale Bedeutung gegeben hat. Neben diese beiden starken Einflüsse kommt an dritter Stelle die Wiener Volkswirtschaftslehre aus der klassischen Grenznutzen-, aber vor allem auch der jüngeren historischen Schule mit ihren Einflüssen, die kulminieren in Persönlichkeiten wie Böhm-Bawerk und Josef Schumpeter. Besonders der Einfluß Josef Schumpeters ist an vierter Stelle in meinem Ansatz bemerkenswert, weil er sich durch die Bedeutung, die er dem Unternehmerischen, Innovatorischen in der Wirtschaft beimißt, sehr stark mit den Wurzeln des Managementdenkens über die Handhabung, das Organisieren, Fördern, aber natürlich auch Unterdrücken und Gefährden von Kreativität und Dynamik im betrieblichen Handeln befaßt hat. Der fünfte Einfluß, den ich hier nennen möchte, ist die aus der ganzheitlichen Auffassung heraus verständliche Notwendigkeit der Darstellung des Objekts der Managementlehre als ein nur interdisziplinär zu erfassendes Realobjekt, im Gegensatz zu der in der Betriebswirtschaftslehre ja nur von einem Idealobjekt ausgehenden Erkenntnisfindung, sodaß dieser fünfte Einfluß, der Einfluß der erkenntnistheoretischen Notwendigkeit der Interdisziplinarität, diesen Ansatz kennzeichnet.

Damit kommen wir eigentlich schon zum Thema, denn diese Notwendigkeit, den Gegenstand als Ganzes zu betrachten – und da der arbeitende Mensch das zentrale Objekt der Managementlehre ist, aus den dem Menschen zugewendeten Wissenschaften die Psychologie besonders anzuwenden –, ergibt nun den sechsten Einfluß, nämlich die mir seinerzeit während meiner Tätigkeit an der Harvard Business School Ende der sechziger, Anfang der siebziger zugeführte Erkenntnis der nützlichen Anwendbarkeit der Psychoanalyse für das Objekt Management, neben vielen anderen Anregungen, die ich im Zusammenhang mit dem weit über die psychoanalytische Möglichkeit hinausgehenden Objekt Management dort bekommen habe. Die sechste Wurzel meines Wiener Ansatzes ist also meine Harvard-Erfahrung, die überführt in die hier zu diskutierende siebente Wurzel, nämlich den tiefenpsychologischen Ansatz. Ich habe ihn vor allem durch zwei Persönlichkeiten, Harry Levinson und Abraham Zaleznik als Kollegen in Harvard, in ihrer Forschung und Lehre vorexerziert bekommen; ganz besonders die ständigen Kurse und Seminare auf dem Gebiete des SPM- (Social Psychology of Management)Geschehens in Harvard, das vor allem Abraharn Zaleznik betrieb, zeigten mir anhand von Fallstudien, aber auch anderen empirischen Forschungsvorhaben in der Lehre und Beratung die Nützlichkeit und außerordentliche Praxisnähe und Bedeutung psychoanalytischer Erklärungsmodelle für das Verständnis der Führung und des Managements im weiteren Sinne des Wortes.

Diese sieben wesentlichen Einflüsse, die diesen von mir begründeten Wiener Managementansatz ausmachen, möchte ich nun im siebenten Pfeiler etwas näher behandeln.

Zunächst einmal möchte ich anhand einer für die Wiener Lehre typischen grundsystematischen Einteilung in den Manager als Person, seine Funktion oder Leistungen, die von ihm zu erfüllenden und zu benützenden Techniken und in die neben der Funktionserfüllung zu bewältigenden (als ständige situativ auftretende Problemfälle zu lösenden) Syndrome vorgehen. Die Grundeinteilung der Wiener Managementlehre ist also eine Art dynamisches Modell, das nachweist, daß der Unternehmer (der Manager), der letztlich arbeitende Mensch, der allein oder in einer Arbeitsgruppe (Organisation) auf ein bestimmtes vorgegebenes Ziel hin Arbeitende – demonstriert nun am Beispiel eines in hoher Verantwortung in diesem Arbeitsprozeß stehenden Managers – der Ausgangspunkt ist; daß zweitens die Leistungen oder Funktionen dieses Managers, um dieses Ziel zu erreichen, der logische weitere Gedankenschritt sind; und drittens, daß trotz Berücksichtigung aller möglichen Aspekte des Persönlichen des Managers und seiner Leistungsaufgaben schließlich mehr oder weniger unvorhergesehene tägliche (aber auch sich langfristig abzeichnende) Probleme, die ich Managementsyndrome nenne, zu bewältigen sind. Die Persönlichkeit, von der wir ausgehen, übernimmt als Manager freiwillig und individuell letztlich eine Gesamtverantwortung für den Ressourceneinsatz (für Menschen und Sachen) zur Erreichung eines bestimmten, möglichst klar definierten, vorgegebenen Zieles, unter den Nebenbedingungen der Bewußtheit der Sanktionen, die ihr bei der Nichterreichung oder Erreichung des Zieles zustehen.

Diese hier nur einmal sehr kurz umrissene Definition der Aufgabe des Managers zeigt nun sofort, daß die Persönlichkeit, Eigenart und Eignung des Managers nur unter Einbeziehung der Psychologie beurteilt werden kann. Deswegen haben wir besonders im deutschsprachigen Bereich die großen Schwierigkeiten, wo sich unglücklichervveise seit Jahrzehnten die Betriebswirtschaftslehre auch zugleich als der Hort oder die zuständige Wissenschaft für die Betriebsführung oder Managementlehre ansieht und diese meist als ein Kapitel an ihre vorwiegend dem Idealobjekt der Maximierung von Rentabilitäten, Produktivitäten, Sparsamkeit und Wirtschaftlichkeit gewidmeten Lehre als eine Handlungsempfehlung anschließt. Obwohl nach dem Krieg über Amerika als Siegermacht besonders beschleunigt und massiv die eigentlich nur dort so ausgebildete Managementlehre nach Europa kam, hat sich eine eigenständige Managementlehre und eine Abtrennung aus dieser Umklammerung der nicht immer ganz glücklichen Verhaftung mit der Mutter Betriebswirtschaftslehre noch nicht vollzogen. In diesem Sinne ist also die Betrachtung des zentralen Objekts, nämlich der menschlichen Arbeit, dargestellt jetzt am Phänomen des Managers, eigentlich ein neuer Ansatz, der auf Basis des Anspruchs der Interdisziplinarität primär ein psychologisches Erkenntnisobjekt darstellt. Wir haben – daraus folgernd – beim zentralen Objekt bereits Psychologie als Notwendigkeit. Ich möchte gleich, gewissermaßen im Hintergrund begleitend, die Notwendigkeit der Tiefenpsychologie betonen, also die Einbeziehung des ganzen Menschen mit seinem vollen bewußten, unter- und vorbewußten Verhalten.

Nun zum zweiten Punkt: Die Funktionen dieses Menschen erweisen sich als sehr psychologiebedürftig in der Erklärung. Es sind vor allem sechs Funktionen, die der Manager übernimmt; in erster Linie Kommunikation. Es ist eine Eigenart des Wiener Ansatzes, daß er eine Rangordnung kennt und sich diese in einer rein logischen Aufeinanderfolge des für das Ganze Wichtigeren vor dem weniger Wichtigen ausdrückt, aber auch in einer genetischen Zeitfolge als Rangordnung, die nicht unbedingt ident sein muß – wir haben also zwei Gesichtspunkte, die rein logische und die genetische Rangreihe im Rahmen unserer ganzheitlichen Managementlehre. Ich kann an dieser Stelle den logischen Nachweis der Vorrangigkeit der Kommunikation vor der Entscheidung, dieser vor der Zielsetzung, dieser vor der Motivation usw. nicht nachvollziehen. Wenn wir das wesentliche über die gelingende Kommunikation, über das tatsächliche Herkommen oder Ankommen von Informationen, dort wo sie gebraucht werden, wenn wir die Wichtigkeit der Entscheidungen, ihre Rechtzeitigkeit und Richtigkeit zur Debatte stellen, oder wenn wir uns die Bedeutung der Zielsetzung für das Leben des einzelnen, für seine innere Gesundheit und für das Leben der ganzen Unternehmung vorstellen usw. (bei der Motivation und Organisation bedarf es überhaupt keiner näheren Erläuterung), so wird uns klar, daß die sechs Hauptfunktionen des Managers in ihrer Durchschaubarkeit und Anwendbarkeit nur psychologisch verständlich gemacht werden können.

Auch der dritte Aspekt, den ich Ihnen genannt habe, die Management-Syndrome, erweist sich als ungemein psychologiebedürftig. Sie wissen, daß ich in diesem Zusammenhang nicht nur die Psychologie des Ich-Bewußten meine, sondern auch das Unter- und Unbewußte, das in einer so sträflichen Weise bislang in der

Managementlehre vernachlässigt worden ist, obwohl gerade dort seine Bedeutung so groß ist. Wenn ich Ihnen einige dieser immer wiederkehrenden Syndrome oder Probleme, die sich situativ im Management ergeben, nur exemplarisch und nicht taxativ aufzählen darf, werden Sie allein schon bei der Titelnennung dieser Syndrome merken, daß sich das jeweilige Problemfeld letzten Endes u.a. nur aus der psychologischen Sicht bearbeiten läßt.

Beispielsweise das Syndrom der mehr oder minder Rationalität von Entscheidungen im Management – die Führungsentscheidungen in ihrer Irrationalität zu verstehen. Oder die Problematik der Macht, die mit der Führung eng zusammenhängt; das Verständnis dafür, wieso und in welcher Weise gerade in dieser Situation Macht eine so große Rolle spielt und welche Macht hinter bestimmten Entscheidungen steht und sie massiv beeinflußt usw. Oder drittens das Syndrom der Kreativität; diese Problematik, die so wichtig ist für das Gelingen einer Unternehmung, die notwendigen, ausreichenden Kreativitäten in den Dienst zu nehmen, richtig zu organisieren, umzusetzen in Entwicklung und schließlich in Produkte – alle diese Fragen lassen sich letzten Endes nur aus der Psychologie des kreativen Verhaltens, der kreativen Potentiale des einzelnen und ihrer Bedeutung innerhalb von Gruppierungen und Beziehungen und ihrer Förderung bzw. Behinderung verstehen.

Viertens die Problematik des Konflikts, das Konfliktgeschehen, das zum täglichen Erlebnis des Managements gehört. Die Handhabung der Konflikte, aus welchen Ursachen Konflikte gerade jetzt und dort auftreten und wie man damit umgeht, all das ohne Tiefenpsychologie auch nur zu verstehen (geschweige denn handhaben) zu wollen, erscheint mir unverantwortlich.

Fünftens die Problematik im Management eo ipso enthalten ist, die Erreichung eines Zieles im Sinne einer dynamischen Entwicklung, die Ausweitung, das Wachstum oder die Schrumpfung, die Meisterung der damit verbundenen Krisen usw. sind ohne die Zugrundelegung der Psychologie auch nicht verständlich.

Sechstens die Problematik der Geschlechtlichkeit der Menschen, die im Betrieb genau wie anderswo als Mann und Frau mit ihren sexuellen Bedürfnissen, ihrer Problematik der Rolle, ihrer Gleichwertigkeit und Ungleichartigkeit umgehen müssen und der Manager, der diese Probleme erkennen und handhaben muß – ich komme hier auf das eingangs von Herrn Kollegen Dachler erwähnte, so vernachlässigte Phänomen der Frau im Rahmen des Managements und der Führung als konkretes Beispiel zurück.

Siebtens die Problematik, die im engeren Sinn Führung heißt und mit Führung zusammenhängt. Die Aufgaben des Führers im Sinne eines Lehrers, der Menschen entwickelt oder die Verantwortung, die der Führer für eine bestimmte Anzahl von Menschen, nämlich die, die sich ihm freiwillig als Geführte vorübergehend anvertrauen, übernimmt; das Verständnis für diese für die Prosperität eines Unternehmens so verantwortliche Beziehung für die unterschiedliche Persönlich- keitsdynamik im Verhältnis zu den Führungsbeziehungen, bestimmter Charaktere – und nicht nur als Verständnis für das Verhalten einer Person, sondern vor allem im Beziehungsgefüge der Führungskonstellationen. Schließlich auch das Problem der Sittlichkeit oder das neuerdings wieder nachgefragte Problem der Ethik in der Unternehmung; diese Frage der Ethik, die letzten Endes schon von der Wortwurzel her grundsätzlich das Problem des miteinander in Frieden Wohnen Könnens behandelt, in engster Nähe mit dem betrieblichen Grundproblem der Organisation (dem Zentralphänomen der Kooperation), also ein Überwiegen der Zusammenarbeit von libidinösen Kräften gegenüber den aggressiven, die nicht nur im täglichen Leben des Betriebes immer sichtbar sind, sondern in der freien Wirtschaft in einem gefährlichen Ausmaß als Konkurrenz und nicht nur als fairer Wettbewerbsgedanke, vorhanden sind. Diese Ethik ist letztlich ebenfalls nur psychologisch neben anderen interdisziplinären Anwendungen zu verstehen.

So möchte ich an dieser Stelle die exemplarisch aufgezählten Managementsyndrome abschließen und nun gegen Ende meines Vortrags doch noch das Führungssyndrom im Sinne der neueren Entwicklung in der tiefenpsychologisch orientierten Führungspsychologie für Sie andeuten.

Wie schon gesagt, habe ich die Anstöße für die Weiterentwicklung dieser Theorien in Harvard erhalten, besonders durch die Begegnung mit Abraham Zaleznik, dessen Buch "The Human Dilemma of Leadership" (Das menschliche Dilemma der Führung) in einer von mir veranlaßten Übersetzung im GablerVerlag zugänglich ist; zusammen mit dem Buch "The Exceptional Executive – A Psychologic Conception" von Harry Levinson stellen diese schon Mitte und Ende der sechziger Jahre grundsätzliche Basiswerke zur Ausbildung dieser psychoanalytisch orientierten Führungstheorie dar.

Eine der von dort mitgebrachten wesentlichen Ideen, die ich in Wien weiterentwikkelt habe, war vor allem die Kreativitätsforschung, die seinerzeit von Zaleznik durch ein Fallstudienseminar in Gang gekommen ist, wobei die Hypothese (nicht getestet im Sinne einer echt repräsentativen Untersuchung, aber doch in etlichen interessanten Fällen) untermauert werden konnte, daß unter den verschiedenen psychoanalytisch bekannten Charakteren der sogenannte narzißtische oder oralnarzißtische Typus (wie er auch schon bei Freud beschrieben wird), in einer auffallenden Weise positiv korreliert mit der kreativen Persönlichkeit. Auf der Basis dieser Forschung und einiger von mir angestellter Untersuchungen am historischen Material über den Fall Krupp und die Verbindung von Kreativität nicht nur mit Narzißmus, sondern auch mit Homosexualität und die Problematik der starken Mutter usw. wurden damals dort erstmalig und – so glaube ich – bahnbrechende Anwendungen der Psychoanalyse auf das Feld der Führung vorgenommen, die schließlich dazu geführt haben, daß ich hier in Wien – wenngleich kaum unterstützt und durch keinerlei öffentliche Forschungsmittel ermöglicht – Wege fand, mit meinen Studenten und in der Beratung die Führungstypologie auszubauen. Dabei kam ich zu dem Zwischenergebnis einer Drei-Basis-Typen-Theorie, die umseitig dargestellt ist.

Neben dem dort näher beschriebenen Basischarakter des Oral-Narzißtischen ergibt sich aus der frühen Prägung der oralen Phase auch die Gegenprägung, nämlich die konsensuale, die Sie in ihrer Typik dort nachlesen können und schließlich in der zweiten Entwicklungsstufe die anale Prägung. Diese drei Basischaraktere, die sich praktisch schon in den ersten Lebensjahren einmalig, einzigartig und lebenslänglich wesentlich erweisend, in einem Individuum darstellen, habe ich inzwischen zu fünf Basischarakteren ausgeweitet. Eine Darstellung in diesem Zusammenhang würde heute zu weit führen. Ich kann jetzt nur auf meine zukünftigen Veröffentlichungen, die gegen Ende des Jahres herauskommen werden, verweisen.

Wie Sie aber schon erkennen konnten, ist diese Typologie im Zusammenhang mit der Entwicklungspsychologie zu sehen; zu meiner Harvard-Zeit war die hierfür besonders interessante Persönlichkeit aus dem psychoanalytischen Forschungskreis Erik Erikson, mit dem ich Gelegenheit hatte, ein ganzes Jahr lang in seinem Kolleg zusammmenzusein und von der Basis her seine acht Lebenskrisen und -stufen (Identity in the Life Cycle) zu verstehen, sodaß ich diese dann auch in Wien zur Anwendung bringen konnte. Also zwei wesentliche Konzepte der Psychoanalyse, nämlich die Metapsychologie an sich mit der Unterscheidung des Bewußten gegenüber dem Unter- und Unbewußten und den seelischen Landschaften des Ich, Über-Ich und des Es mit allen abwehrmechanistischen Konsequenzen, erwiesen sich als äußerst anwendbar in der Führungspsychologie, aber ebenso Eriksons so entscheidendes Acht-Stadien-Entwicklungskonzept, das über die Entstehung, Ausformung und Einübung der für das Management so wichtigen Verhaltenspotentiale wirklich sehr anwendbare, praxisrelevante Aussagen ermöglichte. Auf der Basis dieser drei Grundcharaktere und Eriksons Entwicklungskonzept war es dann möglich, Rollenkonstellationen (Führungskonstellationen) zu beschreiben, die zeigen, daß beispielsweise in der Begegnung von zwei stark narzißtisch geprägten Persönlichkeiten ebenso wie überhaupt in der Begegnung gleichartiger Persönlichkeiten wenig Arbeitsproduktivität, ja sogar großes Konfliktpotential besteht und daß andere Gruppierungen, die sich auch typisch in der Rollentheorie der Gruppendynamik nachweisen lassen, als ergänzende (kompensatorische) Dyaden, Triaden und ähnliche Konstellationen (wie in der Gruppen-Rollentheorie von Homan und Bales nachlesbar) aufscheinen. Diese Anwendungen der psychoanalytischen Theorie, die die Führungspersönlichkeiten und die Kenntnis ihrer jeweiligen Fähigkeiten und Möglichkeiten der Beziehung als positive oder negative Arbeitsbeziehungen darstellt, ließen sich auch ausweiten auf die berufsspezifischen Eignungen, sodaß heute zu den Persönlichkeits- oder Charaktertypen auch die jeweiligen beruflichen Eignungen sich empirisch als vorteilhaft oder wenig vorteilhaft

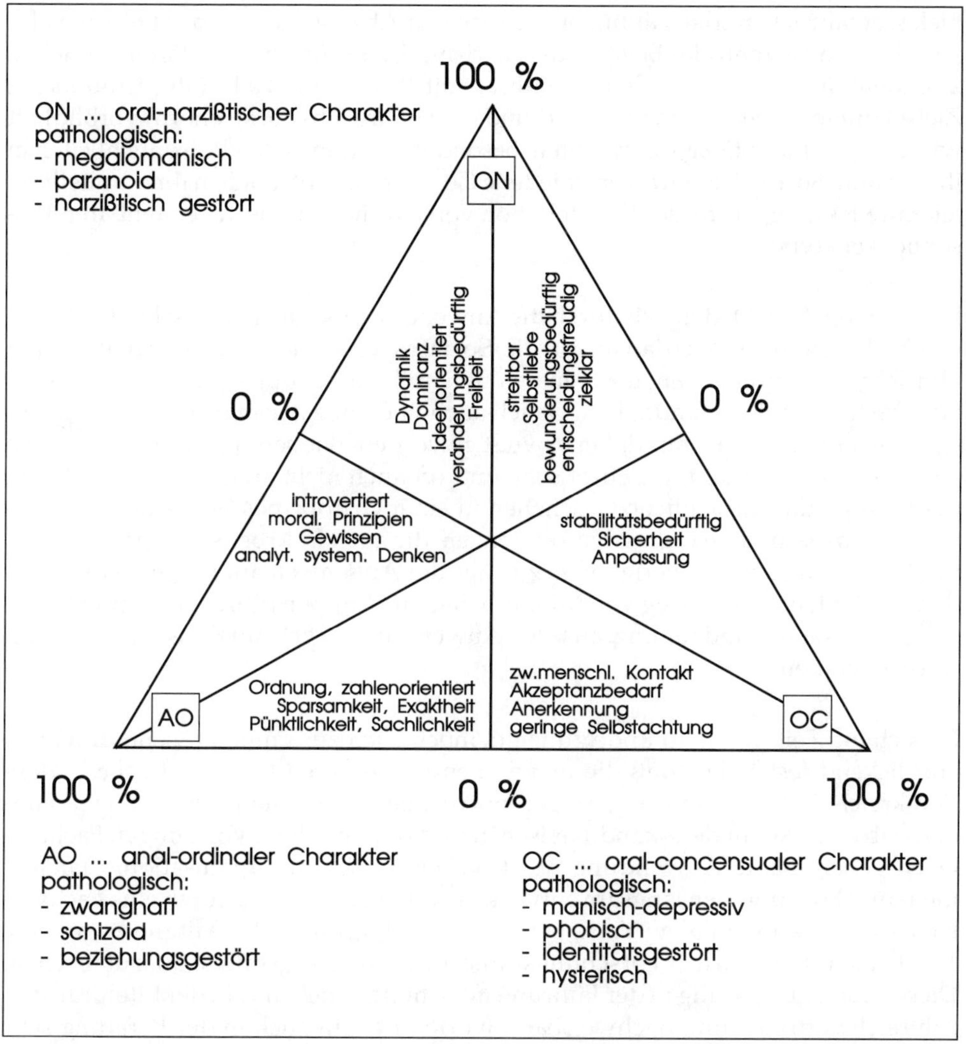

zuordnen lassen. In besonderer Weise wurde diese neue Entwicklung in der Führungspsychologie für mich durch die Anwendung der Psychoanalyse allerdings auch mit dem der Wiener Schule eigenen Streß-Konzept und Motivationskonzept bemerkenswert, indem nämlich die Grundidee Erikson'scher Identitätspsychologie sich als die tragende Erklärung für das Verstehen der Arbeits- motivation erwies, da letztlich die Chance der heute als Schlagwort der "Selbstverwirklichung" sehr stark vermarkteten, aber nach wie vor zentralen Problematik der Ich-Entwicklung in der Arbeit als die letztlich einzig sinnvolle Erklärung von Arbeitsmotivation anzusehen ist. In diesem Zusammenhang mit mehr oder weniger gelingenden Identität in der Arbeit ließ sich auch das Problem zu vieler, gefährlicher oder mißlingender bzw. auf Abwege geratender Führungsdynamik (etwa als zentrales Beispiel die charismatische Führung) erklären. So ziehen z.B. identitätsstarke, narzißtische Führer mit ihren zum Teil völlig irrationalen Zielsetzungen, aber rationalisierend und durch ihre Ich-Stärke enorm vorbildhaft wirkend, die identitätsgeschwächten, besonders konsensualen Persönlichkeiten in ihren Bann. So erklären sich verschiedene Geschehnisse oft auch in ihrer unheilvollen Entwicklung aus dieser Konstellation von psychoanalytisch verstehbaren Persönlichkeitstypen.

Ein weiterer Aspekt, dem ich durch die Anwendung psychoanalytischer Konzepte etliche Erkenntnisse verdanke, ist die Sozialpsychologie in psychoanalytischer Hinsicht, um das Geschehen z.B. in der Dynamik von Gruppen, Teams etc. besser zu verstehen und zu handhaben. Da ich auch über eine Ausbildung als Gruppendynamiker verfüge, ist mir dabei bewußt geworden, wie sehr pseudo-kooperative Ambitionen, übertragungsneurotische und oft auch nicht aufgelöste Konflikte in der Gruppe das tatsächliche Geschehen in einer Gruppe besser erklären können und daß insbesondere regressive Tendenzen, die auch in Arbeitsgruppen stark bei unüberwindlichen Schwierigkeiten z.B. aus der Außenwelt auf faschistoiden Tendenzen der Unterdrückung von Minderheiten in Gruppen führen, ihre gute Erklärung und auch Handhabung aus der Anwendung psychoanalytischer Erkenntnisse gewinnen.

Da sich die Zeit nun dem Ende zuneigt:, möchte ich zusammenfassend und auch ausblickend feststellen, daß die inzwischen in mehreren Ländern (insbesondere Frankreich, England, nur in geringerem Ausmaß in den deutschsprachigen Ländern, aber stärker in den skandinavischen und romanischen) von einigen Fachkollegen gehandhabte Anwendung der Psychoanalyse auf Organisation, Management und Führung sich langsam entwickelt und insbesondere durch eine Fachverbandsorganisation in New York, bei der ich auch gründendes Mitglied war, eine Möglichkeit hat, jährlich Forschungs- und Erfahrungsergebnisse auszutauschen. Diese neue Entwicklung in der Führungsforschung – nicht nur in der Literatur sehr zahlreich vertreten und nachweisbar – wird vor allem auch in der Beratung sehr nutzbringend angewandt, hat sich dort bewährt und wird weiter entwickelt. Diese Weiterentwicklung kommt zwar hierzulande sehr rasch an die Grenze der nur sehr mühsam möglichen Forschung auf dem Gebiet der sozialen und psychologischen Objekte, wird aber andererseits auch nicht aufzuhalten sein. Es zeigt sich jetzt – und das halte ich für eine hoffnungsvolle Entwicklung –, daß die Tendenzen der Umgliederungen und des Aufbruchs in Osteuropa und die damit verbundenen ungeheuren Bedürfnisse und die Neugier dieser Menschen (nicht zuletzt auch der Manager und der dafür verantwortlichen wirtschaftlichen Stellen) für die westlichen Methoden und Führungskonzepte neue Chancen für uns bringen. Ich kann hier aus Erfahrung sprechen, da es mir gelungen ist, in meinen Vorlesungen an der Pekinger Universität vor Wirtschaftsstudenten und Managern die sinnvolle Anwendbarkeit der Wiener Managementschule, insbesondere mit ihrem tiefenpsychologischen interdisziplinären Ansatz, auf Probleme der wirtschaftlichen Entwicklung in China verständlich zu machen. Da ja eine Entwicklung in kleinen Schritten und nicht, wie viele amerikanische Forscher meinen, durch einen big push oder einen einmaligen starken Impuls zustande kommt, wird es sehr wesentlich sein, daß man die richtigen Menschen zu den dort dann notwendigen freieren unternehmerischen, dynamischen, selbstverantwortlichen Strukturen langsam hinführt und an sie anpaßt. Es wird also schwierig sein, auf der Basis der bisherigen Theorien Kreditwürdigkeitsprüfungen psychologisch zu unterstützen, deren Ziel darin liegt, unternehmerische, kreative Potentiale zu fördern, ohne sachliche Sicherungen zu haben. Gerade diese und ähnliche Fragen zu beantworten und Probleme, die damit in Zusammenhang stehen, zu lösen, scheint mir der nicht zuletzt an der Freud'schen Konzeption orientierte interdisziplinäre und ganzheitliche Ansatz der Wiener Schule besonders geeignet. Das zentrale Anliegen dieser Wiener Schule und der Kern ihrer bisherigen Bemühungen sind die Entwicklung einer Führungspsychologie mit stark tiefenpsychologischem Ansatz.

Es tut mir leid, daß ich in der kurzen, für ein Co-Referat zur Verfügung stehenden Zeit, Ihnen nur Ansätze und Aufrisse aphoristisch vermitteln kann, die aber durch weiterführende Literatur vertieft werden können.

Methoden der Evaluation von Treatmenteffekten

G. H. Fischer
Institut für Psychologie der Universität Wien, Österreich

Im folgenden wird eine neue Methodologie der Evaluation von "Treatment"-Effekten beschrieben, welche in den letzten 15 Jahren am Institut für Psychologie der Universität Wien entwickelt wurde. Diese Methoden können in der angewandten, pädagogischen und klinischen Psychologie eingesetzt werden, wenn Personalschulung, Unterricht, pädagogische Maßnahmen, klinische Behandlungen und dergleichen beurteilt werden sollen. (Darüber hinaus ist damit in der experimentellen Psychologie grundsätzlich die Prüfung beliebiger Wirkungen von Versuchs- oder Beobachtungsbedingungen möglich, was uns hier aber nicht weiter interessieren wird.)

1. Begründung für eine neue Methodologie

Warum genügen herkömmliche Methoden der empirischen Forschung nicht für die Evaluation von Treatmenteffekten? Ein schon öfter verwendetes Beispiel (s. Fischer, 1974, S. 128 – 132) möge dies zu erklären helfen:

Mitte der siebziger Jahre sollten kognitive Frühförderungsprogramme in Kindergärten der Gemeinde Wien evaluiert werden (Rop, 1972, 1977). Dabei wurde eine Batterie von 64 Items zur Erfassung verbaler und nonverbaler Intelligenzfaktoren vor und nach einer fünfmonatigen Förderungsperiode zwecks Messung des Förderungseffekts vorgegeben. Es war erhofft und auch erwartet, daß Kinder aus der sozialen Unterschicht, welche i.a. in ihrer Familie keine optimale intellektuelle Förderung erfahren, eine größere Wirkung des gezielten Förderungsprogramms zeigen würden als Kinder aus der Mittelschicht, deren intellektuelle Entwicklung in der Familie mehr stimuliert wird.

Zur Evaluation eines derartigen Förderungsprogramms definiert man üblicherweise eine Menge geeignet erscheinender Tests und analysiert die Rohwertedifferenzen (vorher und nachher) mit gängigen statistischen Prüfverfahren (z.B. Varianzanalyse oder parameterfreie Verfahren). Diese Methodik wurde jedoch in der Untersuchung von Rop aus den nachfolgend dargestellten Gründen nicht in Erwägung gezogen.

Der Einfachheit halber sei *einer* der verwendeten Tests (z.B. "Wortschatz") betrachtet: Er sei eindimensional vorausgesetzt und möge aus $k = 20$ Items bestehen. Sein Rohwert, der also auf Werte zwischen 0 und 20 beschränkt ist, muß mit dem zugrundeliegenden latenten Intelligenzfaktor θ notwendigerweise *nicht-linear* zusammenhängen, da sich die psychologische Theorie Faktoren ("latente Dimensionen" der Intelligenz oder Persönlichkeit) als nicht-beschränkte Variablen vorstellt,

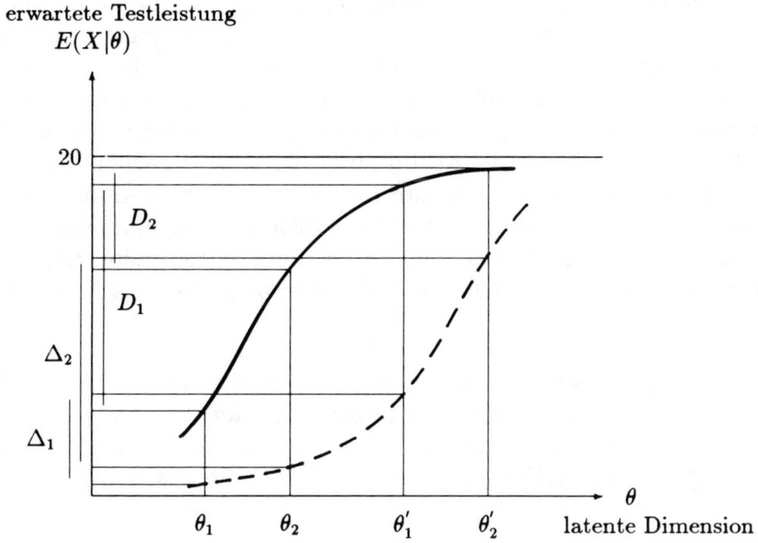

Abbildung 1

siehe Abbildung 1. Der erwartete Rohwert E(X | θ) strebt – als Funktion der latenten Fähigkeit θ betrachtet – mit wachsendem θ asymptotisch gegen den Wert 20.

Nun sei ein Gedankenexperiment angestellt: Vorausgesetzt, die kognitiven Frühförderungsmaßnahmen würden alle Kinder, unabhängig vom Milieu bzw. unabhängig von ihrem Ausgangsniveau, gleichermaßen fördern, sodaß das kognitive Wachstum eines typischen Unterschichtkindes (Vp 1, Ausgangswert θ_1) auf der latenten Dimension θ genauso groß wäre wie das eines typischen Mittelschichtkindes (Vp 2, Ausgangswert θ_2). Die entsprechenden Parameter nach der Förderungsperiode seien mit θ_1' für Vp 1 und θ_2' für Vp 2 bezeichnet.

Diese Veränderungen würden sich allerdings infolge des nicht-linearen Zusammenhanges zwischen θ und dem erwarteten Rohwert X in verschieden großen Rohwertedifferenzen ausdrücken: Entsprechend der abgebildeten "Testcharakteristik-Kurve" (durchgezogene Kurve) ergäbe sich bei einem typischen Unterschichtkind (Vp 1) eine größere Zunahme (D_1) des Rohwertes als bei einem typischen Mittelschichtkind (Vp 2, D_2). Dieses Ergebnis entspräche der Erwartung und der politischen Intention des Förderungsprogramms und würde daher ohne weiteres als "wissenschaftlicher Beweis" seiner Effektivität angesehen.

Ein kritischer Betrachter könnte aber anhand der Abbildung 1 den Verdacht äußern, der verwendete Wortschatztest sei vielleicht für die Mittelschichtkinder zu leicht gewesen, d.h. es wäre ein sogenannter *Deckeneffekt* wirksam geworden. Dieser wäre zu beheben, entfernte man einige der leichtesten Items aus dem Test und ersetzte man sie durch schwierigere Items. Freilich ergäbe sich dann eine andere Testcharakteristik, wie sie in Abbildung 1 als strichlierte Kurve zu sehen ist. Die neue Testcharakteristik wäre gegenüber der früheren nach rechts verschoben und hätte auch i.a. eine andere Gestalt. Betrachtet man nun die erwartete Veränderung der Rohwerte bei Vp 1 (d.i. Δ_1) und bei Vp 2 (d.i. Δ_2), scheint sich im Förderungszeitraum ein größeres Wachstum für das Mittelschichtkind, verglichen mit dem Unterschichtkind, zu ergeben. Die Konklusion müßte dann wohl lauten, daß die Mittelschichtkinder mehr von den Förderungsprogrammen profitieren als die Unterschichtkinder, was freilich als eher paradoxes Ergebnis kaum Akzeptanz fände.

Beide vermeintlich wissenschaftlichen Ergebnisse beruhen grundsätzlich auf derselben Methodik, lediglich die konkrete Auswahl der verwendeten Wortschatzitems ist verschieden, d.h. nur der der eigentlichen Untersuchung vorausgehende Schritt der "operationalen Definition" der Variablen "Wortschatz" ist verschieden.

Was lehrt dieses Beispiel? Die geschilderte Methodik der empirischen Evaluation von Treatments führt auf widersprüchliche Ergebnisse und kann daher nicht wissenschaftlich sein. Sie ist nicht objektiv, weil ihr Ergebnis von der willkürlichen Definition der Meßvariablen "Wortschatztest" abhängt. Etwas anders ausgedrückt: Eine bloße *operationale Definition* der Testvariablen, die eine zentrale Rolle für die skizzierte Methodik spielt, reicht nicht für die Begründung einer metrischen (Intervall-) Skala aus. Gleich große Differenzen auf der manifesten Rohwerteskala sind nicht mit gleich großen Veränderungen auf der interessierenden latenten Dimension θ gleichzusetzen und müssen daher auch nicht gleich großen Treatmenteffekten entsprechen.

Um die so einfach erscheinende Frage zu entscheiden, ob Unterschichtkinder weniger, gleich viel, oder mehr von den Förderungsprogrammen profitieren als Mittelschichtkinder, benötigt man also eine theoretisch besser fundierte Methodologie des *Messens* von Veränderungen. Ein naiv empirisches Vorgehen reicht nicht aus: Man kann nicht "einfach nachsehen", welche der beiden Gruppen mehr profitiert, weil die eigentlich interessierende *latente* Dimension, wie schon ihr Name sagt, nicht beobachtbar ist. Man benötigt ein "Modell", d.i. eine formalisierte Theorie über den Zusammenhang zwischen der latenten Dimension und ihren beobachtbaren Indikatoren (= Items) als Grundlage für die Gewinnung einer *metrischen* Skala der latenten Dimension.

Wie man, ausgehend von allgemeinen methodologischen Postulaten, zu einem derartigen Modell gelangen und damit die gestellte Frage nach der Effektivität der Treatments beantworten kann, soll im folgenden aufgezeigt werden.

2. Postulate für die Veränderungsmessung

Der Weg zu einem geeigneten Modell der Messung von Treatmenteffekten besteht zunächst in der Postulierung gewünschter Modelleigenschaften und in der Folge in der Untersuchung, ob und wie die Postulate erfüllt werden können. Eine derartige Analyse ist naturgemäß formal kompliziert und kann hier nicht im einzelnen dargestellt werden (s. hiezu Fischer, 1987). Es werden daher nur die Grundvoraussetzungen formuliert und begründet, und es werden die daraus ableitbaren Ergebnisse umrissen.

A. Parametrisierung

Für die Erklärung der Grundprinzipien genügt es zunächst vorauszusetzen, daß ein einziges dichotomes Item als Indikator der interessierenden latenten Dimension θ vorliegt. Wenn im folgenden von einem "Item" gesprochen wird, kann damit inhaltlich ein Testitem eines Intelligenzleistungstests oder eine Frage in einem Fragebogentest oder ein Symptom gemeint sein. (Die Antwortkategorien lauten dann sinngemäß "richtig – falsch", oder "ja – nein", oder "liegt vor – liegt nicht vor".) Der Fall, daß man nur ein einziges Item betrachtet, wird in der Testpraxis kaum vorkommen, man könnte sich aber vorstellen, daß man in einer klinisch psychologischen Untersuchung primär an einem bestimmten Symptom, z.B. dem Vorliegen von Schlafstörungen bei depressiven Patienten, interessiert ist.

Diesem Item wird eine latente Eigenschaftsdimension θ zugeordnet, die einen Intelligenzfaktor oder eine Einstellungs- bzw. Persönlichkeitsdimension oder einen bestimmten Aspekt eines Krankheitsgeschehens (z.B. Schlafstörung) bezeichnet.

Unter dem Effekt einer Behandlung (Förderungsprogramm, Schulung, Therapie) verstehen wir ein quantitatives Maß, einen Parameter, welcher die Wirkung der Behandlung auf die genannte latente Eigenschaft charakterisiert. Der Effektparameter einer Behandlung B_j sei in der Folge mit η_j bezeichnet. Sowohl die Parameter θ als auch η seien als reelle Zahlen vorausgesetzt, die beliebig zwischen $+\infty$ und $-\infty$ variieren können.

Man mag vielleicht einwenden, es wäre von Haus aus verfehlt, die Wirkung einer Behandlung B_j durch nur *eine* quantitative Größe η_j beschreiben zu wollen. Inwieferne dies sinnvoll ist, wird daher weiter unten noch ausführlich zu diskutieren sein. Zur Begründung für einen solchen Ansatz kann aber schon jetzt angeführt werden, daß es sich erstens nur um den Effekt der Behandlung hinsichtlich der *einen* durch das Item definierten latenten Dimension θ handelt, und daß zweitens in der Praxis tatsächlich oft nach nur einem Effektivitätsmaß gefragt wird: In der oben erwähnten Studie über Frühförderungsmaßnahmen sollte in der Hauptsache untersucht werden, ob diese in der Population der Unterschichtkinder nachweislich wirksamer als in jener der Mittelschichtkinder waren. Begrifflich wurde also von Haus aus nur *eine* Wirkung in Betracht gezogen.

Über das Zusammenspiel des Parameters θ (d.i. der Position des betreffenden Individuums auf der latenten Dimension vor der Behandlung), dem Parameter η (d.i. der Wirkung des betrachteten Treatments) und θ' (der Position des Individuums auf der latenten Dimension nach der Behandlung) kann zunächst keine Aussage gemacht werden, außer daß offenbar gelten muß

$$\theta' = F(\theta,\eta). \tag{1}$$

Das drückt aus, daß der Parameter θ' der Person nach der Behandlung eine Funktion F des Anfangszustandes θ und einer Behandlungswirkung η ist. Mit anderen Worten, kennt man den Anfangszustand und die Behandlungswirkung, dann kennt man – theoretisch – auch den Endzustand der Person.

Das impliziert also eine *Gesetzmäßigkeit der Behandlungswirkung bezüglich der Dimension* θ. Sinnvollerweise wird man annehmen, daß die Funktion F stetig ist (keine Sprungstellen hat) und in beiden Argumenten monoton ist (je größer θ, desto größer auch θ'; je größer η, desto größer auch θ'). Diese Funktion F sei *Wirkungsfunktion* genannt.

B. Spezifische Objektivität

Während die Einführung der Wirkungsfunktion so gut wie keine Einschränkung darstellt und demnach kaum mit der empirischen Wirklichkeit in Widerspruch gelangen wird, sei jetzt eine in wesentlichem Maße restriktive Voraussetzung eingeführt, die in allen folgenden Betrachtungen die Rolle eines Ideals bzw. einer zu prüfenden Nullhypothese spielen wird: Es möge gelten

$$F(F(\theta, \eta_1), \eta_2) = F(F(\theta, \eta_2), \eta_1) \tag{2}$$

Das Postulat (2) drückt folgende einfache Gesetzmäßigkeit aus: Hat man zwei verschiedene Behandlungen mit Effektparametern η_1 und η_2 und wendet man sie nacheinander an, so ist die Gesamtwirkung unabhängig von der Reihenfolge der Behandlungen. Man sagt, die beiden Behandlungen sind *kommutativ*.

Klarerweise kann und wird dieses Postulat in vielen Fällen im Widerspruch zur Empirie stehen. Es ist z.B. durchaus vorstellbar, daß eine Psychotherapie bei depressiven Patienten überhaupt erst dann sinnvoll eingesetzt werden kann, wenn zuvor die medizinisch indizierte medikamentöse Therapie wirksam wurde. Ebenso mag i.a. für Schulungen oder Unterricht gelten, daß die Reihe der Unterrichtseinheiten wesentlich ist.

Welchen Sinn hat dann also das Postulat der Kommutativität? Es leitet sich aus dem

Wunsch ab, die Wirkung einer Behandlung durch einen einzigen Wirkungsparameter η allein ausdrücken zu können. Ist dies nämlich der Fall, dann kann dieser Effektparameter η definitionsgemäß keine Information darüber enthalten, ob und welche anderen Behandlungen zugleich, vorher oder nachher durchgeführt werden, d.h. es dürfte also nicht auf die Reihenfolge der Behandlungen ankommen. Man betrachte dieses Postulat daher zunächst als eine *Nullhypothese*, welche gegen die Alternativhypothese einer Reihenfolgenabhängigkeit getestet werden soll.

Das Postulat (2), welches in Analogie zu einer oft gemachten Voraussetzung in der "Item Response Theory" (IRT) als *spezifische Objektivität* bezeichnet wird (Fischer, 1987), läßt sich auch anders – formal jedoch äquivalent – durch die Gleichung

$$\eta_{13} = H(\eta_{12}, \eta_{23}) \qquad (3)$$

ausdrücken: Kennt man die Wirkung η_{12} einer Therapie im Zeitraum (T_1,T_2) und die Wirkung η_{23} einer weiteren Therapie im anschließenden Zeitraum (T_2,T_3), dann kennt man auch die Gesamtwirkung η_{13} beider Therapien im Zeitraum (T_1,T_3). Da die Voraussetzung (3) formal äquivalent mit der früheren Gleichung (2) ist, kann sie ebenfalls als Formulierung der spezifischen Objektivität angesehen werden.

Offensichtlich kann (3) auf dieselbe Weise mit der Empirie in Konflikt kommen wie (2), nämlich dann, wenn eine Therapie nur in Kombination mit einer anderen wirksam wird, wenn also Wechselwirkungen zwischen zwei Therapien bestehen. Man denke wieder an das Beispiel einer Chemotherapie und einer Psychotherapie bei depressiven Patienten.

Angenommen, die Psychotherapie allein wäre unwirksam und hätte daher, für sich genommen, den Effektparameter $\eta_2 = 0$. In Verbindung mit einer geeigneten Chemotherapie, die allein den Effekt η_1 habe, möge hingegen auch die Psychotherapie wirksam sein. Diese Tatsache stünde im Gegensatz zum obigen Postulat (3) der spezifischen Objektivität.

In solchen Fällen ließe sich die Wirkung der Psychotherapie nicht mehr durch nur *einen* Effektparameter adäquat beschreiben; man benötigte eine komplexere Charakterisierung der Wirkung einer Behandlung, nämlich einerseits allein und andererseits in Kombination mit zumindest einer weiteren Therapie.

C. Folgerungen aus den Annahmen

Die Kernaussage, welche sich nun aus dem Postulat der spezifischen Objektivität (2) oder (3) mathematisch ableiten läßt, ist die der *Additivität* von latentem Eigenschaftsparameter der Person, θ, und Effektparameter der Therapie, η, sowie weiters die Additivität verschiedener Treatmenteffekte – allerdings unter der Voraussetzung einer vorangegangenen geeigneten Skalierung von θ und η (s. Fischer, 1987):

$$\begin{aligned} \theta' &= \theta + \eta_{12}\,, \\ \theta'' &= \theta' + \eta_{23}\,, \\ \eta_{13} &= \eta_{12} + \eta_{23}\,. \end{aligned} \tag{4}$$

wobei θ, θ' und θ'' die Positionen einer Person auf dem latenten Kontinuum zu den Zeitpunkten T_1, T_2, T_3 bezeichnen und η_{12}, η_{23}, η_{13} die Treatmenteffekte in den Zeitintervallen (T_1,T_2), (T_2,T_3) und (T_1,T_3) sind.

Die Auswirkung einer Behandlung auf die latente Eigenschaftsdimension ergibt sich demnach unter Voraussetzung der spezifischen Objektivität ganz einfach durch *Addition* des Effektparameters η zum Zustandsparameter θ der Person, und die Gesamtwirkung mehrerer Behandlungen ergibt sich als die *arithmetische Summe* ihrer Wirkungsparameter.

Diese einfache Additivität in den Beziehungen (4) gilt allerdings, wie gesagt, nur *nach* einer geeignet durchgeführten Skalentransformation der latenten Dimension θ und einer passenden Festlegung der Skala von η (Streng genommen sollte man deswegen in (4) neue Bezeichnungen für die Parameter θ und η einführen; wir vernachlässigen jedoch dieses formale Detail im Interesse der leichteren Lesbarkeit).

Die durch (4) indirekt festgelegten Skalen von θ und η besitzen eine wichtige Eindeutigkeitseigenschaft: Die Parameter θ sind eindeutig bis auf positive Lineartransformationen $c\theta + d$, $c > 0$, und die Effektparameter sind eindeutig bis auf Dilatationen $c\eta$. Mit anderen Worten: Die latente Eigenschaft θ wird auf einer *Intervallskala*, der Treatmenteffekt auf einer *Rationalskala* gemessen.

Damit ist das in Abschnitt 1 besprochene Problem der Uneindeutigkeit hinsichtlich der Veränderungswerte, und in Verbindung damit auch das der Willkürlichkeit der Ergebnisse, behoben: Gleich großen Skalendifferenzen $\theta' - \theta$ entsprechen tatsächlich auch gleiche Treatmenteffekte.

Eine so einfache Formulierung der Wirkungsgesetze von Behandlungen ist keine willkürliche Voraussetzung mit dem Ziel der formalen Vereinfachung eines Modells, sondern eine notwendige Konsequenz des Postulats der spezifischen Objektivität. Eine empirische Prüfung der Additivität der (geeignet skalierten) Treatmenteffekte ist daher gleichbedeutend mit einer empirischen Prüfung des Postulats der spezifischen Objektivität. Ist diese hinreichend genau erfüllt, hat dies auch noch inhaltliche Implikationen, die weiter unten im Zusammenhang mit logistischen IRT-Modellen erörtert werden.

3. Das LLRA

Spezifische Objektivität bedeutet also eine besonders einfache Verknüpfung zwischen latentem Trait θ und Treatmenteffekten η. Bis zu diesem Punkt ist jedoch nichts darüber ausgesagt, wie die Reaktion einer Person auf ein Testitem von dem latenten Trait θ abhängt. In der IRT nimmt man i.a. an, daß die Wahrscheinlichkeit einer richtigen Antwort (analog, die Wahrscheinlichkeit der Antwort "ja" in einem Fragebogentest oder die Wahrscheinlichkeit des Auftretens eines Symptoms im Falle einer klinischen Fragestellung) eine monoton wachsende Funktion der latenten Eigenschaft θ ist. Diese Funktion nennt man die *Itemcharakteristik-Kurve* (IC-Kurve). Die IRT beschäftigt sich u.a. mit der Frage, wie die IC-Kurven zu modellieren sind, von wievielen Parametern sie abhängen sollen, welche inhaltliche Bedeutung diesen zukommt, etc. Man stelle sich wiederum das Beispiel der Messung von Effekten kognitiver Frühförderung vor; dabei könnte man voraussetzen

- dichotome Items (Antwortkategorien richtig – falsch),
- monoton wachsende IC-Kurven ohne Raten (d.h. die Wahrscheinlichkeit einer richtigen Antwort wächst mit dem Fähigkeitsparameter θ, und richtige Antworten können nur durch Lösen des Items gefunden werden, nicht durch bloßes Raten),
- technische Annahmen (lokale stochastische Unabhängigkeit und Likelihoodprinzip), die hier nicht näher behandelt werden sollen; sie stellen Standardvoraussetzungen der IRT dar.

Kombiniert man nun diese Voraussetzungen mit dem Postulat der spezifischen Objektivität (bzw. mit der damit äquivalenten Additivität der Behandlungswirkungen), dann folgt *mathematisch notwendig* ein probabilistisches Modell der Veränderungsmessung mit "logistischen IC-Kurven" (s. Fischer, 1987). Solche Modelle haben strukturell große Ähnlichkeit mit dem bekannten Rasch-Modell (Rasch, 1960), weisen jedoch auch wichtige Unterschiede dazu auf (s. unten). Als Konkretisierung eines derartigen Modells verwenden wir meist

$$P(+ \mid S_v, I_i, T_1) = \frac{\exp(\theta_{vi})}{1 + \exp(\theta_{vi})} , \tag{5}$$

$$P(+ \mid S_v, I_i, T_2) = \frac{\exp(\theta_{vi} + \delta_v)}{1 + \exp(\theta_{vi} + \delta_v)} , \tag{6}$$

$$\delta_v = \sum_j q_{vj} \eta_j + \tau \; . \tag{7}$$

Dabei bezeichnet δ_v das Gesamtausmaß der Veränderung von Person S_v im Zeitraum (T_1, T_2), q_{vj} die Dosis der zwischenzeitig verabreichten Therapie B_j bei Person S_v und τ den sogenannten "Trendeffekt".

Modell (5) bis (7) wird LLRA ("linear logistic model with relaxed assumtions", Fischer, 1976, 1977) genannt. Der Name soll zum Ausdruck bringen, daß die Modellvoraussetzungen gegenüber den *eindimensionalen* IRT-Modellen, insbesondere dem Rasch-Modell, abgeschwächt wurden: Eindimensionalität der Items wird nicht mehr vorausgesetzt, die Items können *multidimensional* sein. Im folgenden seien die wichtigsten Eigenschaften des LLRA näher besprochen.

Multidimensionalität

Jede Person wird durch so viele Personenparameter $\theta_{v1},\ldots,\theta_{vk}$ charakterisiert, wie Items $I_1,\ldots,I_k$ im Test vorhanden sind. Der Parameter θ_{vi} beschreibt die Position der Person S_v auf jener latenten Dimension, welche dem i-ten Item zugeordnet ist. Individuelle Unterschiede werden also in einem vieldimensionalen Eigenschaftsraum dargestellt. Dies steht im Gegensatz zu den meisten IRT-Modellen, die Eindimensionalität der Items voraussetzen. (Es ist bekannt, daß z.B. beim Rasch-Modell in der praktischen Anwendung häufig Probleme dadurch auftreten, daß die Items nicht eindimensional, nicht "homogen" sind; diese Probleme stellen sich also beim LLRA nicht.)

Das LLRA macht allerdings keine Aussagen darüber, ob die durch Personenparameter θ_{vi} repräsentierten k Dimensionen voneinander unabhängig, statistisch oder funktional abhängig oder vielleicht sogar alle identisch sind. Dies begründet eine wesentliche Stärke des Modells gerade für die Anwendungen.

Ein Beispiel möge das illustrieren. Angenommen, es soll die Wirkung gewisser Therapien (z.B. Chemotherapie, Psychotherapie) an depressiven Patienten untersucht werden. Grundlage für die Beurteilung der Therapieeffekte sind Symptome und/oder Befindlichkeiten der Patienten vor und nach der Therapiephase. Wesentliche Symptome wären z.B. Schlafstörungen, Benommensein, Antriebsarmut, Ängstlichkeit, emotionale Störungen, Beziehungslosigkeit. Beim konventionellen Vorgehen würde man nun aufgrund "operationaler Definition" einer (oder mehrerer) "Skalen" die Anzahl der bei jeder Person vorliegenden einschlägigen Symptome auszählen und diese "Skores" vor und nach der Therapie vergleichen. Dabei würden sich aber nicht nur jene Schwierigkeiten ergeben, die schon im Frühförderungsbeispiel erwähnt wurden, sondern darüber hinaus noch das wesentliche Problem, daß verschiedenen Symptomen der Depression nicht ohne weiteres eine gemeinsame latente Dimension zugrunde gelegt werden darf.

Die Reduktion vielfältiger Symptome der Depression auf eine Dimension stellt eine zweifelhafte Annahme, im Widerspruch zu klinischer Erfahrung, dar. Es ist doch wohl so, daß die Patienten in sehr individuellem Maße von den einzelnen Störungen betroffen sind: Der eine Patient hat vor allem Schlafstörungen und fühlt sich benommen, ein anderer ist mehr emotional gestört und leidet unter Angstzuständen, ein dritter ist vor allem antriebslos und in den Sozialbeziehungen beeinträchtigt. Dennoch können alle drei Patienten biochemisch dieselbe Stoffwechselstörung aufweisen und deshalb auch in gleicher Weise auf dieselbe Therapie ansprechen.

Daher ist es durchaus sinnvoll, den verschiedenen Symptomen oder Items eines Befindlichkeitsfragebogens einerseits verschiedene latente Eigenschaftsdimensionen zuzuordnen, durch die die individuellen Reaktionsweisen der Patienten adäquat beschrieben werden können, andererseits aber nach einer *generalisierten Wirkung* η_j einer gegebenen Therapie B_j zu fragen. Diese werden *Haupteffekte* der Therapien genannt.

Haupteffekte der Therapien

So schwach die Voraussetzungen des Modells hinsichtlich der latenten Eigenschaften der Personen sind, so restriktiv ist jene hinsichtlich der Behandlungswirkungen: Jeder Behandlung wird also zunächst ein und nur ein Treatmenteffekt-Parameter ν_j zugeordnet. Entsprechend dem Postulat der Additivität von Treatmenteffekten wird die Gesamtveränderung δ_v der Person S_v als gewichtete Summe (7) von Treatmenteffekten aufgefaßt. Die Gewichtszahlen q_{vj} sind durch die Dosierungen der Behandlungen je Person gegeben. (Im einfachsten Fall kann eine Dosis gleich 1 gesetzt werden, wenn die Person mit der betreffenden Therapie behandelt wurde, und sonst 0.)

Trendeffekt

Nicht alle Veränderungen sind Therapiewirkungen. Es ist bekannt, daß bei vielen psychischen Erkrankungen Spontanremissionen beobachtet werden, insbesondere weil die Patienten typischerweise bald nach Beginn eines Schubes in Behandlung kommen, sodaß sein Abklingen in die Behandlungsperiode fällt. Ebenso ist etwa in einer Studie über kognitive Entwicklung mit – oft sogar sehr großen – spontanen Veränderungen zu rechnen: Die Kinder werden intelligenter, auch wenn sie nicht gezielt gefördert werden. Diese *behandlungsunabhängigen* Veränderungen werden als Trendparameter τ abgedeckt. Formal kann man τ als die Wirkung jener "Behandlung" auffassen, die allen Personen mit gleicher Dosis zuteil wird.

Interaktionseffekte

Nur am Rande sei noch erwähnt, daß auch Behandlungsinteraktionen in das Modell eingebaut werden können. Diese grundsätzliche Möglichkeit geht schon allein daraus hervor, daß man bei Vorliegen zweier Therapien je eine von ihnen allein in zwei Therapiegruppen, andererseits auch beide gemeinsam in einer dritten Gruppe anwenden und die Treatmenteffekte vergleichen kann. Den ersten beiden Gruppen würde dann je ein Treatmenteffekt η_1 bzw. η_2 zugeordnet, der dritten Gruppe ein Effektparameter $\eta_3 = \eta_1 + \eta_2 + \rho_{12}$, der die Summe der beiden Haupteffekte plus ein Interaktionseffekt ρ_{12} ist. Auf diese Erweiterung des Modells soll aber hier nicht näher eingegangen werden (siehe z.B. Fischer & Formann, 1982: Fischer, 1987, 1989).

Generalisierbarkeit der Effekte

Wenn im Rahmen eines geeigneten Versuchsdesigns (bei *m* Behandlungen mindestens *m* Behandlungsgruppen und eine Kontrollgruppe) Daten vor und nach der Behandlung erhoben wurden, können die Parameter η_j und τ mittels der sog. "bedingten Maximum-Likelihood-Methode" *unabhängig von den Personenparametern* der Stichprobe geschätzt werden. Die Formulierung "unabhängig von den Personenparametern" heißt, daß diese Parameter gänzlich eliminiert werden, sie müssen also weder bekannt sein, noch werden sie geschätzt. Dies impliziert, daß die Ausstattung der einzelnen Individuen der getesteten Personenstichprobe mit den zugrundeliegenden Traitdimensionen (oder äquivalent: die individuellen Störungsmuster) nicht, wie im Beispiel des Abschnittes 1, in systematischer Weise die auf die Behandlungseffekte bezogenen Ergebnisse beeinflussen. Insbesondere sollten bei Gegenüberstellung von Personengruppen mit geringerem vs. höherem Grad an kognitiver Entwicklung oder an Depressivität (je nach Anwendungsfall des Modells) essentiell dieselben Treatmenteffekte resultieren. Dies ist die Kernaussage betreffend die besonderen Eigenschaften des LLRA als Modell für die Veränderungsmessung.

Diese wichtige Modelleigenschaft kann man auch als *Generalisierbarkeit der Ergebnisse über die Personenstichproben* bezeichnen. Es muß allerdings betont werden, daß es sich hiebei um eine Eigenschaft handelt, die aus der Voraussetzung der *Modellgültigkeit* folgt. In bezug auf die empirische Wirklichkeit stellt sie nur eine *Nullhypothese* dar, die erst noch geprüft werden muß. Sollten die Treatmenteffekte tatsächlich generalisierbar sein, würde das LLRA einheitliche Effektparameter über alle Personengruppen hinweg liefern – im Gegensatz zu der in Abschnitt 1 beschriebenen Methodik. Falls die Treatmenteffekte jedoch in verschiedenen Personengruppen (z.B. Unterschicht- vs. Mittelschichtkinder im Frühförderungsbeispiel, oder Patientengruppen mit Störung im affektiven vs. somatischen vs. kognitiven Bereich im Falle der klinischen Therapiestudie) in Wahrheit verschieden sind, würde sich dies als Modellabweichung äußern und wäre somit ein empirisch nachweisbares und inhaltlich interpretierbares Ergebnis.

Hypothesen über die Parameter können mittels sog. "bedingter Likelihoodquotienten-Tests" ebenfalls unabhängig von den Personenparametern geprüft werden. Darunter fällt z.B. auch die Nullhypothese, daß Treatmenteffekte in verschiedenen Personengruppen gleich sind, also H_0: $\eta_j^{(I)} = \eta_j^{(II)}$ für beliebige Personengruppen I und II, gegenüber der H_1 verschiedener Treatmenteffekte.

Die technischen Aspekte der Parameterschätzung können hier nicht näher erläutert werden, sie sind aber zufriedenstellend gelöst. Es ist auch ein Existenz- und Eindeutigkeitstheorem bekannt, das ein wesentliches Element der formalen Modelltheorie darstellt (Fischer, 1983).

4. Typische Hypothesen und Anwendungsbeispiele zum LLRA

Im folgenden werden einige besonders häufige Typen von Hypothesen, die mit dem LLRA geprüft werden können, dargestellt und durch Beispiele illustriert.

A. Hypothese der Unwirksamkeit von Behandlungen

Das primäre Ziel der meisten empirischen Anwendungen des LLRA dürfte es sein, die *relative* Wirksamkeit verschiedener Behandlungen oder Behandlungskombinationen auszutesten und mit dem Trend zu vergleichen. Demgegenüber ist die Prüfung der Hypothese, daß alle Wirkungen gleich Null sind (H_0: $\eta_j = 0$ für $j = 1,\ldots, m$; $\tau = 0$) von untergeordneter Bedeutung, da sie fast immer zu verwerfen ist. Es erübrigt sich, auf diese H_0 näher einzugehen. Eine durchaus typische Fragestellung hingegen betrifft die Signifikanz der Wirkung η_j einer bestimmten Therapie B_j. Beispielsweise wird immer wieder gefragt, ob Psychotherapie, die in Ergänzung zu einer (medizinisch indizierten) Chemotherapie angewandt wird, einen nachweisbaren, günstigen Effekt aufweist. Das einfachste Design für diese Fragestellung sieht dann wie folgt aus:

- Gruppe 1: Chemotherapie, Parameter η_1;
- Gruppe 2: Chemotherapie + Psychotherapie, Parameter $\eta_1 + \eta_2$.

Hiebei handelt es sich freilich nur um ein Minimaldesign, welches zwar die Prüfung erlaubt, ob Psychotherapie als Zusatzbehandlung eine nachweisbare Wirkung erbringt, das aber weder die Bestimmung eines Trendeffekts noch einer Wechselwirkung zwischen Chemotherapie und Psychotherapie gestattet. Die letzteren beiden Effekte sind mit den Haupteffekten der Therapien konfundiert und gehen in den Parametern η_1 und η_2 auf. Beispiele für Untersuchungen dieser Art werden im folgenden gegeben.

Zimprich (1980) untersuchte Kinder mit psychosomatischen Erkrankungen, wobei die verwendeten "Items" sowohl aus klinischen Symptomen als auch aus anamnestischen Verhaltensmerkmalen bestanden. Bemerkenswert war das Ergebnis, daß die Chemotherapie allein (Gruppe 1) keinen signifikanten Effekt ($\hat{\eta} = -,19$) aufwies, während die Psychotherapie mit $\hat{\eta} = 2,13$ überaus wirksam war.

Mutschlechner (1987) untersuchte 213 Patienten der II. Medizinischen Universitätsklinik in Wien, von denen 149 nur der konventionellen internen Medikation unterzogen wurden (Gruppe 1), während 64 auch eine unterstützende psychotherapeutische Behandlung erhielten (Gruppe 2). Die Psychotherapie bestand in einem dreimaligen ausführlichen Betreuungsgespräch pro Woche. Sie erwies sich anhand der verwendeten Befindlichkeitsskalen als ungefähr doppelt so wirksam wie die konventionelle Therapie. Besonders groß war ihre Wirkung bei Personen mit chronischem Leiden und bei Personen im Alter von über vierzig Jahren.

Eine weitere klinische Untersuchung (Patienten der II. Medizinischen Universitätsklinik mit der Diagnose "Funktionelles Syndrom") stammt von Widowitz (1987). Patienten der Ambulanz wurden nach dem Zufallsprinzip auf Gruppe 1 (konventionelle Therapie) und Gruppe 2 (zusätzlich Autogenes Training, AT) aufgeteilt und zu mehreren Zeitpunkten anhand einer Beschwerdeliste befragt. Auch hier erwies sich die Psychotherapie (AT) als wirksam, wenngleich nicht in demselben Ausmaß wie bei der zuvor geschilderten Untersuchung von Mutschlechner (1987).

Ein Sonderfall der Prüfung einer Behandlungswirkung ist die Analyse des Trend-Effektes τ. Der Trend ist – formal gesehen – jene Behandlung, welche allen Personen in gleichem Maße zuteil wird. Er läßt sich nur in jenen Untersuchungen schätzen, in denen eine echte Kontrollgruppe (z.B. eine Wartegruppe) verwendet wird. Heckl (1976) fand bei der Untersuchung schwer hör- und sprachgestörter Kinder im Vorschulalter an der II. Universitätsklinik für HNO in Wien, daß die Sprach- und Intelligenzentwicklung praktisch zu einem Stillstand kam, soferne die Kinder nicht zielführend behandelt wurden (durch Hörhilfen und Sprachheiltherapie): Der Trendparameter in der Gruppe der am schwersten beeinträchtigten Kinder war nicht signifikant von Null verschieden. Dieses Ergebnis ist besonders interessant, weil 1) in dieser Studie der Trend für eine Wartegruppe bestimmt werden konnte, 2) bei den meisten anderen Untersuchungen Entwicklungsprozesse, Krankheitsprozesse und/oder Spontanremissionen zu signifikanten Trendeffekten führten.

Die erwähnten klinisch-psychologischen Studien ergaben besonders deutliche Effekte der psychotherapeutischen Behandlungsformen; sie beruhen im wesentlichen auf Befindlichkeitsdaten. Bekanntlich können aber Angaben über Befindlichkeiten durch "Versuchsleitereffekte" unbeabsichtigt mitbeeinflußt werden. Ob bzw. inwieweit das im Einzelfall zutrifft, kann *nicht* mittels des LLRA beurteilt werden. Das Modell baut vielmehr auf den Daten als Gegebenheiten auf – wie andere statistische Forschungsinstrumente auch. Dieses *caveat* sollte man sich bei der Interpretation von Ergebnissen stets bewußt machen.

B. Die Hypothese gleicher Behandlungswirkungen

In Studien, in welchen mehrere vergleichbare Behandlungen eingesetzt werden, ist die Prüfung der H_0: $\eta_1 = \eta_2 = \eta_3 = \dots$ naheliegend. Heckl verwendete drei Formen von Sprachtherapie, deren Schwerpunkt entweder auf der sprachlichen Begriffsbildung, oder der Syntaktik (Grammatik), oder der Phonetik (Lautanbahnung) lag. Es wurde erwartet, daß diese so verschiedenen Therapien unterscheidbare Effekte haben würden. Demgegenüber erwiesen sie sich jedoch als nicht signifikant verschieden. Anscheinend war die intensive Beschäftigung mit den sprachgestörten Kindern und die Verstärkung ihres Sprechens *per se* das wirksame Element der Therapie, relativ unabhängig davon, was im einzelnen geübt wurde.

Auch in einer zweiten frühen Untersuchung mit dem LLRA, nämlich der Frühförderungsstudie von Rop (1977), wurden drei Behandlungsformen miteinander verglichen: Drei Frühförderungsprogramme wurden eingesetzt, nämlich "Frühlesen", "Logisches Denken" und "Sprachliche Bereicherung", und deren Wirkung wurde anhand einer breiten Palette verbaler und nonverbaler Testitems geprüft. Generell wies der Trend die größte Effektstärke auf, gefolgt von verbalem und Denktraining. Mit Abstand am wenigsten wirksam war dagegen das – zeitweilig so sehr propagierte – Frühlesen, durch das anscheinend nur spezifischere Fertigkeiten mit geringer Transferwirkung erworben wurden. Die Effektparameter für die drei Therapien in bezug auf drei getestete Leistungsbereiche finden sich in Tabelle 1. (Wir kommen weiter unten nochmals auf diese Ergebnisse zurück.)

Treatments	Wortschatz	verbale Intelligenz	nonverbale Intelligenz
1. "Frühlesen"	,37*	,15	–,04
2. "Logisches Denken"	,51*	,16S	,25*
3. "Sprachliche Bereicherung"	,49*	,37S	,31*
4. "Trend"	,84*	,88S	,32*

Tabelle 1
Anmerkung: Sterne bedeuten statistische Signifikanz (α = ,01).

C. Die Prüfung von Wechselwirkungen

Im Rahmen des LLRA können Wechselwirkungen auf grundsätzlich zwei verschiedene Weisen geprüft werden: Interaktionseffekte zwischen gleichzeitig angewandten Treatments, wie schon oben erwähnt, und Wechselwirkungen zwischen Treatments einerseits und Personen- und/oder Itemgruppen andererseits.

Interaktionen zwischen Treatments können derart analysiert werden, daß man die Behandlungen einzeln und in Kombinationen anwendet, und die Modellgleichung (7) wie folgt erweitert:

$$\delta_v = \sum_j q_{vj}\,\eta_j + \sum_{j<l} q_{vj}\,q_{vl}\,\rho_{jl} + \tau \quad . \tag{8}$$

Die Parameter ρ_{jl} quantifizieren sodann die Treatmentinteraktionen grundsätzlich in derselben Weise, wie die η_j die Treatment-Haupteffekte messen. Leider konnten Treatmentinteraktionen in keiner der zahlreichen bisher durchgeführten Anwendungen geschätzt werden, weil die Versuchsdesigns dafür nicht komplex genug waren. (Fast alle Anwendungen gingen aus Dissertationen oder Diplomarbeiten hervor, deren organisatorischer Aufwand begrenzt bleiben mußte.) Es kann daher hier auch nicht weiter auf solche Interaktionen eingegangen werden.

Wechselwirkungen zwischen Treatments und Personengruppen oder Treatments und Itemgruppen sind i.a. inhaltlich besonders interessant und verdienen nähere Aufmerksamkeit. Das LLRA – Gleichungen (5) bis (7) – postuliert, daß die Veränderung nur von den Treatments und vom Trend abhängt, nicht jedoch von den einzelnen Items (genauer: von den durch die Items repräsentierten latenten Eigenschaften). Mit anderen Worten, das Modell postuliert die *Generalisierbarkeit* der Wirkungen über die Items. Diese Annahme ist umso bemerkenswerter, als ja die Items nicht eindimensional ("homogen") sein müssen, sondern vielmehr durchaus heterogene Gebiete (z.B. verbale und nonverbale Fähigkeiten, oder verschiedene Symptome eines Krankheitssyndroms) erfassen können. In der Studie von Rop (1977) über die Wirkung der kognitiven Förderungsprogramme beispielsweise wurden Items aus drei verschiedenen Leistungsbereichen (Wortschatz, 23 Items; verbale Intelligenz, 30 Items; nonverbale Intelligenz, 11 Items) verwendet, von denen mit Sicherheit angenommen werden kann, daß sie multifaktoriell sind. Die H_0 gleicher Behandlungswirkungen bei allen durch diese Items definierten Fähigkeiten, d.h. also gleiche "Änderungssensitivität" bezüglich der Treatments, ist daher eher unwahrscheinlich.

Diese H_0 mußte in der Studie von Rop (1977) tatsächlich verworfen werden: Wie Tabelle 1 zeigt, haben alle drei Programme bei den drei Itemgruppen unterschiedliche Effekte. Interessant ist, daß das Frühlesen überhaupt nur bei den Wortschatzitems signifikant wirksam ist, hingegen keinen nachweisbaren Transfereffekt auf verbale und nonverbale Fähigkeiten besitzt. Sowohl das Denktraining als auch die Sprachliche Bereicherung hingegen sind in bezug auf alle getesteten Fähigkeiten, letztere also selbst bei den nonverbalen Fähigkeiten, wirksam.

Dennoch muß zu diesem Typ von H_0 angemerkt werden, daß das LLRA die realistische Chance bietet, auch für mehrdimensionale Mengen von Items generalisierbare Treatmenteffekte zu finden. So könnte es z.B. bei depressiven Patienten durchaus sein, daß verschiedene Symptome (Störungen) auf dieselbe Medikation in gleicher Weise ansprechen, obwohl diese Symptome individuell sehr unterschiedlich stark ausgeprägt sind, sodaß also die Patienten durch sehr unterschiedliche "Muster" von Symptomen geprägt erscheinen. Das LLRA ermöglicht es entweder, generalisierbare Treatmenteffekte nachzuweisen – soweit solche existieren –, oder andernfalls zumindest die *Grenzen* der Generalisierbarkeit empirisch auszuloten.

Hinsichtlich der Wechselwirkungen zwischen Therapien und Personengruppen ist die Studie von Rop (1977) wegen eines eher unerwarteten Ergebnisses interessant: Die H_0 gleicher Effekte der Förderungen bei Kindern aus Unterschicht und Mittelschicht (bei Kindern mit unterdurchschnittlichem und überdurchschnittlichem kognitivem Entwicklungsniveau) mußte beibehalten werden. Die Fähigkeitsparameter der Kinder wurden auf den latenten Dimensionen sozusagen nur parallelverschoben, ohne Veränderung der Gruppenunterschiede. "Chancengleichheit" konnte durch die Förderungsprogramme demnach nicht erzielt werden. (Das widerspricht freilich nicht der Aussage, daß die Chancen der Unterschichtkinder gegenüber den Anforderungen des Lehrplanes der 1. Klasse Volksschule durchaus verbessert wurden, was ebenfalls beabsichtigt war.)

Ein solches Ergebnis – eine so weitgehende Generalisierbarkeit der Effekte über die Personengruppen – wäre mit konventionellen Methoden kaum gefunden worden, wie die Ausführungen in Abschnitt 1 gezeigt haben. Man kann also feststellen: Das LLRA vermeidet jene Artefakte, welche bei Verwendung von Rohwertedifferenzen als Veränderungsmaße i.a. auftreten.

D. Linearität der Dosis-Wirkungs-Kurve

Eine komplizierter zu prüfende Hypothese betrifft die durch das Modell postulierte Proportionalität der Beziehung zwischen Dosis und Wirkung. Die Modellgleichung (7) nimmt an, daß der Beitrag einer Behandlung zu der auf den latenten Dimensionen gemessenen Veränderung proportional der Dosis der Behandlung ist. Aus Erfahrung aber weiß man, daß diese meist erst ab einer gewissen Schwelle wirksam sind, andererseits aber über einer bestimmten Dosis ihren Wirkungsplafond erreichen ("Sättigung"). Ganz allgemein ist daher zu fragen, wie der Zusammenhang zwischen Dosis und Wirkung aussieht. Die Hypothese der Linearität der Dosis-Wirkungskurve (als eine spezielle H_0) kann durch geeignete Reparametrisierung (siehe z.B. Fischer & Formann, 1982) geprüft werden. In zwei Arbeiten mit dem LLRA, in denen die Treatmentdosen hinreichend variiert wurden, konnten tatsächlich Sättigungsphänomene nachgewiesen werden (Heckl, 1976; Sommer, 1979). Auf die detaillierte Darstellung dieser Analysen muß hier jedoch verzichtet werden.

5. Klassische versus LLRA Auswertung

Diese kurze Skizze einiger weniger Anwendungsfälle verdeutlicht noch nicht hinreichend, inwieweit die Verwendung des LLRA tatsächlich konventionellen Auswertungstechniken überlegen ist. Hätte man nicht durch Anwendung üblicher statistischer Tests, die auf operationaler Definition von Rohwerten beruhen, dieselben Ergebnisse erzielen können? Die Antwort lautet sowohl aus theoretischen Erwägungen als auch aufgrund praktischer Erfahrung "nein". Zwei Arbeiten haben diese Frage speziell empirisch untersucht: Iby (1987) untersuchte den Effekt von Trainingsseminaren bei Bankangestellten hinsichtlich einiger Persönlichkeitsdimensionen wie Ängstlichkeit, Nervosität, Rigidität, Gehemmtheit, Dominanz, Extraversion, Gelassenheit, sozialer Potenz und Selbstbehauptung. Auch in jenen Teilbereichen, wo die konventionelle Analyse (Mittelwertsvergleiche mittels t-Tests) keine oder nur schwach signifikante Unterschiede erbrachte, waren mittels des LLRA Behandlungseffekte eindeutig nachweisbar. In ähnlicher Weise fand

Widowitz (1987) mittels konventioneller χ^2-Tests keine signifikante Wirkung des Autogenen Trainings, sehr wohl aber mittels LLRA.

Die Ursache für diese Diskrepanz liegt darin, daß die konventionellen Methoden bei der Bildung von Rohwerten heterogene Items zu Skalen zusammenfassen und dadurch die individuellen Unterschiede in den Beantwortungstendenzen verwischen, während das LLRA die individuellen Unterschiede mittels der Vielzahl von Personenparametern q_{vi} systematisch berücksichtigt. Individuelle Unterschiede stellen daher in der klassischen Auswertung "Fehlervarianz" dar, welche die Macht der Hypothesentests beeinträchtigt, während sie in der LLRA-Auswertung adäquat berücksichtigt und mittels der bedingten Maximum-Likelihood-Technik in bezug auf die Untersuchung der Treatmenteffekte neutralisiert werden.

6. Das Hybrid-LLRA

Eine wesentliche Einschränkung des besprochenen LLRA ist, daß dieselben Items zwei- oder mehrmals vorgegeben (bzw. dieselben Symptome beobachtet oder Befindlichkeiten skaliert) werden müssen. Dies ist in zweifacher Hinsicht nachteilig. Erinnerungen an die früheren Antworten und/oder Sättigungsphänomene könnten die Antworten verzerren. Außerdem tritt bei Untersuchungen, in denen die Veränderungen sehr groß sind (wie z.B. oft bei Entwicklungsstudien), ein besonderes Problem auf: Ist die "Schwierigkeit" der Items zum ersten Zeitpunkt adäquat, werden sie zum zweiten Zeitpunkt praktisch immer gelöst (bzw. wird die Reaktion "+" gegeben), d.h. alle *Veränderungen.* gehen von "-" zu "+", nie jedoch umgekehrt. Wie man leicht zeigen kann, sind dann keine Punktschätzungen der Wirkungsparameter mehr möglich, und auch Hypothesenprüfungen können nur mehr eingeschränkt durchgeführt werden. (Eine allgemeine Analyse der Existenz- und Eindeutigkeitsfragen für die Parameterschätzungen des LLRA ist allerdings bedeutend schwieriger, s. Fischer, 1983).

Für dieses Problem besteht eine Lösungsmöglichkeit darin, *Paare* von Items zu suchen, die – wenn sie zum gleichen Zeitpunkt an einer Stichprobe von Probanden vorgegeben werden – je einen Rasch-homogenen Miniaturtest der Länge k = 2 bilden. Für diese Itempaare können die Itemparameter geschätzt werden, sodaß man also eine Aussage über den Schwierigkeitsunterschied zwischen den beiden Items je Paar erhält. (Verschiedene Paare zusammen betrachtet können aber weiterhin, wie die Items im LLRA, heterogen sein.) Gibt man nun das leichtere der beiden Items aus jedem Paar zum ersten und das schwierigere zum zweiten Zeitpunkt vor, fängt der Schwierigkeitsunterschied einen wesentlichen Teil der Veränderung auf, und die vorher besprochenen Probleme der Parameterschätzung und der darauf aufbauenden Hypothesentests können vermieden werden.

Das LLRA bedarf hiezu nur einer geringfügigen Erweiterung (Fischer, 1977, 1985); das so modifizierte Modell wurde "Hybrid-LLRA" genannt, weil es die Voraussetzung der *Heterogenität des Itempools* (d.h. die Multidimensionalität des latenten Eigenschaftsraumes) mit der Annahme Rasch-homogener Miniaturskalen aus je zwei Items verbindet.

Eine Anwendung des Hybrid-LLRA stammt von Pendl (1976), der die Effektivität eines Sprachlabors im Englischunterricht an Höheren Schulen untersuchte. Bei ihm war die Verwendung des Hybrid-LLRA deshalb erforderlich, weil sich die Englischkenntnisse der Kinder im Laufe eines Schuljahres wesentlich verbessern und Items, die zum ersten Zeitpunkt passend sind, zum zweiten Zeitpunkt erheblich zu leicht sein müssen. Neuere Anwendungen stammen von Formann & Spiel (1989) und Barisch (1989). Letztere untersuchte die Wirkung gezielter Information auf die Einstellung gegenüber Epileptikern; in diesem Falle erschien es nicht sinnvoll, den Probanden zweimal in relativ kurzen Zeitabständen dieselben Einstellungsfragen vorzugeben, sodaß das Hybrid-LLRA vornehmlich zur Ausschaltung unerwünschter Gedächtniseffekte herangezogen wurde.

Das Hybrid-LLRA läßt sich auch noch auf Versuchspläne mit beliebig vielen Beobachtungszeitpunkten, beliebig vielen latenten Dimensionen und beliebig vielen Items je Zeitpunkt und Dimension ausdehnen, wobei die Daten auch unvollständig sein dürfen. Gerade der letztere Punkt unterscheidet das LLRA sehr vorteilhaft von traditionellen Methoden: Verrechnete man nämlich die einzelnen Subskalen zu je einem Rohwert, wie dies in klinisch psychologischen Studien oft geschieht, würden die Daten eines Probanden bereits dann unbrauchbar, wenn auch nur die Antwort auf ein einziges Item fehlte (denn dann wäre der Rohwert nicht mehr bestimmbar). Denkt man sich den Begriff "Item" durch "Symptom" ersetzt, erkennt man, wie leicht eine Situation mit unvollständigen Daten eintreten kann: Schon allein dann, wenn das Vorliegen/Nichtvorliegen eines Symptoms bei einem Patienten nicht registriert oder protokolliert wurde.

Das Hybrid-LLRA in seiner allgemeinsten Form lautet

$$P(+\mid S_v, I_{itl}, T_t) = \frac{\exp(\theta_{vi} + \beta_{itl} + \delta_{vt})}{1 + \exp(\theta_{vi} + \beta_{itl} + \delta_{vt})} \qquad (9)$$

Dabei ist θ_{vi} wie bisher die Position der Person S_v auf der i-ten latenten Dimension, δ_{vt} die Summe der Treatmenteffekte bei Person S_v bis zum Zeitpunkt T_t und β_{itl} der Leichtigkeitsparameter des *l*-ten innerhalb der i-ten latenten Dimension zum Zeitpunkt T_t vorgegebenen Items.

In technischer Hinsicht ist dieses verallgemeinerte Hybrid-LLRA bedeutend komplizierter als das LLRA für zwei Zeitpunkte; bezüglich seiner Eigenschaften kann hier nur auf die Literatur verwiesen werden (Fischer, 1985, 1989).

Nun ein Anwendungsbeispiel zum Hybrid-LLRA (in dem jedoch durchaus nicht alle Möglichkeiten des Modells ausgeschöpft wurden). Schmied (1987) untersuchte die Wirkung von Managementseminaren für Bedienstete der ÖBB in bezug auf berufsspezifische Kenntnisse, Arbeitseinstellung und Verhalten gegenüber Kunden. Ein Fragebogen mit 19 spezifischen Wissensitems, 15 Einstellungsitems und 8 Fragen über konkrete Verhaltensweisen wurde 120 Seminarteilnehmern vor, unmittelbar nach, sowie drei Monate nach Teilnahme an einem einwöchigen Trainingsseminar vorgegeben. Eine Kontrollgruppe von 129 Teilnehmem an einem kaufmännischen Seminar wurde zu Vergleichszwecken getestet. (Nicht alle Teilnehmer der Seminare standen zum dritten Zeitpunkt zu Verfügung, die Daten waren also unvollständig).

Diese Studie demonstriert demnach zwar nicht die Möglichkeit, zu verschiedenen Zeitpunkten unterschiedliche Items zu verwenden, sie stellt aber doch eine Anwendung des Hybrid-LLRA dar, weil *dieselben* Fragen zu den drei Zeitpunkten innerhalb jeder Behandlungsgruppe formal als drei verschiedene Items einer Rasch-homogenen Skala aufgefaßt werden. Diese rein formalen "Items" werden auch als virtuelle (V-)Items bezeichnet, im Gegensatz zu den üblichen "realen" Items (= Fragen).

Schmied analysierte ihre Daten mit dem LLRA für zwei Zeitpunkte, indem sie einerseits die Zeitpunkte T_1 und T_2, andererseits die Zeitpunkte T_1 und T_3 verglich. Die Daten wurden nachträglich mittels des Hybrid-LLRA reanalysiert (s. Fischer, 1989). Nur zur Illustration seien zwei Details aus dieser Auswertung wiedergegeben.

Grundlage für die Prüfung von Hypothesen über die Seminareffekte ist die (quasi-) "gesättigte" Hypothese, bei der eine Maximalzahl von Effektparametern angenommen wird und von der vorausgesetzt wird, daß sie sicher richtig ist (in der Folge als "Modell 1" bezeichnet; es muß darauf hingewiesen werden, daß es sich hier nicht im strengen Sinne um eine gesättigte Hypothese handelt, wir können allerdings hier nicht näher auf diesen Begriff eingehen.) Modell 1 kann insoferne als gesättigt betrachtet werden, als jeder Kombination von Seminar × Subtest × Zeitraum ein eigener Effektparameter zugeordnet ist; die Zahl dieser Parameter ist maximal, soferne man alle Items eines Subtests aggregiert. Modell 1 läßt demnach beliebige *Wechselwirkungen* zwischen Treatments, Itemgruppen und Zeitpunkten zu.

Tabelle 2 zeigt die Effektparameter der beiden Seminare (Management-Seminar, MS; kaufmännisches Seminar, KS) in den drei Subtests (Wissen, W; Einstellung, E; Verhalten, V) für die beiden Zeitintervalle (T_1,T_2) und (T_1,T_3). Die Anzahl der Parameter ist m = 12, die Log-Likelihoodfunktion ist mit ln L bezeichnet.

Auf der Basis dieser gesättigten Hypothese können nun verschiedenste spezifische Hypothesen geprüft werden. Beispielsweise wird jene der Generalisierbarkeit der Effekte über die Itemgruppen, also die Annahme, daß sich die Seminare

Modell 1: "Gesättigtes Modell"

	Kurzzeiteffekt			Langzeiteffekt		
	W	E	V	W	E	V
MS	1,79	1,08	,60	1,43	,96	,91
KS	,42	,95	,44	,56	1,37	1,03

$m = 12$, $\ln L = -2656{,}73$

Modell 2: "Generalisierbarkeit über die Items"

	Kurzzeiteffekt	Langzeiteffekt
MS	1,37	1,22
KS	,52	,83

$m = 4$, $\ln L = -2697{,}07$

Modell 7

	Kurzzeiteffekt			Langzeiteffekt		
	W	E	V	W	E	V
MS	1,79	$1{,}08^{*}$	,52	1,43	$1{,}08^{*}$	,96
KS	$,49^{+}$			$,49^{+}$		

$m = 6$, $\ln L = -2661{,}61$

Tabelle 2

Anmerkung: Die mit * bzw. $^{+}$ bezeichneten Parameter werden im Modell 7 laut Voraussetzungen gleichgesetzt.

gleichermaßen auf Wissen, Einstellung und Verhalten auswirken, mittels Modell 2 (s. Tabelle 2) geprüft. In dieser wird jedem Seminar je Zeitintervall (T_1,T_2) und (T_1,T_3) nur *ein* Effektparameter für alle Itemgruppen zugeordnet. Die Log-Likelihood-Funktion für Modell 2 ist ensprechend kleiner, d.h. die Daten sind unter diesem Modell unplausibler. Die Prüfgröße für den Test von Modell 2 gegen Modell 1 ist mit $\chi^2 = 2(2697.07 - 2656.73) = 80.68$ bei $df = 12 - 4 = 8$ hoch signifikant, d.h. man kann nicht schließen, daß die Seminare auf allen drei Gebieten – Wissen, Einstellung, Verhalten – gleich wirksam sind. Offensichtlich ist die Wirksamkeit am größten bei jenem spezifischen Wissen, das durch das MS-Seminar vermittelt wird.

Zahlreiche ähnliche Hypothesen können analog geprüft werden, z.B. Generalisierbarkeit der Effekte über die Treatments (Seminare) und Zeitpunkte. Sie würde bedeuten, daß zwischen Ende des Seminars und drei Monaten danach keine Veränderung mehr eintritt. Diese Hypothesen mußten ebenfalls verworfen werden.

Eine Hypothese, welche mit relativ wenigen Effektparametern auskommt (somit "sparsam" ist), jedoch nicht signifikant von der gesättigten Hypothese (Modell 1) abweicht, ist Modell 7 (s. Tabelle 2; die Numerierung der Hypothesen entspricht jener in Fischer, 1989). Der Likelihoodquotiententest ergibt

$$\chi^2 = 2(2661{,}61 - 2656{,}73) = 9{,}76 \text{ mit } df = 12 - 6 = 6,$$

was nicht signifikant ist.

Modell 7 schreibt beiden Treatments (Seminaren) gleiche Wirkungen hinsichtlich Einstellung und Verhalten zu, wobei die Einstellungswirkung als stationär ab Ende des Seminars dargestellt wird. Hinsichtlich des Verhaltens ergibt sich aber auch nach dem Seminar noch eine Verbesserung über die Zeit, was damit erklärt werden kann, daß die Seminarteilnehmer nach Rückkehr vom Seminar an ihren Arbeitsplatz die erlernten Verhaltenstechniken in der Praxis üben und vervollkommnen. Bezüglich des Wissens hingegen besteht sehr wohl ein Unterschied zwischen den beiden Seminaren, was dadurch erklärlich ist, daß der Wissenstest speziell die im Managementseminar unterrichteten Inhalte prüfte; im kaufmännischen Seminar kamen hingegen nur teilweise ähnliche Inhalte vor. Dies erklärt den großen Unterschied in der Wirkung der Seminare hinsichtlich des Wissenstests sowie auch den Umstand, daß beim Managementseminar ein starker Abfall der Wirkung über die Zeit zu beobachten ist: Die speziellen Inhalte werden auch leichter vergessen als jenes allgemeine Basiswissen, das beiden Seminaren gemeinsam ist.

Zusammenfassend zur Anwendung des LLRA sei festgehalten, daß dieses hinsichtlich der Berücksichtigung individueller Unterschiede in hohem Maße flexibel ist, hinsichtlich der Items außerordentlich schwache Voraussetzungen macht und hinsichtlich der interessierenden Effektparameter zu einer maximalen Verallgemeinerung (d.h. zu der mit den Daten gerade noch verträglichen maximalen Vereinfachung) der Ergebnisse führt. Endergebnis sind *einige wenige Effektparameter* und eine Vielzahl möglicher Hypothesenprüfungen hinsichtlich dieser Effektgrößen. Das Modell kommt somit dem häufigen Wunsch des angewandten Psychologen entgegen, einem etwaigen Auftraggeber einfach formulierbare und gut kommunizierbare Resultate präsentieren zu können, die andererseits dennoch auf einem ausreichend komplexen Modell beruhen und wissenschaftlich fundiert sind.

7. Häufigkeitsdaten

Die Erfolge mit dem LLRA für zwei und mehr Zeitpunkte legten es nahe, analoge Ansätze auch für wesentlich andere Arten von Daten, z.B. für Häufigkeiten kritischer Ereignisse, zu versuchen. Häufigkeitsdaten fallen typischerweise in der klinischen Psychologie im Rahmen von Therapiestudien bei Anfallspatienten (Epilepsie, Migräne) an, können sich aber ebenso auch z.B. in der pädagogischen Psychologie durch Protokollierung erwünschter oder unerwünschter Verhaltensweisen oder in der Verkehrspsychologie bei Fahrverhaltensbeobachtungen ergeben (vgl. z.B. Risser & Brandstätter, 1985). Uns interessieren hier vor allem klinische Daten im Zusammenhang mit Therapieevaluation.

Ausgehend von der Voraussetzung, daß je Person innerhalb einer Beobachtungsepoche vor sowie nach der Behandlung eine Häufigkeit eines definierten Ereignisses vorliegt (z.B. die Anzahl von Migräneanfällen innerhalb von 14 Tagen), kann wiederum das methodologische Postulat der spezifischen Objektivität von Aussagen über Therapieeffekte formuliert werden, und es kann untersucht werden, welche Klasse von Modellen dieses Postulat erfüllt. Darüber sei hier nur soviel gesagt, daß diese Fragen bedeutend schwieriger allgemein zu beantworten sind als bei dichotomen Daten. Es liegen hiezu bisher nur Teilresultate vor. Sicher ist jedenfalls, daß eine Klasse von sog. *Potenzreihenmodellen* die Forderung der spezifischen Objektivität erfüllt (Fischer, 1991). Diese Modelle weisen aber eine unendliche Anzahl unbestimmter Modellparameter auf, sodaß gewisse Einschränkungen durch zusätzliche theoretische Postulate erforderlich sind. Hier sei nur kurz *ein* solches Postulat skizziert und erwähnt, welche spezielleren Modelle daraus folgen.

Wenn man bei Migränepatienten eine willkürlich definierte "Epoche" (einen Beobachtungszeitraum) zur Erfassung der "Baseline" vor der Behandlung sowie eine weitere ebensolche Epoche nach der Behandlung als Grundlage für die Evaluationsstudie heranzieht, kann man natürlich nicht davon ausgehen, daß innerhalb dieser beiden Epochen der ganze relevante Prozeß beobachtet wird. Vielmehr stellen die Epochen *Ausschnitte* aus dem Prozeß dar, gewissermaßen Fenster, durch die ein Stück des über die Zeit verlaufenden Geschehens beobachtet wird.

Die Definition dieser Ausschnitte oder Fenster ist grundsätzlich willkürlich. Nun entspricht es aber dem methodologischen Grundpostulat der spezifischen Objektivität, daß die Aussage über die Therapieeffekte nicht von irrelevanten oder willkürlichen Definitionen abhängen soll. Mit anderen Worten, die willkürliche Festlegung der Beobachtungsepochen soll keinen systematischen Effekt auf die Resultate über die Therapieeffekte haben. Dieses Prinzip sei das *Ignorierbarkeitsprinzip* genannt. Es impliziert, daß man Teile der Prozesse, die man nicht beobachtet hat oder beobachten kann, ignorieren darf, ohne dadurch die Ergebnisse systematisch zu verzerren. (Natürlich wird aber die Genauigkeit der Ergebnisse umso geringer, je kleinere Ausschnitte man beobachtet; die Größe der Ausschnitte soll jedoch lediglich die Rolle einer Stichprobengröße spielen.)

Es läßt sich beweisen, daß es innerhalb der Klasse der Potenzreihenmodelle nur ein einziges Modell gibt, das die Voraussetzung der Ignorierbarkeit erfüllt, nämlich das sog. *Multiplikative Poissonmodell* (MPM). In jener Form, wie es für Therapieeffektstudien verwendet werden kann, lautet es

$$P(k \mid \mu_{\nu t}) = \frac{\mu_{\nu t}}{k!} \exp(-\mu_{\nu t}) \qquad (10)$$

mit

$$\mu_{\nu t} = \mu_{\nu 1} \, d_t \prod_j \eta_j^{\, q_{\nu j t}}$$

Im Migränebeispiel kann $\mu_{\nu t}$ als jener Parameter verstanden werden, der die Anfallsneigung der Person S_ν während der Epoche T_t charakterisiert, η_j ist wie früher die Wirkung der j-ten Therapie, und $q_{\nu jt}$ deren Dosis bei Person S_ν bis zum Beginn der Epoche T_t. Die Konstante d_t stellt die Länge der Beobachtungsepoche T_t (im Verhältnis zu T_1) dar.

Der Personenparameter $\mu_{\nu t}$ ist besonders einfach zu interpretieren, nämlich als erwartete Anzahl von Anfällen der Person S_ν während *einer* Zeiteinheit innerhalb der Beobachtungsepoche T_t, und der Treatmenteffekt η_j enspricht der prozentuellen Veränderung dieser Anfallshäufigkeit durch die Therapie. Die Parameter sind hier also besonders anschaulich und leicht zu interpretieren.

Dieses MPM hat, wie schon gesagt, grundsätzlich dieselben Eigenschaften wie das LLRA: Aussagen über die Treatmenteffekte sind unabhängig ("conditionally independent") von den tatsächlichen Ausprägungen der Personenparameter in der Patientenstichprobe unter Zuhilfenahme von bedingten Maximum-Likelihood-Verfahren möglich; Hypothesen über die Treatmenteffekte können sehr leicht formuliert und geprüft werden; eine Erweiterung auf beliebig viele unterscheidbare Anfallsarten (z.B. verschiedene Formen von Migräne und/oder Kopfschmerzattacken, die in unterschiedlichen Anfallsmustern je Patient auftreten können) ist möglich, wobei die individuellen Unterschiede – wie im LLRA – multidimensional beschrieben werden. Für jede Beobachtungsepoche T_t kann überdies ein Trendeffekt τ_t geschätzt werden (vorausgesetzt, daß eine Kontrollgruppe ohne Behandlung vorhanden ist), der den typischen Verlauf des Anfallsgeschehens bei unbehandelten Patienten beschreibt.

Ein Anwendungsbeispiel möge die Verwendung des MPM illustrieren: Die Daten sind Migränetagebücher von 20 Patientinnen der Psychiatrischen Universitätsklinik in Hamburg, sie wurden dem Autor freundlicherweise von Herrn Prof. Dr. H. Huber, Universität Graz, zur Verfügung gestellt. Alle Patientinnen hatten eine lange Krankengeschichte vor Beginn der gegenständlichen Therapie und standen unter individuell verschiedener Medikation. Eine Gruppe von 7 Patientinnen unterzog sich einer Biofeedbacktherapie (BF-Gruppe), 7 Patientinnen nahmen an Autogenem Training teil (AT-Gruppe), und 6 Patientinnen (Warteliste) dienten als Kontrollgruppe.

Insgesamt zeichneten die Patientinnen ihr Anfallsgeschehen über 12 Wochen vor der Behandlung ("Baseline") auf, sodann während der 10-wöchigen Behandlung, 4 Wochen unmittelbar nach Ende der Behandlung (zwecks Erfasssung eines "Kurzzeiteffekts") und schließlich während einer 8-wöchigen Beobachtungsperiode etwa ein halbes Jahr nach Ende der Behandlung (zur Feststellung des "Langzeiteffekts"). Die 10-wöchige Behandlungperiode wurde noch in eine 4-wöchige Anfangsphase ("Initialeffekt") und in die restlichen 6 Wochen ("Behandlungseffekt") unterteilt.

Eine graphische Darstellung der Ergebnisse mittels des MPM findet sich in Abbildung 2. Die horizontale Achse gibt die Zeit an, auf der vertikalen Achse sind die Behandlungseffekte ln η_{jt} abgetragen, wobei der Index $j = 1, 2$ die Behandlungen und t die Beobachtungsepoche angibt. Dabei handelt es sich um die "Nettoeffekte" relativ zur Kontrollgruppe, d.h. die Trendeffekte sind schon berücksichtigt, obwohl sie in der Abbildung nicht explizit aufscheinen. Positive Effekte bedeuten Zunahme der Anfallshäufigkeit, negative bedeuten eine Abnahme. Die strichlierte Linie beschreibt den Verlauf des Therapieeffekts bei der AT-Gruppe, die strichpunktierte Linie jenen für die BF-Gruppe.

Zunächst hat man zu prüfen, ob überhaupt signifikante Therapieeffekte vorliegen. Man prüft also die H_0, daß $\eta_{1t} = \eta_{2t} = 1$ ist. Diese H_0 konnte auf dem 5%-Niveau verworfen werden; die Therapien sind also wirksam. Zu Beginn der Therapiephase kommt es zwar bei beiden zu einer Intensivierung des Anfallsgeschehens ("Initialeffekt"), gegen Ende jedoch zu einer Reduktion gegenüber der "Baseline".

Anscheinend ist das Biofeedback während der gesamten Beobachtungszeiträume dem Autogenen Training überlegen. (Die strichpunktierte Linie verläuft immer unterhalb der strichlierten.) Es wurde daher die H_0 formuliert, daß $\eta_{1t} = \eta_{2t}$ für $t = 1, 2, \ldots, 9$ gilt. Es ist ein Schönheitsfehler der vorliegenden Daten, daß diese H_0 wegen der sehr geringen Stichprobengrößen gerade noch nicht verworfen werden konnte. (Tatsächlich hätte eine einzige zusätzliche Person – *ceteris paribus* – in einer der Behandlungsgruppen ausgereicht, auch diesen Unterschied signifikant auf dem 5%-Niveau zu machen.) Es konnte also nicht bewiesen werden, daß biofeedback dem Autogenen Training bei der Behandlung der Migräne überlegen ist, wenngleich dies wohl zu vermuten ist.

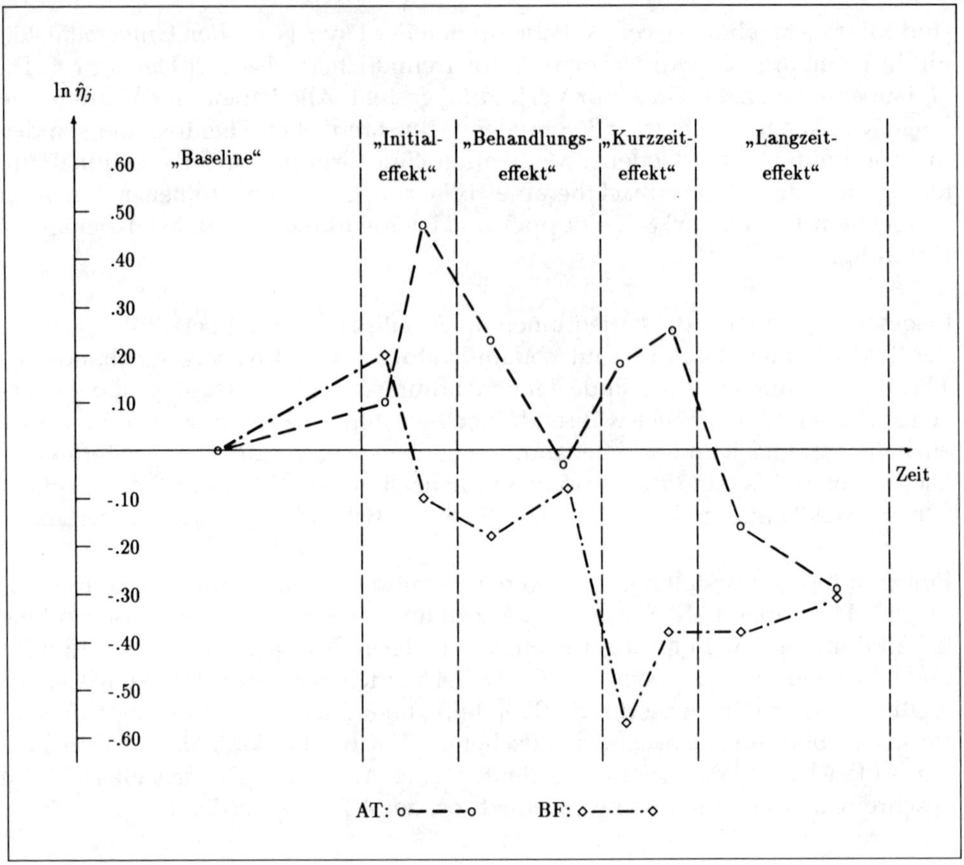

Abbildung 2

Gegen Ende des Beobachtungszeitraumes gleichen sich die Kurven der beiden Behandlungsgruppen erstaunlich an: Dies kann dadurch erklärt werden, daß die Patientinnen der BF-Gruppe nach Ende der Behandlung nicht mehr weiter üben können, da sie hiezu spezielle Geräte benötigt hätten, während die AT-Gruppe jederzeit selbständig entspannen konnte (und dies vermutlich auch getan hat).

Bezüglich weiterer Details ist auf Fischer (1991) zu verweisen. Die stark gekürzte Darstellung dieses Anwendungsbeispiels sollte nur zeigen, daß das MPM – ebenso wie das LLRA – praxisrelevante Ergebnisse in durchaus leicht interpretierbarer Weise liefert, obwohl das Modell individuelle Unterschiede in komplexer Weise parametrisiert. Außerdem sollte diese Anwendung demonstrieren, daß für die Anwendung des MPM keineswegs große Stichproben erforderlich sind, wenngleich die gegenwärtigen Stichprobengrößen doch eher eine Untergrenze darstellen dürften.

8. Rating Skalen

Einen weiteren wichtigen Datentypus stellen sog. "Rating-Skalen" dar. In der klinischen Psychologie werden oft Zustände von Patienten durch den Arzt (Psychiater) anhand vorgegebener Beurteilungskategorien eingestuft, oder Patienten beurteilen selbst ihre Befindlichkeit hinsichtlich vorgegebener Aspekte auf 5- oder 7-stufigen Skalen. Traditionell werden dann jeweils mehrere Items (Beurteilungsgesichtspunkte, Symptome, Beschwerden) zu je einem Rohwert zusammengefaßt und diese als quantitative "Meßwerte" verrechnet. Alle Einwände, die im Abschnitt 1 bei der Diskussion des LLRA schon erhoben wurden, sind hier sinngemäß zu wiederholen.

Unlängst wurde der Ansatz des LLRA vollständig auf polytome Items verallgemeinert: Das sog. "polytome eindimensionale Rasch-Modell" (Rasch, 1961, 1967; s. auch Andrich, 1978) wurde durch eine lineare Nebenbedingung für die Itemparameter ergänzt, analog zu (7). Das dichotome LLRA ist damit formal ein Spezialfall dieses *Linearen Rating-Scale-Modells* (LRSM). Es erlaubt nunmehr sowohl die Analyse von Symptomen, bei denen mehrere Ausprägungen oder Reaktionskategorien unterschieden werden, als auch die adäquate Auswertung von Einstufungen auf Rating-Skalen. Grundsätzlich bleiben alle beim LLRA besprochenen Modelleigenschaften erhalten und sind die Parameter analog zu jenen des LLRA zu interpretieren. Über diese Methodenentwicklung wird in Fischer & Parzer (1991) berichtet. Die Erörterung des LRSM würde den Rahmen der vorliegenden Darstellung sprengen.

Literatur

Andrich, D. (1978). A rating formulation for ordered response categories. Psychometrika, 43, 561 – 573.

Barisch, S. (1989). Einstellung zur Epilepsie und Einstellungsänderung durch Information. Diplomarbeit. Wien: Universität Wien.

Fischer, G. H. (1974).Einführung in die Theorie psychologischer Tests. Bern: Huber.

Fischer, G. H. (1976). Some probabilistic models for measuring change. In D. N. M. de Gruijter & L. J. Th. van der Kamp (Hrsg.), Advances in psychological and educational measurement (S. 97 – 110). New York: Wiley.

Fischer, G. H. (1977). Linear logistic latent trait models: Theory and application. In H. Spada & W. F. Kempf (Hrsg.), Structural models of thinking and learning (S. 203 – 225). Bern: Huber.

Fischer, G. H. (1983). Logistic latent trait models with linear constraints. Psychometrika, 48, 3 – 26.

Fischer, G. H. (1985). Ein probabilistischer Ansatz der Veränderungsmessung. In H. Petillon, J. W. L. Wagner & B. Wolf (Hrsg.), Schülergerechte Diagnose (S. 159 – 185). Weinheim: Beltz.

Fischer, G. H. (1987). Applying the principles of specific objectivity and of generalizability to the measurement of change. Psychometrika, 52, 565 – 587.

Fischer, G. H. (1989). An IRT-based model for dichotomous longitudinal data. Psychometrika, 54, 599 – 624.

Fischer, G. H. (1991). On power series models and the specifically objective assessment of change in event frequencies. Vortrag im Rahmen des Twentieth Annual Meeting of the European Mathematical Psychology Group in Nijmegen, Holland, 22. bis 25. August 1989. Erscheint in J.-C. Falmagne & J.-P. Doignon (Hrsg.), Mathematical psychology: current developments. New York: Springer Verlag.

Fischer, G. H. & Formann, A. K. (1982). Veränderungsmessung mittels linear-logistischer Modelle. Zeitschrift für Differentielle und Diagnostische Psychologie, 3, 75 – 99.

Fischer, G. H. & Parzer, P. (1991). An extension of the rating scale model with an application to the measurement of change. Vortrag im Rahmen des Sixth Workshop on Item Response Theory in Enschede, Holland, 10. bis 12. Oktober 1989. Psychometrika, 56 (im Druck).

Formann, A.K. & Spiel, Ch. (1989). Measuring change by means of a hybrid variant of the linear logistic model with relaxed assumptions. Applied Psychological Measurement, 13, 91 – 103.

Heckl, U. (1976). Therapieerfolge bei der Therapie sprachgestörter Kinder. Dissertation. Wien: Universität Wien.

Iby, M. (1987). Die Effektivität von Kommunikationsseminaren in der innerbetrieblichen Ausbildung der Zentralsparkasse. Dissertation. Wien: Universität Wien.

Mutschlechner, R. (1987). Der Patient im Krankenhaus – Ein Versuch, die Wirksamkeit einer psychologischen Beratung nachzuweisen. Dissertation. Wien: Universität Wien.

Pendl, P. (1976). Effektivität des Sprachlabors an Höheren Schulen. Dissertation. Wien: Universität Wien.

Rasch, G. (1960). Probabilistic models for some intelligence and attaintment tests. Kopenhagen: Pædagogiske Institut.

Rasch, G. (1961). On general laws and the meaning of measurement in psychology. J. Neyman (Hrsg.), IV. Berkeley symposium of mathematical statistics and probability. Berkeley: University of California Press.

Rasch, G. (1967). An informal report on a theory of objectivity in comparisons. In L. J. Th. van der Kamp & C. A. J. Vlek (Hrsg.), Psychological Measurement theory. Proceedings of the NUFFIC international summer session in science in "Het Oude Hof", The Hague, July 14 – 28, 1966. Leyden: University of Leyden.

Risser, R. & Brandstätter, Ch. (1985). Die Wiener Fahrprobe. Wien: Literas Verlag.

Rop, I. (1972). Die Auswirkungen "Kognitiver Frühförderung" bei fünfjährigen Kindergartenkindern. Dissertation. Wien: Universität Wien.

Rop, I. (1977). The application of a linear logistic model describing the effects of pre-school curricula on cognitive growth. In H. Spada & W. F. Kempf (Hrsg.), Structural models of thinking and learning (S. 281 – 293). Bern: Huber.

Schmied, Ch. (1987). Die Effektivität von Managementseminaren – durchgeführt bei den Österreichischen Bundesbahnen. Dissertation. Wien: Universität Wien.

Sommer, K. F. (1979). Der Effekt kindzentrierter Gruppengespräche auf das Selbstkonzept und das Verhalten von Kindern im Vorschulalter. Dissertation. Wien: Universität Wien.

Widowitz, E. (1987). Der Effekt autogenen Trainings bei funktionellen Erkrankungen. Diplomarbeit. Wien: Universität Wien.

Zimprich, H. (1980). Behandlungskonzepte und -resultate bei psychosomatischen Erkrankungen im Kindesalter. In H. Zimprich (Hrsg.), Kind und Umwelt (S. 131 – 198). Wien: Springer.

Evaluationsprobleme in der Praxis: Inhaltliche, meßtechnische und methodische Aspekte

U. Boon-Heckl
Institute for Perception, Soesterberg
Human Performance Research Group, Niederlande

In seinem Hauptreferat hat Prof. Fischer das methodische Problem von Veränderungsmessung bei Evaluationsstudien ausführlich behandelt und eine Lösung durch Verwendung von Latent-Trait Modellen (Probabilistischen Analysemethoden wie etwa das LLRA) vorgeschlagen. Das methodische Grundproblem, das mit der Evaluation von Maßnahmen verbunden ist, ist damit, wie ich glaube, erschöpfend dargelegt. Ich fühle mich auch gar nicht dazu berufen, nun auf der akademisch-methodischen Ebene ein "Contrareferat" zu halten. Schließlich wurde ich selbst während meines Studiums in Wien nachhaltig durch diese methodische Schule beeinflußt, habe unter Verwendung des LLRA promoviert und stimme mit den dargelegten modelltheoretischen Überlegungen überein. Außerdem glaube ich, daß dem Praktiker mit einer "Methodikerdiskussion" über zu Recht oder zu Unrecht erfolgte Modellannahmen nicht gedient ist.

Ich möchte erst kurz darauf eingehen, warum die genannten Methoden heute – trotz ihrer Vorteile – noch nicht zum Standardrepertoire des Evaluationsforschers (auf welchem Gebiet auch immer) gehören. Zum anderen möchte ich jedoch die verbliebene Zeit dazu benützen, Ihre Aufmerksamkeit auch noch auf andere, neben dem Methodenproblem bestehende, wichtige Aspekte in der Praxis der Evaluationsforschung zu lenken.

Warum sind Latent-Trait Verfahren nicht beliebter?

Woran liegt es, daß die überwiegende Anzahl von angewandten Studien zur Maßnahmenevaluation durchwegs mit klassischen Verfahren durchgeführt werden? Eine Ursache ist sicherlich in der Tatsache zu suchen, daß sich die Probleme der Klassischen Testtheorie bei Veränderungsmessung, vor allem im angloamerikanischen Publikationsraum, noch nicht genügend herumgesprochen haben. Daraus folgt auch, daß die meisten Softwarepakete (SPSS, SYSTAT etc) mit Standardanalyseverfahren, wie sie heute in der angewandten Forschung verwendet werden, nur über die traditionellen "beliebten" klassischen Verfahren, vielleicht noch in Ausnahmefällen über eine RASCH-Analyse verfügen. Möchte man in der Praxis mit den – außerhalb der Norm liegenden – Latent-Trait Verfahren arbeiten, so ist man auf universitäre Software angewiesen. Diese ist schwierig zugänglich, verständlicherweise für die Anwendung im Bereich der Grundlagenforschung geschrieben, und nicht so anwenderfreundlich, allgemein gehalten und dokumentiert wie die handelsüblichen Programmpakete. Das hält Institute ab, diese Programme im hauseigenen Computer installieren zu lassen.

Ein weiteres Problem in der angewandten Forschung ist die Abhängigkeit des Untersuchers vom Auftraggeber und der Forschungslinie oder Tradition des Institutes für das er arbeitet. Die Frage, die sich dann dem "latent-trait-motivierten" Untersucher in der Praxis stellt, ist die: wie motiviere ich meinerseits einen Auftraggeber oder meinen wissenschaftlichen Vorgesetzten, neue – auf den ersten Eindruck kompliziertere – Verfahren durchführen zu lassen, um in den Genuß der Vorteile probabilistischer Veränderungsmodelle zu kommen, Vorteile, die nicht so einfach in fünf Minuten gesprächsweise erklärt werden können. Wenn Sie bedenken, daß mein Vorreferent, als Experte auf dem Gebiet, vor einem Publikum von ebenfalls fachlich versierten Psychologen rund eine Stunde nötig hatte, um das Thema anschaulich und überzeugend behandeln zu können, so sieht der Praktiker sich häufig mit Diskussionspartnern von anderem fachlichen Hintergrund oder Ausbildungsniveau konfrontiert. Sein Auftraggeber und Vorgesetzter wollen gerne einen Bericht sehen, der in einfachen Grafiken oder durch die Anwendung gebräuchlicher Analysemethoden (Mittelwertvergleiche, Varianzanalyse etc.) sofort verständlich ist (ohne daß er vielleicht überhaupt genauer gelesen werden muß). Sie haben meist keine Lust sich, mit ihnen nicht geläufigen Betrachtungsweisen über methodentheoretische Aspekte bei der Analyse von Veränderungen auseinanderzusetzen. Vom Standpunkt des Autors ist es auch häufig lästig, in Publikationen oder Referaten nichtklassische Verfahren zu zitieren. Man muß dann Zeit und Raum für Erklärungen freimachen, die man anders für die inhaltliche Diskussion der Ergebnisse frei hätte. Mit Faktorenladungen und signifikanten Wechselwirkungen wird einfacher sprachlich umgegangen, auch wenn sich der Leser (vielleicht manchmal auch der Autor) nicht darüber klar ist, was da eigentlich und auf welchem Skalenniveau analysiert worden ist. Dies ist wahrscheinlich auch der Grund, warum deskriptive Betrachtungsweisen mit schönen Computergrafiken, auf denen Prozentwert- oder Maßzahlenveränderungen farbenprächtig wiedergegeben werden, sich so großer Beliebtheit erfreuen.

Ich selbst arbeite an einem Niederländischen Angewandten Forschungsinstitut, das durch Techniker mit vornehmlich physikalischer Ausbildung im weitesten Sinn und Psychologen mit der Studienrichtung "Functieleer" (Experimentelle Psychologie mit Hauptfach Leistungsmessung und Psychophysiologie) beherrscht wird. Man orientiert sich dort in erster Linie am angloamerikanischen Forschungsraum. Dort gehören Varianzanalyse, Faktorenanalyse oder Multidimensional Scaling sowie Quantifizierung von menschlicher Leistung auf Pseudorationalskalenniveau (Psychophysiologie, Reaktionszeiten etc.) zur Forschungsroutine. "Messen" steht aufgrund der naturwissenschaftlichen Dominanz im Vordergrund. Mit dem Versuch, Scheinquantifizierung zu vermeiden, begibt man sich als wissenschaftlicher Mitarbeiter in eine schwierige Position, und es kann schon vorkommen, daß man einen Bericht von seinem Vorgesetzten mit der Bemerkung zurück bekommt: " Warum "schätzt" Du die Leistung einer Versuchsperson, anstatt sie einfach zu messen?"

Ich glaube jedoch, daß – trotz all dieser noch bestehenden Probleme – der Trend in der psychologischen Methodik eindeutig mehr und mehr in Richtung von "Qualitativer Quantifizierung" geht. In der Psychotherapieforschung wie in der Lern- oder Medienforschung ist man nicht mehr so sehr daran interessiert zu untersuchen, *was wie* (stark) wirkt. Man möchte vielmehr wissen, *wie was* wirkt. Es ist nicht mehr in erster Linie gefragt nachzuweisen, daß eine Maßnahme "signifikant" zu Veränderungen führt, man strebt vielmehr in Richtung Prozeßanalyse, Maßnahmenvergleiche, man möchte differenziertere Fragen beantworten können, wie die nach Sättigungseffekten, nach zu bevorzugenden Reihenfolgen oder Kombinationen von Maßnahmen. In diesem Sinne ist der "Markt" sicherlich reif für die eben vorgestellten Methoden, und es bleibt zu hoffen, daß sie in absehbarerer Zeit nicht nur für "Methodenfreaks", sondern auch für den angewandt forschenden "Normalverbraucher" zugänglich und verwendbar sein werden.

Andere Aspekte der angewandten Evaluationsforschung

Aber lassen wir nun die Public-Relation Probleme beim Versuch, für Latent-Trait Verfahren in der Praxis zu werben, beiseite und kommen wir zum zweiten Punkt meiner Betrachtungen: Mit der überlegten Auswahl der geeigneten Analysemethode ist das Problem der Evaluation von Maßnahmen (seien das Therapieformen, PR- oder Sicherheitscampagnen oder etwa Ausbildungsmethoden etc.) noch nicht gelöst. "Das" Problem der Evaluationsforschung setzt sich nämlich aus drei Teilaspekten zusammen, mit denen man sich als Experimentator oder Untersucher in der Praxis konfrontiert sieht: (1) inhaltliche, (2) meßtechnische und (3) methodische. Nur wenn alle drei ausreichend berücksichtigt werden, kann eine Evaluationsstudie zu sinnvollen Ergebnissen von praktischer Relevanz führen.

Hat man auch das methodische Problem durch die Wahl etwa des LLRA oder eines verwandten Modelles gelöst, so steht und fällt die Qualität der geplanten Studie mit: (1) der Auswahl und Messung der Kriterumsvariablen (im von Prof.Fischer zitierten multidimensionalen Eigenschaftsraum) auf qualitativer Ebene, (2) der Definition und Kontrolle der Einflußgrößen (der Maßnahmen, die evaluiert werden sollen) und des Trendparameters (möglicher unkontrollierbarer Faktoren) sowie (3) einer sinnvollen Hypothesenwahl.

Ist es nicht möglich, das LLRA oder andere probabilistische Verfahren für die Analyse zu verwenden (was an der manchmal schwierigen Realisierung einiger praktischer Anforderungen wie etwa einer ausreichenden Zahl von Versuchspersonen, die Anwesenheit einer Kontrollgruppe, die nicht in den Genuß einer Maßnahme kommt, oder einer isolierten Erfassung geeigneter Kriterien auf qualitativer

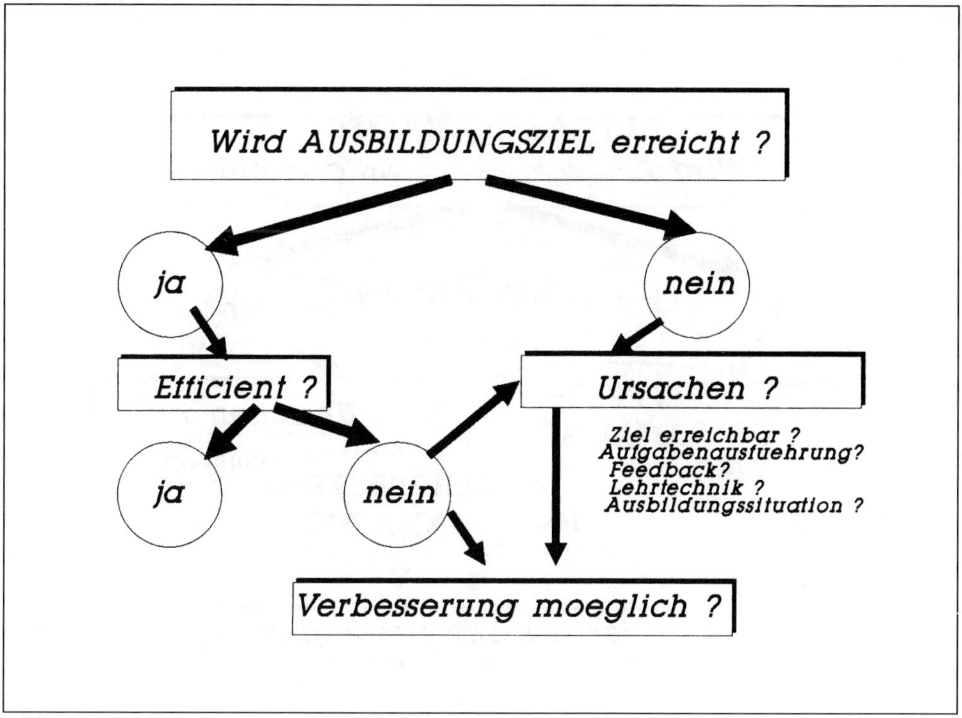

Abbildung 1: Evaluation von Ausbildungen: Standardfragen.

Ebene liegen kann), so ist es doch noch möglich, zu akzeptablen, wenn auch beschränkteren, gültigen Schlußfolgerungen zu kommen; Nämlich dann, wenn das inhaltliche und meßtechnische Problem gut gelöst wurde, und man sich bei der Analyse und Interpretation der Ergebnisse der Beschränkungen (Skalenniveau, Methodenartefakte etc.) der angewandten Verfahren bewußt ist. Einen Ausweg bietet hier etwa im Bereich eines Leistungsvergleiches "vorher – nachher" die Beurteilung aller, zu allen Meßzeitpunkten erreichten Leistungen durch einen Experten auf Rangskalenniveau und eine Analyse der generellen und individuellen Rangplatzverschiebungen von Messung zu Messung.

Die Probleme, mit denen man bei der Lösung der drei Teilaspekte (inhaltlich, meßtechnisch und methodisch) bei Evaluationsstudien konfrontiert wird, möchte ich anhand meiner Untersuchungspraxis illustrieren. Ich arbeite an einer Institution, in der die Evaluation von Ausbildungen, meist auf dem Landesverteidigungssektor, einen Teil der behandelten Projekte ausmacht. Ich selbst beschäftige mich mit der Evaluation von Ausbildungen an Simulatoren oder mit computerunterstütztem Unterricht. Hierbei geht es meist um Veränderungsmessung im hier angesprochenen Sinn. Der Auftraggeber, die "Koninglijke Marine", "Luchtmacht" oder "Landmacht", hat einen neuen Simulator angeschafft und möchte wissen, ob

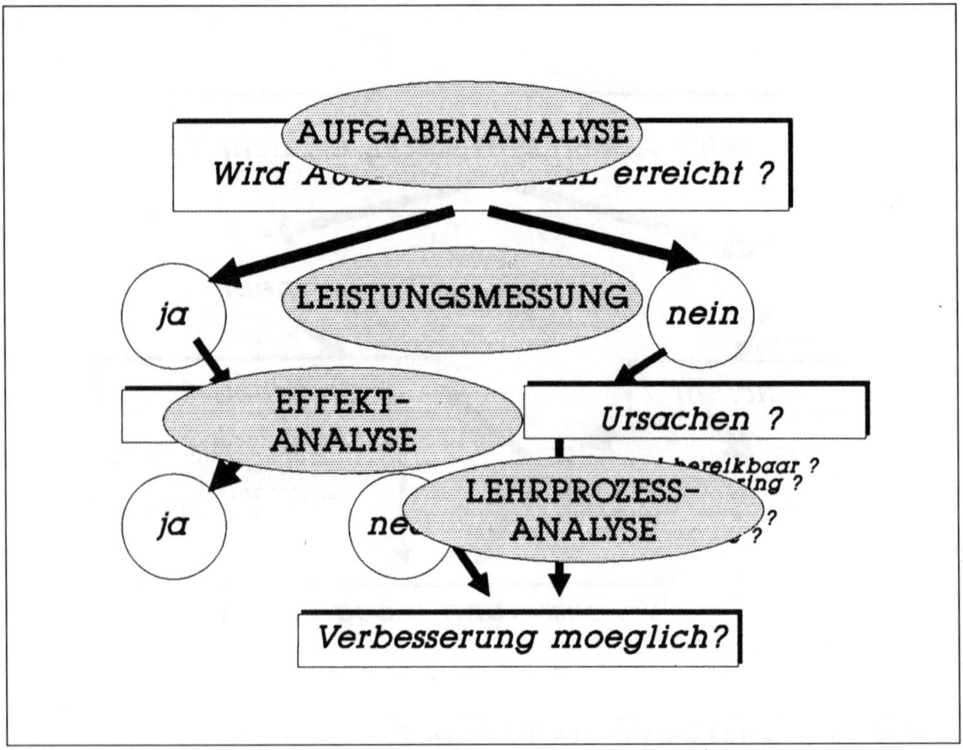

Abbildung 2: Evaluation von Ausbildungen: Standardverfahren.

dieser effektiv und effizient eingesetzt wird oder werden kann. Eine einfache Frage, die vom Standpunkt des Auftraggebers in einer einfachen Messung zu beantworten sein müßte. Nämlich: Wird das Ausbildungsziel erreicht oder nicht? Nun erweist es sich bei näherer Nachfrage schon als äußerst schwierig für den Auftraggeber, dieses Ausbildungsziel gut brauchbar für eine Erfassung zu umschreiben, darüberhinaus ergeben sich aus der anfangs gestellten "einfachen Frage" notgedrungen antwortabhängig weitere für die Praxis relevante Zusatzfragen, die nur durch einen Ansatz mit Veränderungsmessung sinnvoll zu behandeln sind.

Das Schema verdeutlicht, daß eine einfache Leistungsmessung nicht imstande wäre, die Gesichtspunkte, die sich aus dem ursprünglichen Problem entwickeln, behandeln zu können, und was noch viel wichtiger ist, Empfehlungen abgeben zu können, wie ein Ausbildungsprojekt idealerweise aussehen müßte, wie der Simulatoreinsatz dabei verbessert werden könnte, und welche Lerntechniken sinnvollerweise zum Einsatz kommen sollten. Möchte man also eine Untersuchung planen und durchführen, die als Endziel derartige Empfehlungen hat, so sind Verfahren nötig, um dieses Ziel vorzubereiten: (1) eine Aufgaben- bzw Handlungsanalyse, (2)

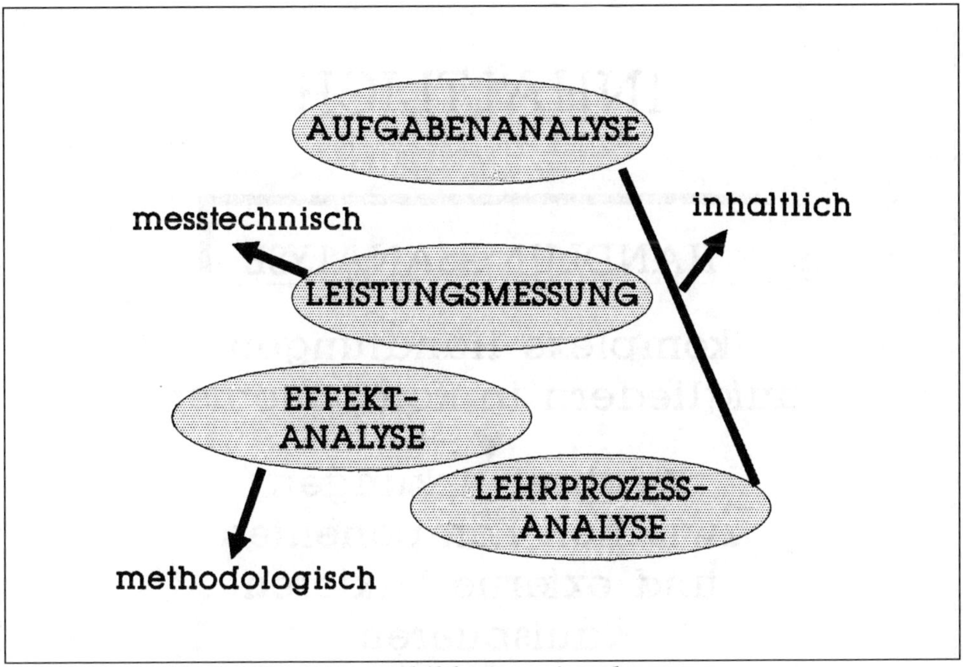

Abbildung 3: Evaluation von Ausbildungen: Aspekte.

eine Leistungsmessung (zu mehreren Zeitpunkten), (3) eine Effektanalyse und schließlich (4) eine Lern- bzw Lehrprozeßanalyse.

In diesen Verfahren finden sich unsere anfänglich zitierten drei Problemkreise wieder: inhaltliche, meßtechnische und methodische.

Eine solche Evaluationstudie beginnt und endet demnach mit inhaltlichen Gesichtspunkten, der sinnvollen Übersetzung der Fragestellung in Kriteriumsvariable und Hypothesen und der ebenfalls sinnvollen und fachgerechten Interpretation der Ergebnisse. Ergebnisse, die in der Phase der Leistungsmessung mittels standardisierter Versuchsbedingungen und zuverlässiger Registration und in der Effektanalyse unter Verwendung verantwortbarer Analysemethoden erarbeitet wurden. Die Verwendung der besten Methode kann den Psychologen nicht von der intensiven Auseinandersetzung auf inhaltlicher Ebene und einer guten Erfassung der Daten freisprechen.

Betrachten wir zunächst die inhaltliche Ebene. Abbildung 3 faßt die Schritte, die zur Definition sinnvoller Kriteriumsvariablen nötig sind, zusammen.

Meist haben wir es in der militärischen Ausbildung mit komplexen Aufgaben zu tun, die sich aus verschiedenen Fertigkeiten zusammensetzen (kognitive, prozedu-

Abbildung 4: Handlungsanalyse.

rale, psychomotorische, Regelwissen, Einsicht in Zusammenhänge etc.). Häufig zeigt es sich, daß das Lernziel, wie es vom Auftraggeber definiert wird, und die Art, wie deren Erreichung in der Praxis gemessen wird, nicht adäquat sind. Die einzelnen Handlungsbestandteile stehen miteinander in Zusammenhang und können noch durch externe Faktoren beeinflußt werden. Das übliche Beurteilungskriterium enthält darüberhinaus noch das klassische Speed-Power-Problem (meist soll in so kurzer Zeit wie möglich so genau wie möglich gearbeitet werden), und die Leistungsmessung erfolgt durch Vergabe von Punkten, deren Zustandekommen auch durch die Punktevergeber (Instrukteure) bei Befragung nicht rekonstruierbar ist. Wird die Leistung im Simulator gemessen, so wird die Punktevergabe zwar nachvollziehbar bei Einsicht in das eingesetzte Programm, die Daten, die man aber für eine sinnvolle Erfassung der einzelnen Handlungsschritte nötig hätte,

Abbildung 5: Leistungsmessung.

werden nicht im Detail ausgegeben. Es werden Äpfel und Birnen zusammengenommen dahingehend, daß etwa Fehler, die am prozeduralen Sektor gemacht werden, in einen Topf geworfen werden mit etwa Zielgenauigkeit oder Fehlern, die durch Verständnisprobleme beim Umgang mit computerunterstützten Systemen gemacht werden. Eine Vorgangsweise, die uns in veränderter Umgebung auch bei vielen gebräuchlichen schulischen oder therapeutischen Beurteilungssystemen, ja selbst bei psychologischen Leistungstests, immer wieder begegnet. Nur wenn es gelingt, sich von diesen gängigen Beurteilungsschemata zu lösen, die verschiedenen Handlungskomponenten zu isolieren und sie auch unabhängig voneinander

METHODISCH

EFFEKTANALYSE

Skalenniveau beruecksichtigen

■

Methodenartefakte diskutieren

■

Scheinquantifizierung vermeiden

■

Abbildung 6: Effektanalyse.

zu erfassen (Abbildung 5), kann die Leistungsmessung zu nicht nur statistisch, sondern auch inhaltlich verwertbaren Daten führen.

Über Effektanalyse bleibt nach den im Hauptreferat ausführlich behandelten Beispielen nicht mehr viel zu ergänzen. Egal welcher Methode man sich – wohlüberlegt natürlich – im Zuge der Effektanalyse auch bedient, es ist jedenfalls empfehlenswert, die in Abbildung 6 zusammengefaßten Punkte im Auge zu behalten:

Bei der abschließenden Lern- oder Lehrprozeßanalyse schließlich hat der Untersu-

INHALTLICH

LERNPROZESSANALYSE

Uebersetzung

Lernziel -- Uebungen

■

Lerntechnik

■

Lehrmittel(n)

■

Feedbackbedingungen

■

Abbildung 7: Lernprozeßanalyse.

cher seinen inhaltlichen Freiraum zu strukturieren. Eine Möglichkeit hierzu ist in Abbildung 7 zusammengefaßt:

Er muß kontrollieren, wie gut die zu erreichenden Lernziele in Übungen übersetzt wurden. Sind tatsächlich diejenigen Handlungskomponenten geübt worden, die zur Erreichung des angestrebten Endzustandes vonnöten sind? Wurden alle Komponenten geübt? Wurden die Handlungskomponenten mit der adäquaten Lehr- bzw. Lerntechnik vermittelt? Einsicht in Zusammenhänge mittels Drill and Practice anlernen zu wollen, kann nicht zum gewünschten Ergebnis führen. Wurden adäquate Lehrmittel zur Übung eingesetzt? Sind die Rückmeldungen, die der Schüler während und nach dem Übungsprozeß erhalten hat, deutlich, verständlich und so beschaffen, daß sie tatsächlich eine Änderung des Verhaltens in die gewünschte Richtung bewirken können ?

Manchmal ist es an dieser Stelle auch notwendig, die Frage zu stellen: "Ist das angestrebte Lehrziel überhaupt erreichbar?" Eine Frage, die unmittelbar wieder in eine neue, nunmehr experimentelle, Studie umfunktioniert werden kann. Eine Studie, die sich mit der Optimalisierung von Treatmenteffekten beschäftigt, wodurch sich der Kreis wieder schließt: Definition der Kriteriumsvariablen, standardisierte Messung etc..

Statistik

H. Schwammenhöfer
Allgemeine Unfallversicherungsanstalt, Wien, Österreich

Die gesetzliche Unfallversicherung in Österreich betreut 4,8 Millionen Personen, und zwar 3,6 Millionen Erwerbstätige im Rahmen ihrer Berufsausübung sowie 1,2 Millionen Schüler und Studenten im Zusammenhang mit der Schul- bzw. Hochschulausbildung. Zu den Aufgaben der gesetzlichen Unfallversicherung gehören die Vorsorge für die Verhütung von Arbeitsunfällen und Berufskrankheiten, die Erste-Hilfe-Leistung, die Unfallheilbehandlung, die Rehabilitation von Versehrten und die Entschädigung nach Arbeitsunfällen und Berufskrankheiten.

Die Aufgaben werden von vier Unfallversicherungsträgern wahrgenommen. Der größte Unfallversicherungsträger ist die Allgemeine Unfallversicherungsanstalt: sie ist für 78 Prozent der Versicherten verantwortlich. Die Schülerunfallversicherung ist ihr zur Gänze zugeordnet. Von den Trägern der gesetzlichen Unfallversicherung wurden im Berichtsjahr 1988 insgesamt 259.000 Schadensfälle anerkannt, darunter 504 Todesfälle. Auf Erwerbstätige entfielen 203.000 Schadensfälle, auf Schüler und Studenten 56.000. Die Schadensfälle Erwerbstätiger gliederten sich in 200.000 Arbeitsunfälle und 3.000 Berufskrankheiten. 88 Prozent aller anerkannten Schadensfälle (228.000) waren der Allgemeinen Unfallversicherungsanstalt zugeordnet.

Für die statistische Bearbeitung werden neben personenbezogenen Daten objektivierbare unfallspezifische Daten gespeichert. Wichtigste Unterlage für die Datenerhebung ist die Schadensmeldung. Die statistische Erfassung von Unfällen, die nicht unter den Schutz der gesetzlichen Unfallversicherung fallen, ist folgendermaßen festgelegt: Verkehrsunfälle werden vom Österreichischen Statistischen Zentralamt laufend statistisch bearbeitet. Im Jahre 1988 verunglückten bei Verkehrsunfällen 59.000 Personen, davon 1.446 tödlich. Haushalts- und Freizeitunfälle unterliegen keiner gesetzlichen Regelung wie Arbeitsunfälle und Berufskrankheiten. Es gibt darüber keine regelmäßig erscheinenden Statistiken. Anläßlich einer Mikrozensuserhebung des Österreichischen Statistischen Zentralamtes im Jahre 1980 wurden 117.000 Sportunfälle und weitere 221.000 Unfälle im häuslichen Bereich und im Freizeitbereich festgestellt. Eine neue Mikrozensuserhebung über den privaten Unfallbereich wird derzeit abgewickelt.

Unfälle – Zufälle oder Notwendigkeit

R. Köpl
Allgemeine Unfallversicherungsanstalt, Wien, Österreich

Bei Betrachtung der Unfalldaten, die uns die Statistiker liefern, scheint ein gewisses Quantum an Unfällen unumgänglich zu sein, nicht nur, was die Häufigkeit betrifft, sondern auch die Verteilung auf bestimmte Zeiträume, Personengruppen und örtliche Gegebenheiten. Doch wenn man dann die einzelnen Unfallereignisse genauer analysiert, stellt sich in den meisten Fällen heraus, daß der jeweilige Unfall keineswegs "notwendig" gewesen wäre, sondern bei oft nur geringfügigen Veränderungen im Bedingungsgefüge nicht stattgefunden hätte. Fast immer läßt sich in der Kausalvernetzung der Bedingungen mindestens ein schwaches Glied eruieren, das man mit dem sehr allgemeinen Begriff "menschliches Versagen" beschreiben könnte.

Ein Beispiel zur Erklärung

Grundsituation: Ein Mann hat fünf Kilometer mit dem Auto zu fahren
Konstruiertes Set von unfallbegünstigenden Faktoren:

- technischer Faktor: Bremsen funktionieren nicht einwandfrei
- medizinischer Faktor: der Mann ist kurzsichtig
- soziologischer Faktor: Pfingstsonntag, erwiesenermaßen starker Verkehr und erhöhtes Unfallrisiko
- organisatorischer Faktor: er fährt nach dem Mittagessen, damit im Zusammenhang stehen sogenannte "zeitvariable" Faktoren: Verdauungsmüdigkeit, leichte Alkoholisierung durch Bier
- psychische Faktoren:

a) bewußte emotionale Ebene: Ärger, Unlust, Selbstwertgefühl herabgesetzt (er hat mit seiner Frau darüber gestritten, ob es notwendig sei, die Schwiegermutter gerade jetzt zum Kaffee abzuholen, er mußte nachgeben, sieht dem bevorstehenden Nachmittag mit massiver Unlust entgegen)
b) unbewußte Ebene: Fehlleistung – er "vergißt" seine Brille (will seine Schwiegermutter offenbar nicht "sehen")
c) Einstellungsebene: Sorglosigkeit ("was will auf den paar Kilometer schon passieren, ich kenne die Strecke ja in- und auswendig")
d) Verhaltensebene: er fährt mit überhöhter Geschwindigkeit, um sich abzureagieren.

Dieser Mann liefert eine Menge Material, das bei einer nachfolgenden Unfall-Ursachen-Analyse als "menschliches Versagen" interpretiert werden könnte, und doch ist damit nicht viel getan. Nach wie vor ist in dem skizzierten Fall jeder Ausgang denkbar bzw. hängt es von weiteren "Zufällen" (andere Verkehrsteilnehmer, Tier auf der Fahrbahn o.a.) ab, ob es zu einem Unfall kommt und welche folgen dieser hat. Unter den gegebenen Umständen kann es sein,

- daß Mann und die Schwiegermutter wohlbehalten nach zehn Minuten zu Hause ankommen,
- daß dieser Mann wohl in eine kritische Situation gerät, durch richtiges Reagieren jedoch mit dem Schrecken davonkommt,
- daß er einen Unfall mit Sachschaden verursacht,
- daß ein Unfall mit Personenschaden stattfindet, wobei Anzahl der Verletzten und Grad der Verletzungen (leicht, mittel, schwer, tödlich) variieren können.

Daran lassen sich bereits einige der Schwierigkeiten erkennen, mit denen man in der Unfallursachenforschung konfrontiert ist. Einerseits ist es nicht möglich, alle unfallbegünstigenden Faktoren in ihrem jeweiligen Bedingungsgefüge und Situationszusammenhang vorauszusehen und Maßnahmen dagegen zu ergreifen. Andererseits wird auch tranparent, daß Unfälle ja nur einen ganz kleinen Ausschnitt aus dem Sprektrum der möglichen Vorfälle darstellen und wir im allgemeinen selten Gelegeheit haben, Beinahunfälle oder Bagatellunfälle zu analysieren.

Mit Hilfe der Statistik lassen sich allerdings erhöhte Unfallwahrscheinlichkeiten feststellen, und in Verbindung mit den Erkenntnissen, die aus der Unfallurschenforschung gewonnen wurden, war und ist eine Reduzierung der Unfallhäufigkeit durch entsprechende Maßnahmen möglich.

In diesem Zusammenhang scheint es mir wesentlich, neben der rationalen Ebene auch das Unbewußte im Menschen anzusprechen bzw. das Unbewußte als Einflußfaktor stärker mitzuberücksichtigen. FREUD vertrat die Ansicht, daß Unfälle zur Kategorie der Fehlleistungen zu rechnen wären, daß also dem Zustandekommen von Unfällen eine unbewußte Absicht zugrundeliegt. Neben vielen anderen Ausdrucksmöglichkeiten (z.B. psychosomatische Erkrankungen) bedient sich der psychische Apparat des Menschen auch in der Inszenierung von Unfällen und Fehlhandlungen, die in der Folge zu Unfällen führen können, um innerpsychische Konflikte sichtbar zu machen und einer Bearbeitung zuzuführen.

Auf den Bereich der Unfallverhütung bezogen könnte man demnach annehmen, daß erhöhtes Problembewußtsein und die Bereitschaft zur Auseinandersetzung mit Konflikten das individuelle Unfallrisiko herabsetzen.

Gewisse Verhaltensweisen, sowohl auf individueller als auch auf kollektiver Ebene, sind Ausdruck einer irrationalen, stark auf Verdrängung beruhenden, Einstellung in diesem Bereich. Sind wir in Österreich etwa bereit, das Hundertvierzigfache des Betrages, den wir in unfallverhütende Maßnahmen investieren, für Behandlung und Versorgung von Unfallopfern und deren Angehörigen zur Verfügung zu stellen? Und das, obwohl wir statistisches Material zur Verfügung haben, das uns für jeden Tag, jeden Monat und jedes Jahr mit erstaunlicher Genauigkeit vorhersagt, wieviele Tote und Verletzte unser Kollektiv zu erwarten hat. Und jeder einzelne von uns setzt Handlungen, die sein individuelles Risiko erhöhen, geht aber trotzdem davon aus, daß "es" ihn schon nicht "erwischen" werde.

Wenn wir also die Begriffe "Sicherheit" und "Vorsorge" besser verkaufen wollen, also Sicherheitsmarketing betreiben wollen, so liegen meiner Ansicht nach die großen unerschlossenen Marktanteile im unbewußten seelischen Bereich des Menschen, sowohl im individuellen als auch im kollektiven Sinn.

Zur Integration von Psychoanalyse, Kognitions- und Verhaltensttherapie

G. Süssenbacher
Universität Klagenfurt, Österreich

Anläßlich der innovativen Methodenvermehrung auf dem internationalen "Therapiemarkt" und angesichts der dadurch aufgeworfenen wissenschaftstheoretischen und praxeologischen Probleme möchte ich im Folgenden einen möglichen Umriß eines Therapiesystems der Zukunft zeichnen. Daß sich diese Skizze als wissenschaftliche Spekulation versteht, ist klar.

Einen interessanten Versuch zur Vereinigung zweier therapeutisch relevanter Theoriesysteme hat in letzter Zeit (1982, 1986, 1988) LUC CIOMPI unternommen. In einer Synopsis wesentlicher Gedanken von FREUD und PIAGET stellt er die "Psyche" als komplex hierarchisiertes organisches System verinnerlichter Schemata oder Programme dar, das sowohl kognitive als auch affektive Komponenten besitzt und sich – im Sinne von MATURANA/VARELA (1987) – selbst organisiert. Auf eminent plastische Weise rekursiv mit seiner "Umwelt" verkoppelt, verzeichnet es die Invarianzen dieser Interaktion und gelangt so zur strukturellen Verbindung zwischen Denken und Fühlen; Meines Erachtens bleibt CIOMPI aber – abgesehen vom Hinweis auf allgemeine Übereinstimmungen und Ergänzungen zwischen FREUD und PIAGET – die Antwort auf die Frage nach der epistemologischen Beziehung zwischen den beiden Theorien schuldig. In dieser Hinsicht ist vielleicht ein Vergleich der grundlegenden Mechanismen, welche die beiden postulieren, zielführend.

PIAGETs Theorie baut bekanntlich auf einer Balance zwischen den die kognitiven Fähigkeiten begründenden Mechanismen Assimilation und Akkomodation auf. Er nennt diese Balance Äquilibration. FREUD formt seine Theorie aus dem Antagonismus von Lebenstrieben und Todestrieb, unterteilt erstere in Triebe der Selbst- und Arterhaltung und läßt aus dem Widerspruch dieser Triebe den psychischen Apparat und seine Abwehrmechanismen hervorgehen. Das Balanceprinzip ergibt sich bei ihm aus der Beziehung zwischen Lust und Realität. Beide, PIAGET und FREUD, gestalten die grundlegenden psychischen Mechanismen in Analogie zu tatsächlich gelebter Körperlichkeit, lassen jedoch – wie der sie in seiner "Affektlogik" verknüpfende CIOMPI – genetische Überlegungen hinsichtlich der vorgeburtlichen Psyche außer acht. Dabei müßten doch genau dort die organischen Vorläufer der von MATURANA und VARELA postulierten Umwelt-Organismus-Koppelung zu finden sein, auf deren gemerkten Invarianzen alle späteren Strukturen und Mechanismen des Subjekts aufbauen müssen.

An diesem Punkt ist es interesssant, die bisher skizzierten Gedanken der genannten Autoren mit einem Problem in Zusammenhang zu bringen, das sich neuerdings der Hirnforschung stellt. Hier hat man bei der hypothetischen Unterscheidung zwischen "lower tier" und "upper tier" (MILLER 1988) viel Evidenz gesammelt, daß die tiefere Ebene durch klassisches und instrumentelles Konditionieren, die höhere Ebene durch "macroeconomy" bestimmt ist, kann jedoch die Struktur der letzten erst entwerfen, wenn die Strukturen der ersten bekannt sind. Der Versuch, die von vielen Naturwissenschaftern als "bloß metaphorisch" verachteten psychologischen Theorien mit diesem Problem der Hirnforschung zu konfrontieren, scheint mir den Ansatz CIOMPIs neu zu beleuchten.

Die Überprüfung der FREUDschen Unterscheidung zwischen Selbst- und Arterhaltung zeigt nämlich, daß – auch im Unterschied zu den Primaten – der Mensch eine pränatale Entwicklung durchläuft, die viele Reifungsschritte der genitalen Organisation bei den Tieren vorwegnimmt. Eine solche vorgeburtliche Frühreifung kann

- im Sinne MATURANAs und VARELAs als dem Überleben dienliche strukturale Koppelung zwischen dem Fötus und seiner mütterlichen Umgebung,
- im Sinne PIAGETs als Vorform von Assimilation oder Akkomodation und
- im Sinne FREUDs als vorverlagerte Regung des Arterhaltungstriebes

gesehen werden. Vor allem ist jedoch diese Frühreifung nicht ohne starke Verknüpfung mit der Entwicklung der tieferen Ebene des menschlichen Gehirns und deren Einfluß auf die höhere Ebene desselben zu denken. Als These ergäbe sich nämlich dann, daß die beiden von FREUD als grundlegend verschieden eingestuften "Entscheidungsprinzipien" des Organismus – Selbst- und Arterhaltung – in einer Art "Interferenz" den Aufbau der zentralnervösen Informationsprozesse schon vorgeburtlich bestimmen. Das von der Hirnforschung für die höhere Hirnebene vorgesehene Prinzip des "Fokussierens" hätte dann seinen "tieferen" Vorläufer in einem Prinzip der "Diskrimination" zwischen den hirnorganisch-endokrin gespeicherten Prinzipien Selbst- und Arterhaltung. Dieser Gesichtspunkt gleicht der Argumentation, welche schon KONRAD LORENZ (1973) für "fulgurative Sprünge" in der Entwicklung der Arten postuliert: daß durch das Zusammenschalten zweier voneinander bisher unabhängiger Systeme völlig neue Systemeigenschaften zu entstehen vermögen. Die hier sich formende neue Systemeigenschaft wäre das potentielle Symbolvermögen – u.a. zur Sprache, welches der nachgeburtlichen Aktivierung zur Verfügung stünde.

In einem Gedankenexperiment ließe sich – nach dem Vorangegangenen – eine "Vereinheitlichte Psycho-physische Feldtheorie" (vgl. CIOMPI 1988) denken, welche der Psychotherapie infolge des theoretisch-integrativen Verständnisses für eine neuro-physiologische "Protosemantik" völlig unbekannte Wege auf dem Gebiete symbolischer Beeinflussung und Führung erschlösse.

Literatur

CIOMPI, L.: Affektlogik. Stuttgart: Klett (1982).

CIOMPI, L.: Zur Integration von Fühlen und Denken im Licht der "Affektlogik".In: KISKER, K.P. et al.(Hrsg.): Psychiatrie der Gegenwart, Bd. 1. Berlin: Springer (1986).

CIOMPI, L.: Außenwelt. Innenwelt. Die Entstehung von Zeit, Raum und psychischen Strukturen. Göttingen: Vandenh (1988).

MILLER, R.: Corticostriatal and Cortico-Limbic Circuits: A Two-Tiered Model of Learning and Memory-Functions. In: MARCOWITSCH, H.J.(Ed.): Information Processing by the brain. Toronto: Huber, 179 – 197 (1988).

LORENZ, K.: Die Rückseite des Spiegels. Versuch einer Naturgeschichte menschlichen Erkennens. München: dtv (1973).

Interaktion im Krankenhaus

M. Ringler
Universitätsklinik für Tiefenpsychologie und Psychotherapie
Wien, Österreich

Das Thema Interaktion im Krankenhaus ist wesentlicher komplexer als es der schlichte Titel vermuten ließe. Die Interaktionspartner – PatientInnen, Pflegepersonal, Ärzte, wie MTAs, Administratoren etc. sind

1. in vollkommen unterschiedlichen Funktionen im Krankenhaus vereint. Der Patient und seine Angehörigen als Hilfesuchende; Ärzte und Pflegepersonal als Hilfeleistende, aber auch in der Funktion mittels ihrer Arbeit Geld für ihren Lebensunterhalt zu verdienen; Letzteres gilt auch für die Administratoren, denen es zudem obliegt das Krankenhaus nicht nur ökonomisch zu verwalten, sondern Hilfesuchenden und Hilfeleistenden Bedingungen zu schaffen, die dies fördern.

2. Die Funktionsfähigkeit des Systems Krankenhaus ruht auf den oben erwähnten Einzelpersonen, ihrer Fähigkeit einzeln und in der Kooperation in der Gruppe ihre Arbeit definitionsgemäß erfüllen zu können. Schwierigkeiten bezogen auf die Durchsetzung eines gemeinsamen Zieles, sowie in der Folge in der Interaktion der Beteiligten können also aus verschiedenen Quellen resultieren.

a. Unklarheiten bezogen auf die Funktion, die eine Person zu erfüllen hat. Ich möchte hier ein Beispiel nennen, das m.E.n. große Unruhe zu bewirken vermag. Nämlich ein Patient, der sich der gängigen Routine widersetzt, oder diese nur in Frage stellt. Diesem Problem ist ausschließlich mit patientenorientierten Vorgangsweisen beizukommen und setzt psychosoziale und psychosomatische Kenntnisse und Engagement voraus.

b. Jeder in die Krankenhausinteraktion involvierte bringt bereits eine Reihe von Vorerfahrungen mit, die sein Verhalten prägen. Ärzte identifizieren sich zumeist mit dem Wunsch Menschen zu heilen. D.h. jeder Unheilbar Kranke oder Sieche stellt dieses Berufsziel in Frage, erschüttert die professionelle Kompetenz, födert das Gefühl von Hilflosigkeit usf. Säuglingsschwestern verstehen sich aus ihrer Berufswahl heraus viel stärker als Pflegerinnen von Kleinstkindern, also äußerst hilflosen Wesen. In ihre Arbeit bringen sie oft die Erwartung ein, daß sie für ihre Mühe mit Dankbarkeit belohnt werden. Werden sie von den Kranken mit jener Aggression bedacht, die aus der Kränkung resultiert auf Hilfe anderer angewiesen, hilflos zu sein, bzw. sich körperlich bedroht zu fühlen, so resultiert hieraus oft offene oder versteckte Gegenaggression. Auf einer Wochenbettstation begegnet uns ein anderes Problem, das aber selbstverständlich in der Rehabilitation aller Kranken wichtig ist. Dort werden nämlich zumeist gesunde Säuglinge und deren gesunde Mütter betreut, eine Arbeit, die keineswegs so leicht in den Begriff der Krankenpflege einzuordnen ist. Eingestellt auf Pflege müßten Krankenschwestern dort behutsame Beobachterinnen und Lehrerinnen der Wöchnerinnen sein, und diese sorgsam auf mögliche und notwendige Verhaltensänderungen hinführen.

Diese beiden Beispiele illustrieren, daß bewußte und unbewußte Berufsziele die Ausübung der beruflichen Tätigkeit wesentlich mitbestimmen.

3. Alle Beteiligten begegnen einem Patienten, der wie seine Rollenbezeichnung aussagt, ein Leidender ist, dieses Leiden aber in Geduld ertragen sollte. Kann noch im Leiden ein Konsens gefunden werden, so finden wir das Erdulden häufig beeinträchtigt. Jede Erkrankung stellt das psychische Gleichgewicht auf eine Probe, in gleicher Weise wie die körperliche Versehrtheit den Menschen in seinem klaglosen Funktionieren in Frage stellt.

Menschen, die das Krankenhaus als Patienten betreten, werden nicht allein ihrer gewohnten Umwelt entrissen, sie müssen sich tatsächlich in diesem schwachen Zustand in einer fremden Umgebung neu orientieren. Sie sind auf die Hilfe fremder Menschen angewiesen. Die üblichen sozialen Signale der Intimität und der persönlichen Schamgrenzen werden durchbrochen. Dies vermag intensive Gefühle von psychischer Kränkung und Ohnmacht provozieren, was einerseits zu totalem Rückzug, willfährigem sich alles gefallen lassen führen kann oder aber auch zu aggressivem Verhalten anderen, aber auch sich selbst gegenüber, wenn sinnvolle Untersuchungen oder Therapien verweigert werden.

Selbstverständlich können Apathie und Aggression auch wechseln, am häufigsten zu beobachten als unangemessene Ansprüche an Pflege und Handreichungen, bei gleichzeitiger Entwertung derselben Hilfeleistungen als unzureichend.

4. Selbst bei gutem Kontakt zwischen Pflegepersonal und Patienten, ist dieser durch die Struktur der Diensteinteilungen ständig gefährdet. Davon sind insbesondere Schwestern und Pfleger betroffen, die aufgrund der Dienstzeiten nur schwer einen kontinuierlichen Kontakt halten können, und zwar sowohl mit den Patienten, als auch untereinander. Je kränker ein Patient ist, desto mehr ist er aber auf diesen Kontakt angewiesen, und für das Personal ist er ebensowichtig.

Daß hier zwischen den einzelnen Berufsgruppen erhebliche Unterschiede bestehen, erschwert oft die Situation. Zwar sind nämlich die Ärzte scheinbar in überschaubarerem und durchschaubarerem Rhythmus verfügbar, dafür ist ihre Tätigkeit eine, die lange Patientenkontakte kaum zuläßt, somit auch Beobachtungsräume fehlen. D.h. ihnen fehlt ein wesentliches Stück Information über die pflegerischen und sozialen Probleme der Patienten, die aber für therapeutische Maßnahmen keineswegs unerheblich sind (z.B. ob der Arzt bei Diätverordnungen auf Rückhalt im sozialen Netzwerk der Patienten rechnen kann). Daraus ergibt sich eine spezielle Problematik, die geeignet ist, zwischen den einzelnen Berufsgruppen große Spannungen zu provozieren. Diese resultieren einerseits aus dem Neid einzelner Berufsgruppen auf die scheinbaren und echten Privilegien der anderen Berufsgruppen, andererseits oft auch aus dem Neid auf die Patienten, die gepflegt und gehegt werden, während man selbst sich "ausgebeutet" fühlt. Auf Seiten der Patienten finden diese Spannungen dann ihren Niederschlag darin, daß das Pflegepersonal in gute und böse Helfer gespaltet wird, also solche die als hilfreich und solche, die als Hilfe verweigernd erlebt werden.

5. Ein weiteres Problem besteht darin, daß jeder Mensch ganz bestimmte Werthaltungen, Einstellungen gegenüber Gesundheit und Krankheit, und eigenem und fremdem angemessenem und unangemessenem Verhalten in solchen Lebensituationen hat. Diese Einstellungen sind nicht allein von rationalen Gesichtspunkten geleitet. Die Toleranz gegenüber Abweichungen von den eigenen Normen kann groß, aber auch sehr gering sein. Es bleibt in jedem Fall von Unzufriedenheit den Patienten nicht verborgen und wird in ihm entsprechende Gefühle auslösen.

Von besonderer Bedeut ung für das Personal ist zudem, daß es nicht allein aufgrund seiner eigenen Werthaltungen arbeiten kann, sondern immer seine Vorgesetzten, aber auch ein gesellschaftliches System vertritt, daß der speziellen Erkrankung und den von ihr Betroffenen mehr oder weniger Wohlwollen entgegenbringt. Hier kommen also sofort alle jene Vorstellungen herein, ob eine Krankheit als selbst- oder fremdverschuldet, vermeidbar oder unvermeidbar angesehen wird. Ob der Patient, extrem formuliert, als Opfer oder als Parasit betrachtet wird.

Die genannten Probleme treten nicht nur im Krankenhaus auf. Wo immer sie auftreten, sind sie kontraproduktiv. Auch gibt es keine Patentlösungen für sie. Ihr Aufzeigen und Erkennen ist allerdings ein wichtiger Schritt für Veränderungen. Diese müssen letztlich von den Betroffenen selbst gewollt und gestaltet werden. Ich muß davor warnen, zu glauben, daß Psychologen oder die Psychologie anstehende Interaktionsprobleme im Krankenhaus verhindern oder lösen kann. Wir Psychologen müssen dazu beitragen, daß spezielles psychologisches Wissen in die Arbeitswelt Krankenhaus stärker als zuvor integriert wird und zwar in die Ausbildung und in den beruflichen Alltag.

Wir Psychologen müssen lernen, unser spezielles Wissen über Entstehung, Aufrechterhaltung und Veränderung von Verhaltens- und Erlebnisweisen von der gleichzeitigen Anwendung zu trennen. Stattdessen muß es fachübergreifend zu vermitteln werden. Sodann werden wir jenem Problem zielführend entgegenarbeiten können, das mir so oft als Psychologin begegnet ist, wenn ich von Krankenschwestern oder Ärzten zu Hilfe gerufen wurde. Nämlich, daß ich nicht gerufen wurde, um mein Wissen zur Verfügung zu stellen, sondern um unliebsame Patienten zu disziplinieren, damit sie sich wieder besser in den Krankenhausroutine einfügen. Dieses zu verhindern muß unser oberstes Ziel sein, denn es bedeutet einen Mißbrauch unseres Berufstandes.

Bedingungen für Kooperation im klinischen Bereich

J. Bittner
Klosterneuburg, Österreich

1. Die Formen von klinischer Zusammenarbeit haben in den letzten Jahren eine weitgehende Veränderung erfahren. Stand in den früheren Jahren die traditionelle Arzt-Patientenbeziehung im Mittelpunkt und an oberster Stelle der streng vertikal gegliederten hierarchischen Organisation eines Krankenhauses, so rückte allmählich unter dem Gesichtspunkt der therapeutischen Gemeinschaft die Zusammenarbeit verschiedener Berufsgruppen (Ärzte, Psychologen, Krankenpfleger, Krankenschwestern, Musik- und Bewegungstherapeuten etc.) in den Vordergrund. Das Prinzip der "therapeutischen Gemeinschaft" bringt zum Ausdruck, daß die Patienten und das Personal innerhalb der Institution eine Einheit bilden und daß diese Einheit am besten dann funktioniert, wenn die einzelnen Teile der Institution miteinander in einer vernünftigen Weise zusammenarbeiten.

2. Damit wurde der Grundstein zur Teamarbeit gelegt. Wurden anfangs in den "bipolaren Modellen" die pflegerischen Aktivitäten von den therapeutischen getrennt, so versuchen die "integrativen Modelle" die Behandlung im Interaktionsmuster zwischen der Gruppe der Patienten und der Gruppe der Betreuer zu begreifen. Im Idealfall würden die infantil bedingten Konflikte der Patienten durch das multiprofessionelle Team der Betreuer wieder zur Darstellung kommen und neue Wege der Konfliktlösung bzw. Konfliktbearbeitung eröffnen.

3. Dieses anspruchsvolle Modell einer konfliktfähigen Teamarbeit erfordert zunächst eine gemeinsame Praxis, das heißt, daß die Mitarbeiter des Teams für eine bestimmte Gruppe von Patienten gemeinsam verantwortlich sind. Erst wenn man die Sorgen und Nöte in der Behandlung von Patienten teilt, ist man in der Lage, den anderen in seiner beruflichen Kompetenz anzuerkennen. Konkret heißt das: Erst wenn der Arzt dabei ist, wie sich die Krankenschwester mit den Patienten in der Beschäftigungstherapie abmüht, erst wenn man Zeuge wird von therapeutischen Erfolgen und Mißerfolgen des anderen Mitarbeiters, wächst allmählich das Vertrauen in den anderen und seine berufliche Kompetenz.

4. Diese gegenseitige Anerkennung und das daraus wachsende Vertrauen ist

unbedingte Voraussetzung für die Fähigkeit Konflikte zu ertragen. Wir müssen davon ausgehen, daß die Patienten innerhalb der therapeutischen Situation nur das erleben können, was die Therapeuten ihrerseits den Patienten ermöglichen. Wenn wir weiters annehmen, daß unerledigte Konflikte bei der Erkrankung eine wesentliche Rolle spielen, so werden die Patienten die Tendenz haben, diese mitgebrachten und unerledigten Konflikte in der therapeutischen Situation zu wiederholen - soferne die Therapeuten eben in der Lage sind, diese Konflikte auszuhalten.

5. In der Team-Supervision kann die Konfliktfähigkeit gefördert und gelernt werden. Das gemeinsame Besprechen eines Patienten, das Wahrnehmen der verschiedenen Perspektiven durch die verschiedenen Therapeuten ergibt ein plastisches, wenn auch oft widersprüchliches Bild über die Dynamik der seelischen Vorgänge im Patient-Therapeuten-Verhältnis. Das mehrdimensionale Beziehungsangebot im stationären Aufenthalt soll dem Patienten die Darstellung dieser verschiedenen Aspekte erleichtern.

6. Ein therapeutisches Team kann man demgemäß nicht anschaffen, es muß sich entwickeln können. Weder die Kooperation mit den anderen Team-Mitgliedern noch die Identität mit der eigenen beruflichen Rolle kann bloß verordnet werden. All diese Eigenarten eines Teams müssen wachsen können und sind am ehesten mit dem Erlernen der Sprache eines Kindes zu vergleichen. Das heißt aber auch, daß die Bedingungen für das Wachstum besonders behütet werden müssen.

7. Folgen für die Organisation der Institution:
Die bisherige Organisationsform der Institution wird vom Prinzip der Austauschbarkeit dominiert, das heißt wie bei einem kriegerischen Unternehmen wird Personal dorthin gegeben, wo eben jemand "ausgefallen" ist. Durch den meist chronischen Personalmangel kommt es immer wieder zu der Situation, daß von fünf zu besetzenden Stellen nur vier tatsächlich besetzt werden können. Irgendjemand bzw. irgendeine Abteilung fühlt sich dann im Nachteil. Diese "Lückenbüßerfunktion" führt bei vielen Mitarbeitern zu einer resignativen Haltung, sie engagieren sich in ihrer Funktion nur teilweise, weil das Damoklesschwert der Versetzung droht.
Dieses System müßte durch eine neue Versetzungspolitik verändert werden; die einzelnen Abteilungen, die einzelnen Teams sollten in ihrer Einheit anerkannt werden, sowie der einzelne Mitarbeiter durch seine persönliche Kompetenz innerhalb des Teams anerkannt wird. Das Prinzip der persönlichen Betreuung (statt der früher üblichen Verwahrung in anonymen Stockwerken) kann nur auf diese Weise glaubhaft verwirklicht werden.
Die oben beschriebene Versetzungspolitik hat einen weiteren entscheidenden Nachteil: Der Teil der Institution, der die Versetzung durchführt (Verwaltung, Direktion) eignet sich hervorragend zur Etablierung eines Feindbildes. Wenn etwas auf der Station nicht funktioniert, so gibt man gerne jemandem die Schuld, der sich "außerhalb" befindet und mit dem man normalerweise nicht in Kontakt kommt.

Meist kommt diese Funktion der Verwaltung zu. Neben den realen Konflikten, die es zwischen der Verwaltung und den Stationen notwendigerweise geben muß, kommt es hier zu einem Beziehungsmuster, das durch den Abwehrmechanismus der Projektion beherrscht wird: Die Bösen, die Aggressiven sind jeweils die anderen. Aus diesem Grund erscheint es äußerst notwendig, daß Teile der Verwaltung unbedingt in das Kommunikationsgeschehen auf den Abteilungen mit einbezogen werden. Schwer psychisch erkrankte Menschen werden oft durch die Abwehrmechanismen der Spaltung und der Projektion dominiert; deswegen wäre es wichtig, daß sich innerhalb der Organisation der Institution dieses Verhaltensmuster nicht wiederholt.

8. Ein Ziel der psychiatrischen Behandlung - sowohl im stationären als auch im ambulanten Bereich - wäre es, den Patienten jenes Ausmaß an Hilfe anzubieten, das zur jeweiligen Situation gerade paßt. Das Gestalten dieser passenden Übertragungsdynamik stellt besonders hohe Anforderungen an die Kooperation der einzelnen Teammitglieder. Die Sensibilität für die Übernahme von bestimmten Rollen (zum Beispiel die bemutternde Krankenschwester, der Arzt als bestrafender Vater, der die Medikamente verordnet) ermöglicht das Wahrnehmen der meist unbewußten Inszenierung des Patienten. Die Station könnte als Musikinstrument gesehen werden, zum Beispiel als Klavier, die einzelnen Therapeuten wären den Tasten vergleichbar, auf denen der Patient versucht, seine verlorengegangene Lebensmelodie wiederzufinden bzw. neu zu entwerfen. Das heißt, es geht nicht darum, daß der Patient lernt nach unserer Pfeife zu tanzen, sondern daß sich das Personal vorübergehend als Medium zur Verfügung stellt, auf dem der Patient im passenden Ausmaß nachholen, probieren, lernen kann. Der Patient "macht" die Therapie, nicht der Therapeut. Die passende Übertragungsdynamik zu fördern, den aktuell jeweils wichtigen Konflikt zu fokussieren - das sind die Herausforderungen für eine sich psychodynamisch verstehende psychiatrische Behandlung.

9. All diese Maßnahmen sollen idealerweise dazu führen, daß es dem Patienten möglich wird, sich zu erinnern, seine Geschichte wieder zu entdecken. Damit geht die Annahme einher, daß innere Konflikte im seelischen Geschehen eine wesentliche Rolle spielen und daß manche Konflikte krank machen können. Im Wiederentdecken dieses meist verschütteten Geschehens (das zu erheblichen Ver-rückungen führen kann), liegt die therapeutische Potenz des Heilens. Sie ist der Auffassung entgegengesetzt, daß man kranke Menschen bloß reparieren braucht, damit sie wieder ganz funktionieren. Um jedoch mehr als eine Reparatur leisten zu können, bedarf es jener Bedingungen der Kooperation im klinischen Bereich.

Bewerberauswahl bei Krankenpflege- und Ergotherapieschülern (Teil 1)

H. Widauer, F.X. Übleis
Landesnervenklinik Salzburg

Bis zum Jahre 1983 nahmen mit über 100 Aufnahmeansuchen die Bewerbungen für die Krankenpflege- und Ergotherapieschule (130 Aufnahmeansuchen) in der Landesnervenklinik Salzburg ständig zu. Allerdings brach eine viel zu große Zahl der aufgenommenen Schüler die Schule vorzeitig ab, da sie das Ausbildungsziel nicht erreichten. Aus diesem Grund wandten sich die Leiter beider Schulen mit dem Ersuchen an das Psychologische Labor, aus der Vielzahl der Bewerber die Geeignetsten auszuwählen. Diese Aufgabe wurde übernommen, da Psychologen die dafür wohl eindeutig ausgewiesenen Fachleute zur Beantwortung dieser Fragestellung sind.

Als erster Schritt in der Entwicklung eines Aufnahmeverfahrens wurden in Gesprächen mit Vortragenden und Schulleitern die häufigsten Gründe für den Ausbildungsabbruch eruiert, ein "Idealbild (Berufsbild) einer Psychiatrischen Krankenschwester oder -Pfleger" erstellt und Kontakt zu Pflegeschulen in Österreich, Deutschland und Skandinavien aufgenommen. Wie sich in diesen Vorarbeiten herausstellte, konnten viele Schüler ihre Erwartungen nicht mit der beruflichen Realität in Einklang bringen, zusätzlich waren zahlreiche Schüler auch intellektuell überfordert. Weiters wurde festgestellt, daß es in Pflegeschulen kein einheitliches Aufnahmeverfahren gibt. Einmal wird ein halbstandardisiertes Interview durchgeführt, in einer anderen Pflegeschule befragt die Aufnahmekommission in einem Marathonverfahren jeden Bewerber einzeln zu seiner Motivation, dann wird wieder der Notendurchschnitt für die Entscheidung einer Aufnahme herangezogen, oder der Bewerber wird von der Kommission gar nach der Ansehnlichkeit des beiliegenden Paßbildes ausgewählt.

Anfangs wurden für das Aufnahmeverfahren jeweils Gruppen mit 15 Bewerbern eingeladen. Der gesamten Gruppe wurden Rollenspiele angeboten (Gesunder führt Behinderten etc.). Diese Gruppenarbeit wurde mit Video dokumentiert und anhand von Schätzskalen bewertet. Zusätzlich hatten die Bewerber über die Gruppenerfahrung schriftlich und abschließend auch mündlich in einem ausführlichen Interview zu berichten. Da sich jedoch dieses Verfahren in der Durchführung als zu aufwendig und in der Beurteilung als zu schwierig erwies, wurde in Zusammenarbeit mit einem zweiten Fachpsychologen die Auswahl der Bewerber ab 1987 neu gestaltet. Dabei wurden die Testverfahren zur Feststellung der Eignung auf zwei Psychologen aufgeteilt und unabhängig voneinander beurteilt.

Nach dem Studium des Personalaktes dient das nachfolgende freie Interview im

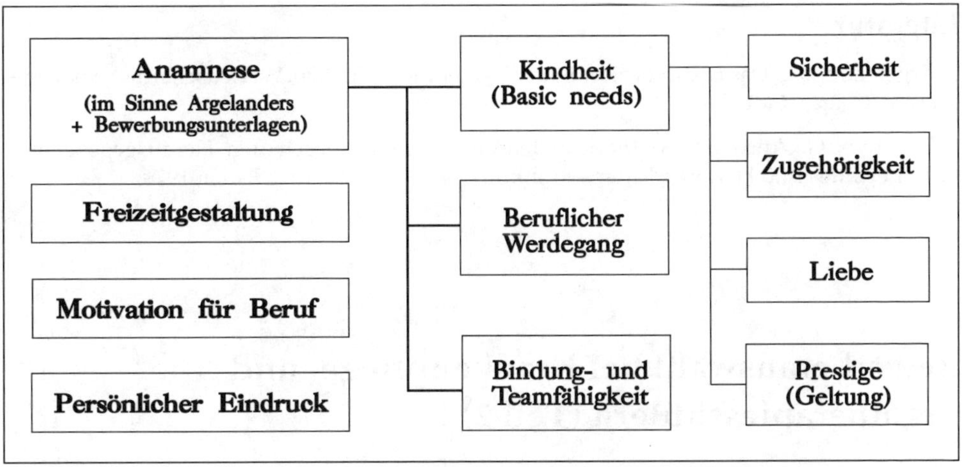

Sinne Argelanders [1] der Kontaktaufnahme und der Ergänzung wichtiger, oft fehlender Lebenslaufdaten. Gar nicht so selten können dabei Gründe für den beabsichtigten Berufswechsel, die eine Ausbildung für den Pflegeberuf ausschließen, wie zum Beispiel Allergien, Bandscheibenerkrankungen sowie ungeeignete Motivation und Persönlichkeitsmerkmale aufgedeckt werden. Anschließend werden die Fülle der Daten aus den Personalunterlagen (Schul-, Ausbildungs-, Arbeitszeugnisse) und dem Interview geordnet und nach einer Schätzskala von 0 bis 5 gewichtet. Abschließend wird die Beurteilung schriftlich begründet. In einem gemeinsamen Gespräch mit dem Fachkollegen wird unter Berücksichtigung aller Testergebnisse eine Reihung der Bewerber vorgenommen und anschließend die Aufnahmekommission, in der immer einer der mit dem Aufnahmeverfahren befaßten Psychologen vertreten ist, beraten.

Bei der Durchführung von Aufnahmeverfahren zur Personalauswahl sind die damit befaßten Psychologen häufig der Kritik durch Betriebsräte, Berufsvertreter und fallweise auch Politikern ausgesetzt und zusätzlich noch mit fachlichen und ethischen Problemen konfrontiert. Allerdings sollte bei allen Einwänden doch bedacht werden, daß bei einer Abgabe dieser Kompetenz an fachfremdes und oft auch unqualifiziertes Personal oder Aufnahmekommissionen psychologisches Wissen und Testverfahren unsachgemäß angewandt werden.

Aus diesen Gründen sollten Psychologen zum Schutze der betroffenen Bewerber und zur Wahrung des Ansehens und Förderung qualifizierter psychologischer Tätigkeiten Verantwortung auch für den Bereich der Personalwahl übernehmen und auch öffentlich dafür eintreten. Nur so kann der Wildwuchs an unqualifizierten Personalberatern, die als Nichtpsychologen, rechtlich gedeckt durch eine Gewerbeberechtigung, psychologische Methoden und Verfahren zur Personalwahl einsetzen.

Literatur

1. Argelander, H.: Das Erstinterview in der Psychotherapie 1970. Wissenschaftliche Buchgesellschaft Darmstadt.

2. Devereux, G.: Angst und Methode in den Verhaltenswissenschaften. Herausgegeben von Wolf Lepenies und Henning Ritter – Frankfurt/M, Berlin, Wien: Ullstein 1976.

Bewerberauswahl bei Krankenpflege- und Ergotherapieschülern (Teil 2)

F.X. Übleis, H. Widauer
Landesnervenklinik Salzburg, Österreich

Die Adaptierung der Ausbildung an die steigenden Anforderungen des Pflegeberufs führten in den letzten Jahren zu einer kontinuierlichen Zunahme des Lehrstoffumfanges. Die daraus resultierenden Belastungen und zum Teil auch intellektuellen Überforderungen bewirkten in Folge einen deutlichen Anstieg vorzeitiger Schulabbrüche, deren Vermeidung bei der Auswahl der Bewerber nun mitberücksichtigt werden sollte. Zur Abklärung der intellektuellen Leistungsfähigkeit, des Lernvermögens und Arbeitsstiles sowie der Streßtoleranz wird deshalb seit 1987 auch eine psychodiagnostische Untersuchung durchgeführt.

Aus ökonomischen Gründen wird intelligenz global mit dem Zahlen-Verbindungs-Test (ZVT nach Oswald & Roth), der vor allem die kognitive Leistungs- und Verarbeitungsgeschwindigkeit mißt, geprüft.

Zur Beurteilung der Auffassungsgabe und des Lernvermögens wird nach kurzer Instruktion ein Durchgang bei freier Wahl des Arbeitstempos am Wiener Determinationsgeräte (WDG nach Schufried) durchgeführt. Ein zweiter Durchgang erfolgt unter vorgegebenem, erhöhtem Zeitdruck. Bei dieser Variante können Streßtoleranz, Flexibilität und der Arbeitsstil bewertet werden. Zudem wird während der gesamten Einzeluntersuchung das Verhalten des Probanden systematisch beobachtet und registriert.

Zur Erhebung weiterer Informationen kommen als Ergänzung noch 2 Fragebogen zur Anwendung.

a) Der Gießener Beschwerdebogen (GBB nach Brähler). Anhand dieser Körperbeschwerdeliste können Dispositionen zu psychosomatischen Erkrankungen aufgedeckt werden.

b) das Freiburger Persönlichkeitsinventar (FPI-R nach Fahrenberg, Hempel, Selg). Die getroffene Selbstbeurteilung von Persönlichkeitsmerkmalen wird vor allem mit dem Eindruck des Bewerbers auf die beiden Untersucher in Beziehung gesetzt.

c) der Belastungs- und Reaktionstest (BRT nach Übleis, Widauer). Dieses noch in Entwicklung stehende Selbstbeurteilungsverfahren basiert auf Äußerungen des Krankenpflegepersonals über Streßbewältigungsstrategien bei Belastungen am Arbeitsplatz. Individuelle Reaktionsmuster auf unbequeme und belastende Situationen werden in Subtests formuliert. Eine Gruppierung einzelner Subtests gestattet dann Aussagen über Streßverarbeitungsmaßnahmen wie etwa aktive, passiv- resignierende oder kognitive Streßbewältigung, aber auch Tendenzen zu Vermeidung, Hilfesuche oder Alternativbefriedigungen.

Das gesamte Auswahlverfahren wird von zwei Fachpsychologen durchgeführt, wobei jeder für seinen Bereich den Eignungsgrad jedes einzelnen Bewerbers feststellt und eine Bewertung nach Punkten vornimmt. Die beiden Ergebnisse werden dann miteinander diskutiert und ein Gesamteignungsurteil pro Bewerber samt Begründung und Punktescore erstellt. Anschließend wird eine Reihung aller Bewerber hinsichtlich ihres Eignungsgrades vorgenommen. Diese Liste wird sodann der Aufnahmekommission, an deren Sitzung mindestens einer der beiden Untersucher teilnimmt, vorgelegt und dient als wesentliche Entscheidungshilfe.

Zur Validierung des angewandten Leistungstests wird mit allen aufgenommenen Bewerbern im 1. Schuljahr der IST 70 (nach Amthauer) durchgeführt. Aufgrund der derzeitig noch zu kleinen Stichproben können aber noch keine Aussagen über statistisch signifikante Korrelationswerte mitgeteilt werden. Trends lassen jedoch erkennen, daß die Ergebnisse am WDG mit denen des IST 70 wahrscheinlich höher korrelieren werden, als die Zusammenhänge zwischen den ZVT- und den IST 70-Ergebnissen.

Da sich die durchgeführten Testverfahren vor allem in der Praxis bewähren sollen, ist in nächster Konsequenz ein Vergleich der Schulerfolge mit den Ergebnissen des Aufnahmeverfahrens geplant.

Die Effizienz des angewandten Aufnahmemodus ist aus der Abnahme der vorzeitigen Schulabgänge in den letzten Jahren ersichtlich: Fast die Hälfte (47 Prozent) des Jahrganges 1982 haben die Ausbildung abgebrochen; beim Jahrgang 1986 waren es rund ein Drittel (36 Prozent) und beim Jahrgang 1988 ein Sechstel (16 Prozent).

Diese Erfolge führten dann zu weiteren Kompetenzzugeständnissen an Psychologen bei der Personalauswahl, sodaß derzeit in der Landesnervenklinik Salzburg auch bei der Anstellung von Sekretärinnen eine fachpsychologische Beurteilung erfolgt.

Literatur

1) Oswald, W.D.; Roth, E.: Der Zahlen-Verbindungs-Test (ZVT). Hogrefe, Göttingen, 1978.

2) Brähler, E.; Scheer, J.: Der Gießener Beschwerdebogen (GBB). Huber, Bern 1983.

3) Fahrenberg, J.; Hampel, R.; Selg H.: Das Freiburger Persönlichkeitsinventar FPI. 4. revidierte Auflage. Hogrefe, Göttingen, 1984.

3) Übleis, F.X.; Widauer H.: Der Belastungs- und Reaktionstest (BRT). In Entwicklung.

4) Amthauer, R.: IST 70. Intelligenz-Struktur-Test. Hogrefe, Göttingen, 1970.

Das Streß-Leistungsverhältnis bei vier verschiedenen Streßtypen

G. Bartl
Wien, Österreich

Um in Streßsituationen psychologisch fit zu bleiben, muß Streß kontrollierbar gemacht werden. Es stehen zwei Wege offen, um auf Anforderungen zu reagieren: Neben den üblichen Entspannungstechniken – also Streßvermeidung – gibt es auch die Möglichkeit der Steigerung der eigenen Energie, um Stressoren entgegentreten zu können – somit Nützung der bereits vorhandenen Aktivität. In letzterem Fall genügt es jedoch nicht nur, die Energie zu steigern, es muß auch die richtige Energieart angewendet werden, um das Niveau des optimalen Streß-Leistungsverhältnisses zu heben. M.J. Tager und S. Willard, Autoren von Streß-Management-Programmen, unterscheiden in Anlehnung an das "Myers-Briggs Inventory" vier Energiearten, die Persönlichkeitstypen und auch Aufgabenstellungen prägen:

- Creative Energy,
- Logic Energy,
- Relationship Energy,
- Grounding Energy.

Dieser Ansatz ist geeignet, das Yerkes-Dodson-Gesetz zu spezifizieren, wonach das optimale Leistungsniveau bei mittlerem Streß – hier im Sinne von Aktivierung – erreicht wird. Das Streß-Leistungsverhältnis ist somit nicht nur von Situationsvariablen und Art der Aufgabenstellung abhängig, es muß auch differenziert nach Persönlichkeitstypen betrachtet werden. In Form eines persönlichen Energieprofils kann dargestellt werden, welche Energiearten besonders stark und welche eher schwach ausgeformt sind, was zu folgender Streßtypologie führt:

Menschen mit vorwiegend CREATIVE ENERGY entdecken ungeahnte Möglichkeiten, wo andere bislang nur Probleme sahen; sie sind zukunftsorientiert und handeln oft intuitiv. Stressoren sind konzentrierte Detailarbeit, Routinearbeit, rigide Regeln, unproduktive Meetings, Stagnation, still sitzen müssen, alte Probleme nochmals bearbeiten.

Der überwiegend durch LOGIC ENERGY geprägte Persönlichkeitstyp findet einen objektiv analytischen Zugang zu Problemen. Sein Wirkungsfeld liegt im Bereich von Ursache-Wirkungs-Verhältnissen, Pläne werden mittels exakter Methoden erstellt und Ereignisse sequentiell betrachtet. Stressoren sind Entscheidungen trotz mangelnder Information, diffuse Organisationsstrukturen, unbekannte Parameter, nicht objektivierbare Problemstellungen.

RELATIONSHIP ENERGY bedeutet bei jeder Entscheidung, auch die Auswirkungen auf andere zu bedenken. Hierher gehören Gefühle, Sensibilität, Empathie und die Vorliebe für gesellige Kommunikation. Stressoren sind Zurückweisung und Isolation, persönliche Kritik, Schuldgefühle, anderen gefallen zu wollen.

GROUNDING ENERGY finden wir bei jenen Menschen, welche vorwiegend im Hier und Jetzt, praktisch denkend, am Handeln orientiert sind – arbeitende Realisten. Entscheidungen werden erst nach sorgfältiger Überprüfung getroffen. Stressoren sind Entscheidungen in letzter Minute, unerwartete Veränderungen, gleich- zeitig mehrere Sachen erledigen müssen.

Das optimale Streß-Leistungsverhältnis wird dort erreicht, wo Aufgabenstellung und Persönlichkeit hinsichtlich des geforderten Energy-Typs übereinstimmen, andernfalls kommt es schon bei einem geringeren Leistungsniveau zu Streß. Nach Bewußtmachung der Diskrepanz, kann dieser Streß erfolgreich genützt werden, wenn man lernt, auf die geforderte Energieart umzuschalten, um sie dann noch weiter zu steigern.

Ebenso entsteht häufig Streß, wenn Personen von unterschiedlichem Energie-Typ eine Aufgabenstellung gemeinsam erarbeiten sollen. Auch diese unterschiedlichen Zugänge kann man sich bewußt machen, um in Form eines gegenseitigen Ergänzens die bestmögliche Leistung zu erbringen.

Gemäß dieser Theorie sind zur Erreichung eines optimalen Streß-Leistungsverhältnisses, bei jeder Aufgabenstellung folgende Schritte zu setzen:
1. Bewußtmachung des persönlichen Energie-Profils
2. Bestimmung, der von der Aufgabenstellung geforderten Energieart,
3. Wenn nötig, Umschaltung auf diese Energieart und
4. Energie fokussieren und steigern.

Selye definierte Streß, verkürzt dargestellt, als Reaktion auf Anforderungen. Unser Leben lang werden wir in Arbeits- und Privatsituationen mit Anforderungen konfrontiert – Streß ist ein Phänomen, das zu Krankheit oder zu mehr Kraft führen kann.

Streßmanagement in einem Kurzentrum

Ch. Butschek
Wien, Österreich

Im Jahr 1984 wurde auf Einladung der Leiterin des Kurzentrums Bad Aussee Frau Dr. Ingrid Gazzari der Versuch unternommen, ein Streßmanagementprogramm in Rahmen eines Kurzentrums zu entwerfen. Es wurde der alte, heute in den Hintergrund getretene, Gedanke der Kur als Maßnahme der Gesundheitsvorsorge aufgegriffen. Die Angebote des Kurzentrums und des Kurortes sollten in das Programm integriert werden.

Als Zielgruppe wurden Personen im Alter zwischen 30 und 50 Jahren ins Auge gefaßt, welche in verantwortlicher Position tätig und somit den verschiedensten Stressoren ausgesetzt sind. Ein Programm für eine Woche erschien als der mögliche, sinnvolle Konpromiß zwischen einer gedrängten dreitägigen Veranstaltung und einem sicherlich wirksameren, aber schwer durchführbaren Drei-Wochen-Kurs.

Das Wochenprogramm bestand aus drei Teilen:

1. KÖRPER (ca. 14- bis 16-Stunden pro Woche):
- ärztliche Untersuchung,
- Gymnastik und Laufen,
- Unterwassertherapie und Kneippen,
- Massage;

2. PSYCHE (12-Stunden pro Woche):
- Einzelgespräch mit der Psychologin,
- Gruppensitzungen: Entspannung – Streßmanagement;

3. AUFBAU von Genußfähigkeit:
- Landschaft,
- Kultur,
- Sportmöglichkeiten.

Das verhaltenstherapeutisch orientierte psychologische Programm hatte die Schwerpunkte:

1. *Integriertes Entspannungstraining*: Progressive Muskelentspannung nach Jacobson, Elemente des Autogenen Trainings und eine Meditationstechnik wurden zu einer leicht erlernbaren Entspannungstechnik zusammengefaßt.

2. *Systematische kognitive Umstrukturierung*: Dazu wurden Einstellungsänderung, Modifikation der Selbstverbalisation und Problemlöseverhalten verwendet.

3. *"Streßimpfung"*: Dieses imaginative Verfahren der Konfrontation mit den Stressoren in der Vorstellung wurde im Rahmen des Entspannungstrainings durchgeführt.

Die psychologischen Methoden wurden anhand der eigenen Streßproblematik aller Teilnehmer in Form von Selbsterfahrung gelehrt.

Ergebnisse und Erfahrungen 1984 bis 1988

Der Personenkreis

Es nahmen 108 Personen an den Kursen teil, davon ca. 40 Prozent Männer und 60 Prozent Frauen. Die Kurse wurden bei einer Mindestteilnehmerzahl von 5 Personen abgehalten. Das durchschnittliche Alter lag bei 40 Jahren. Etwas mehr als ein Drittel waren selbständige Unternehmer, cirka 15 Prozent leitende Angestellte, die restlichen 50 Prozent verteilten sich auf Angestellte, Lehrer und Hausfrauen.

Beurteilung des Programmes durch die Teilnehmer

Eine Untersuchung in Form eines kurzen Fragebogens jeweils am Ende der Trainingswoche ergab, daß sich alle Teilnehmer entspannter fühlten. Sie führten das in erster Linie auf das psychologische Streßmanagementprogramm zurück, durchschnittlich 45 von 100 zu vergebenden Punkten, es folgte in der Bewertung das Bewegungsprogramm mit 31 Punkten, die Wirkung der Umgebung mit 19 Punkten und die Heilmittel mit 16 Punkten.

Die sehr eindeutigen, kurzfristigen Erfolge weisen auf die Akzeptanz des Programms hin. Die Untersuchung der langfristigen Wirkungen wurde 1986 versucht, mußte aber wegen organisatorischer Schwierigkeiten leider wieder aufgegeben werden.

"Nebenwirkungen" des Programms

Dieses psychologische Angebot hat in einem dezentral gelegenen Ort wie Bad Aussee den Bedarf der ansässigen Bevölkerung nach psychologischen Angeboten sichtbar werden lassen und legitimiert. Von einem Kollegen, welcher in Liezen ansässig ist, werden seit nunmehr drei Jahren in Bad Aussee regelmäßig Kurse für autogenes Training abgehalten, die von den Ausseern zahlreich besucht werden.

Kurzentren und Urlaubsorte sind zweifellose Plätze, an welchen psychologische Programme wie Streßmanagement, Kommunikationstechniken, Euthyme Verfahren ("Genußtraining") in Zukunft vermehrt angeboten werden, einerseits, weil derzeit Nachfrage nach Psychologie besteht und andererseits, weil Gesundheitsvorsorge immer mehr an Bedeutung gewinnt. Psychologische Gesundheitsvorsorge so zu gestalten, daß Seriosität gewahrt bleibt, somit eine Abgrenzung gegenüber "New Age" erfolgt und die Bevölkerung von unseren Angeboten Gebrauch macht, wird unsere schwierige Aufgabe sein. Gesundheit sollte nicht länger die Assoziation "fad" hervorrufen, es wäre an der Zeit, daß Psychologen Gesundheit und Gesundheitsvorsorge attraktiv gestalten.

Streßmanagement gegen Monotonie

L. Pelzmann, G. Bartl, U. Gessl-Deistler, B. Hladschik, H. Stückler, S. Uitz
Institut für Psychologie, Universität Klagenfurt, Österreich

Zusammenfassung

Der Muskel braucht 200 Reize pro Tag, um nicht zu verkümmern. Die meisten Menschen nützen nur 40 Prozent des möglichen Betätigungsfeldes ihres Muskelapparates, der Rest verkümmert. Auch bei mentalen Funktionen tritt vorzeitiger Abbau ein, wenn sie nicht genützt werden. Monotonie, Langeweile und Unterforderung durch eine reizlose, stumpfsinnige Arbeit sind gravierende Belastungs- und Risikofaktoren. Wir haben zahlreiche Untersuchungen ausgewertet, die auf die gesundheitlichen und wirtschaftlichen Folgekosten mentaler Unterforderung hinweisen und kommen zum Schluß: eine stumpfsinnige Arbeitsroutine beeinträchtigt die Produktivität, weil sie gleichgültig macht und anfällig für Fehler.

Systematische Beobachtungen zeigen, daß die pathogene Wirkung einer monotonen Arbeit kompensiert werden kann, indem wir den Betroffenen mehr Verantwortung geben. Wenn die Aufgabenstellung komplexer und der Handlungsspielraum größer ist, so hält das die mentale Fitness in Schwung. Nicht nur zuviel Verantwortung, sondern auch zuwenig Verantwortung wirkt pathogen. Die Suche nach einer gesunden Balance zwischen dirigistischen Maßnahmen, die zur Erstarrung führen, und der Schaffung von Freiräumen, die wiederum das Problem des Steuerungsverlustes in sich bergen, ist eine der großen Herausforderungen für die Arbeitswelt und Führungskräfte in den 90er Jahren.

Das Rust-out-Syndrom

Der Muskel braucht 200 Reize pro Tag, um nicht zu verkümmern. Die meisten Menschen nützen nur 40 Prozent des möglichen Betätigungsfeldes ihres Muskelapparates, der Rest verkümmert. Sehnen, Bänder und Muskeln sind auf ein tägliches Bewegungsminimum angewiesen, um ihre volle Funktionalität zu erhalten. Chronischer Bewegungsmangel nützt die Gelenke mehr ab als Belastung, weil Bewegungsmangel gleichbedeutend ist mit Durchblutungsmangel.

Auch bei mentalen Funktionen tritt vorzeitiger Abbau ein, wenn sie nicht genutzt werden. Mentales Einrosten ist die Folge von Monotonie, Langeweile und Unterforderung durch eine reizlose, stumpfsinnige Arbeit. Nicht nur zuviel Streß, sondern auch zuwenig Streß am Arbeitsplatz wirkt pathogen. Unterforderung, Monotonie, Langeweile und Streß-Defizit sind Risikofaktoren. Rita Russland, Suchtbeauftragte der IG Metall, weist darauf hin, daß das Suchtverhalten "sehr ausgeprägt ist, wenn Beschäftigte ständig geistig unterfordert werden" (Management Wissen 1/90, S.10). Es geht dabei nicht nur um objektive Arbeitsanforderungen, sondern auch um das subjektive Gefühl, unterfordert zu sein. Es kann durchaus sein, daß jemand viel, ja, zu viel, zu tun hat, diese Arbeit aber weit unter seinen Fähigkeiten und Möglichkeiten liegt, daher als monoton bzw. langweilig empfunden wird und ihn im qualitativen Sinn unterfordert. Diese Wechselwirkung von overload auf der einen Seite – einem Übermaß an zu bewältigender Arbeitsmenge – und underload andererseits, ist als Rust-out-Syndrom bekannt, als "mentales Einrosten".

Wie äußert sich dieses Syndrom?
- In Langeweile,
- Unzufriedenheit,
- Frustration.

Langfristig geht die Motivation verloren, weil Erfolgserlebnisse fehlen. Geistige Leistungen verschlechtern sich im Sinne vorzeitigen Abbaus, selbst Freizeitaktivitäten und Kreativität nehmen ab, es kommt zu überdurchschnittlich hohen psychischen und physischen Beschwerden und daraus folgend zu erhöhtem Krankenstand. Die Verbreitung des Rust-out-Syndroms kann man daraus ermessen, daß nicht nur Schulen, Strafanstalten und Altersheime davon betroffen sind, sondern auch manche Berufe, wie zum Beispiel Fließbandarbeiter in der Industrie.

Monotonie am Arbeitsplatz – Ein Risikofaktor

Nicht nur zuviel Streß am Arbeitsplatz, sondern auch zuwenig Streß ist ein Belastungsfaktor. Beides wirkt pathogen, beides erhöht das Krankheitsrisiko. Arbeitspsychologen wurden auf diesen Zusammenhang schon vor zwanzig Jahren durch die schwedische Psychologin Marianne Frankenhauser (1968,1972) von der Universität Stockholm hingewiesen. Sie erbrachte den Nachweis, daß die Aktivierungshormone Adrenalin und Noradrenalin nicht nur dann vermehrt ausgeschüttet werden, wenn Menschen unter starkem Arbeitsdruck stehen, sondern auch dann, wenn Menschen über Monotonie und Langeweile am Arbeitsplatz klagen. Sowohl bei Menschen, die unter der Überlastung durch Arbeit (overload) leiden, als auch bei jenen, die unter der Unterforderung am Arbeitsplatz (underload) leiden, findet sich im Urin ein hoher Katecholaminspiegel durch vermehrte Ausschüttung der Streßhormone. Falls die Überforderung Sie nicht kleinkriegen kann – vielleicht könnte es die Unterforderung? Durch eine stumpfsinnige Arbeit werden Menschen zwar nicht "zu Tode" gelangweilt, aber sie können vor Langeweile krank werden. Wissenschaftler des Institute for Social Research der University of Michigan fanden heraus, daß langweilige Jobs die Gesundheit am stärksten belasten (Caplan et al. 1975, zitiert nach Zimbardo 1983, S. 471ff).

Diese Untersuchung bezog über 2000 Männer aus 23 verschiedenen Berufen ein und ergab, daß die allgemeinen Arbeitsbedingungen wie Arbeitszeit und Arbeitsmenge, weniger Einfluß auf die Unzufriedenheit hatten als persönliche Faktoren: die Gelegenheit zum Einsatz seines Könnens und zur Teilnahme an Entscheidungen ist wichtig. Mit zunehmender Unzufriedenheit im Arbeitsverhältnis steigen Angst, Depression, Reizbarkeit und psychosomatische Erkrankungen. Fließbandarbeiter haben einen langweiligen Job, benötigen nicht viel Konzentration und tragen wenig Verantwortung. Sie sind mit ihrer Arbeit am unzufriedensten und zeigen die stärksten streßbedingten Störungen. Im Gegensatz dazu sind Hausärzte, die die höchste Zahl an wöchentlichen Arbeitsstunden zusammenbringen, viel von ihrer Freizeit opfern und persönliche Verantwortung tragen müssen, die zufriedenste Berufsgruppe.

Reizdefizit und Langeweile werden zum Stressor, wenn die Arbeit so wenig Reize bietet, daß die Tätigkeit als frustrierend empfunden wird. Wo Abwechslung, Anregung und Resonanz am Arbeitsplatz einen kritischen Wert unterschreiten, dort geht bald ein Gespenst um: die innere Kündigung. Der lautlose Abschied von der Leistung. Einschlägige Studien schätzen, daß in manchen Betrieben bis zu 40 Prozent der Belegschaft dem Unternehmen ihre Einsatzbereitschaft und ihren Ideenreichtum verweigern, und sich selbst damit das Leben verleiden. Denn Demotivierung, Antriebslosigkeit, physische Beschwerden und häufige Krankenstände sind nur einige Langzeitfolgen von mentaler Unterforderung.

Mentale Unterforderung – Ein Produktivitätskiller

Wir haben zahlreiche Untersuchungen ausgewertet, die die gesundheitlichen und wirtschaftlichen Folgekosten mentaler Unterforderung belegen und kommen zu dem Schluß: Mentale Unterforderung ist der Produktivitätskiller Nummer 1. Eine stumpfsinnige Arbeitsroutine hat schon bisher, bei manuellen Tätigkeiten, die Leistungsfreude und den Arbeitseinsatz signifikant beeinträchtigt. In Zukunft, wenn der Anteil der "Kopfarbeit" im Verhältnis zur manuellen Arbeit noch rascher wächst, wird diese Wirkung geradezu fatal. Mentale Unterforderung bewirkt gravierende Einbußen an Produktivität, weil sie gleichgültig macht und anfällig für Fehler. Die Suche nach einer gesunden Balance zwischen dirigistischen Maßnahmen, die zur Erstarrung führen, und der Schaffung von Freiräumen, die wiederum die Gefahr des Steuerungsverlustes in sich bergen, ist eine der großen Herausforderungen für die Arbeitsmedizin, Arbeitspsychologie, Betriebspsychologie und Management-Forschung.

In der Arbeitswelt begegnen wir dem Rust-out-Syndrom dort, wo Menschen zu lange mit einer gleichförmigen Arbeit befaßt sind, bei gleichzeitigem Zeit- und Qualitätsdruck. So nehmen Flexibilität, Reaktionspotential, Anpassungsfähigkeit und persönliches Wohlbefinden stetig ab. Nur wenn wir den Betroffenen Möglichkeiten geben, ihre Potentiale zu entfalten, z.B. in Form von weniger strukturierten Aufgaben, kann diesem Prozeß entgegengewirkt werden. Seit den 60er Jahren sind Arbeits-, Betriebs- und Organisationspsychologen auf der Suche nach Kompensationsmöglichkeiten. Das Modell des Job Enrichment von Frederick Herzenberg (1968) liefert einen wesentlichen Beitrag dazu. Sein Konzept beinhaltet fünf Kerndimensionen zur Förderung des persönlichen Wohlbefindens bei der Arbeit.

1. An erster Stelle steht die *Aufgabenvielfalt*. Eine breitere Streuung der Aufgaben ermöglicht es dem Betroffenen, mehrere Fähigkeiten unter Beweis zu stellen, was als größere Herausforderung erlebt wird. Durch die Vielfältigkeit der Anforderungen verliert der Arbeitstag seinen monotonen Charakter. Motivation und Leistungsfähigkeit werden stimuliert.

2. *Aufgabenidentität*: Derzeit ist es in vielen Betrieben so, daß das Management sehr spezialisierte Routinejobs auf die Arbeiter verteilt. Der Betroffene ist mit einer so kleinen Teilaufgabe beschäftigt, daß es für ihn fast unmöglich ist, seinen Einsatz mit einem Produkt in Verbindung zu bringen und sich mit dem Endprodukt zu identifizieren. Er kann sich deswegen auch nicht vorstellen, daß seine Arbeit ein wichtiger Beitrag zur Fertigstellung des Ganzen ist und er somit auch eine gewisse Verantwortung trägt.

3. Ohne Aufgabenidentität geht auch die *Aufgabensignifikanz* verloren. Mit letzterem ist gemeint, daß der Betroffene erkennen kann, daß sein Einsatz ein wichtiger Beitrag zur Förderung der Organisation des Betriebes ist. Diese Erkenntnis ist eine wichtige Voraussetzung dafür, daß er die geforderten Leistungen bringt. Der reichste Lohn, den man einem Mitarbeiter geben kann, ist der Stolz auf seine eigene Arbeit.

4. Wichtig ist auch der *Grad an Autonomie*, der Arbeitende soll nicht nur Befehlsempfänger sein, sondern auch die Möglichkeit haben, bei Entscheidungen, die seine Arbeit betreffen, mitzuwirken. Wenn der Betroffene sich seine eigenen Ziele zum Teil selber setzen kann, wird er, um diese zu erreichen, auch viel mehr persönlichen Einsatz bringen. Erreicht er seine Ziele, so erhält er dadurch eine wesentliche Befriedigung und ist motiviert.

5. Schließlich ist noch auf die Notwendigkeit eines regelmäßigen *Feedbacks* hinzu-

weisen. Auch wenn der Betroffene viele seiner Fähigkeiten unter Beweis stellen kann, einen Sinn in seiner Tätigkeit sieht und einen größeren Handlungsfreiraum bekommt, wird der gewünschte Erfolg nicht lange andauern, wenn nicht von seiten des Unternehmers, wie auch von Kollegen, regelmäßige Rückmeldung über die geleistete Arbeit kommt. Anerkennung und konstruktive Kritik führen dazu, daß erfolgreiche Strategien gefestigt und Fehler korrigiert werden.

Job Enrichment – Job Enlargement – Job Rotation

"Es ist ein alter Einwand gegen die Wissenschaftliche Betriebsführung, daß sie die Arbeit zwar so zu gestalten vermag, daß eine Höchstleistung je Stunde erzielt wird, nicht jedoch so ,daß diese fünfhundert Stunden hindurch beibehalten wird." schreibt Peter Drucker (1956, S. 343) in seinem bahnbrechenden Werk "Die Praxis des Management" und zeigt uns den Weg, der da herausführt: Job enrichment. Darunter versteht man die Anreicherung der Tätigkeit mit mehr Inhalten und mehr Verantwortung. Beim Job enrichment übernimmt der Mitarbeiter in bestimmtem Umfang die Planung und Endkontrolle seiner Arbeit.

Vorausgegangen ist dieser Entwicklung eine schrittweise Lockerung des Organisationsprinzips "Ein Arbeiter – ein Handgriff" durch Job rotation. Bei dieser Form des geplanten Arbeitsplatzwechsels tauschen Personen aufgrund eigener Initiative oder nach einem vorbestimmten Rhytmus ihren Arbeitsplatz. Vermieden werden sollen auf diese Weise Monotonie, Übersättigung oder eine einseitige Belastung bestimmter Muskelgruppen. Dadurch wird allerdings nur der Tätigkeitsspielraum erweitert, nicht der Entscheidungsspielraum.

Ein Organisationprinzip, das auch den Entscheidungsspielraum erweitert, ist das Job enlargement: Der Arbeitende rotiert nicht zwischen den verschiedenen, stark spezialisierten Arbeitsplätzen, sondern er übt innerhalb eines Arbeitsplatzes verschiedene Tätigkeiten aus.

Es hat sich gezeigt, daß die Möglichkeit, von einer Tätigkeit zu anderen zu wechseln, sowohl zu Leistungssteigerungen wie zu größerer Zufriedenheit führt. Chrysler hat das schon in den dreißiger Jahren festgestellt, als sie versuchsweise einführten, daß sich die Arbeiter mit dem Wagen von Tätigkeit zu Tätigkeit mitbewegen. Später stellte Charles R. Walker (1952) in einem neuen Montagewerk in Neu-England fest, daß Arbeiter, die am Fließband vorübergehend den Posten übernehmen, wo ein Mann fehlt, größere Befriedigung finden, weniger leicht ermüden und bessere Arbeit leisten.

Aber solange der Grundsatz "Ein Arbeiter – ein Handgriff" in Detroit so durchschlagende Erfolge feierte, wurden solche Erfahrungen als Ausnahme abgetan. Erst nach Jahrzehnten setzte sich die Erkenntnis durch: Der Mensch braucht mehr als nur eine Tätigkeit, die er eben leisten kann. Er braucht diejenige Tätigkeit, die seinen

Gaben und Fähigkeiten den größten Spielraum bietet, er braucht die größtmögliche Chance für seine Entwicklung.

Peter Drucker (1956, S. 350ff) berichtete Anfang der 50er Jahre über die ersten gelungenen Versuche, dieses Prinzip zu realisieren: Ein Postversandhaus hat die Bearbeitung der Kundenbriefe neu organisiert. Bis dahin war diese Arbeit nach dem Grundsatz des Handgriffes durchgeführt worden. Die eine Angestellte erledigte die eingegangenen Beschwerden, die andere die Anfragen, eine dritte den Briefwechsel über Teilzahlung usw. Jede kam für ihr Gebiet mit vorgedruckten Formularen aus, und die wenigen Briefe, die einer besonderen Behandlung oder besonderer Entscheidung bedurften, gingen an die Aufsicht. Neuerdings hat nun jede Angestellte die gesamte Korrespondenz mit dem einzelnen Kunden zu führen. Nach wie vor werden 998 von tausend Briefen durch Formbriefe beantwortet. Und insofern hat sich an der Arbeit nichts geändert, sie ist nicht weniger durchorganisiert, nicht weniger einförmig und ständig sich wiederholend als vorher. Doch die Angestellte wiederholt jetzt nicht unablässig einen bestimmten Arbeitsgang, sondern hat es mit der gesamten Kette – genau gesagt mit 39 verschiedenen Tätigkeiten – zu tun. Sie hat jetzt drei Entscheidungen zu treffen: welches der neununddreißig Formblätter zu nehmen ist, welche Briefe überhaupt nicht mit einem Formblatt zu beantworten sind und welche Art der Antwort sie in diesem Fall vorschlägt. Obwohl das keine besonderen Anforderungen an die Intelligenz oder Ausbildung stellt, wird es von dem Angestellten als echte Forderung und als Anreiz erlebt. Eine von ihnen drückte es in dem Satz aus: "Bei dieser Arbeit muß man stets auf etwas Neues gefaßt sein." Und das ist etwas, wovon in jeder Arbeit etwas enthalten sein muß. Die Folge ist, daß die Produktivität um 30 Prozent gestiegen, die Fluktuation der Arbeitskräfte aber um zwei Drittel zurückgegangen ist.

Im Unterschied zu den Maschinen sollte es für Menschen niemals eine Tätigkeit geben, die keinerlei Anspruch an Können und Denkfähigkeit stellt. Jede menschliche Arbeit muß etwas Denken verlangen.

Am überzeugendsten hat IBM bewiesen, daß die Produktivität erheblich steigt, wenn den Arbeitern die Verantwortung für die Planung ihrer Arbeit übertragen wird. Der gleiche Produktivitätsanstieg zeigt sich, wo immer die Trennung von Planung und Ausführung durch die Vereinigung des Planens und Ausführens in einer Person überwunden wird. Noch viel größer als der materielle Nutzen ist der persönliche Gewinn für das Individuum, der sich in einem höherem Selbstbewußtsein und in größerer Arbeitsfreude auswirkt.

Aber natürlich lassen sich nicht alle Entfremdungsprobleme dadurch lösen, daß man einem einzelnen mehr Autorität überträgt. Denn meistens geht es um Arbeiten, die einer allein gar nicht ausführen kann. Da bietet sich eine neue Produktionsmethode an, die 1972 von dem schwedischen Automobilhersteller Saab eingeführt wurde. Saab schaffte zunächst versuchsweise eines der Fließbänder ab und übertrug dessen Arbeitsgruppe von vier Mann die Aufgabe, in jeweils einer halben Stunde aus 90 Einzelteilen vier ganze Motoren zusammenzubauen. Es kann entweder jeder Arbeiter allein einen ganzen Motor in 30 Minuten montieren, oder alle vier arbeiten gemeinsam an einem Motor, wobei sie abwechselnd verschiedene Aufgaben übernehmen können; oder sie teilen sich in zwei Paare auf, die innerhalb von 15 Minuten einen Motor fertigstellen. Ein Team kann auch schneller arbeiten und sich dann etwas Zeit lassen – solange es die vorgeschriebenen acht Motoren pro Stunde montiert. (Steinberg 1976, S. 169)

Der Volvo-Dialog

Das Saab-Experiment war auf Anhieb erfolgreich. Es führte dazu, daß Saabs Konkurrenz Volvo ein neues Werk errichtete, in dem es keine herkömmlichen Fließbänder mehr gibt, sondern die Wagen sich auf fahrbaren Plattformen befinden, auf denen Arbeitsgruppen jeweils bestimmte Aggregate des Wagens fertigstellen, beispielsweise die elektrische Anlage, das Bodengestänge oder die Polsterung. Die Volvo-Arbeiter können sich die Arbeit aufteilen, so daß jeder entweder eine oder mehrere der Aufgaben des Teams übernimmt, viele verschiedene Fertigkeiten erlernt und abwechselnd schwerere und leichtere Arbeiten ausführt.

Das Teamkonzept, kombiniert mit einem komplizierten System der "betrieblichen Demokratie", ist auch in einem anderen schwedischen Unternehmen nach einem Übereinkommen zwischen Belegschaft, Gewerkschaften und Geschäftsleitung eingeführt worden, in der Gänges AE. In einer der kleineren Gießereien von Gänges stieg daraufhin die Produktivität um 45 Prozent, während die Fluktuation der Arbeitskräfte von 46 Prozent auf 18 Prozent sank und der Ausschuß um ein Drittel zurückging. In einem größeren Werk von Gänges, einem Stahlwerk mit 3000 Beschäftigten, sagte ein Mitglied eines Schmelzteams: "Jetzt machen wir die Arbeit in eigener Regie. Wir haben noch einen Vorarbeiter, aber der kümmert sich fast ausschließlich um Materialbeschaffung und Verwaltung. Er braucht nicht alle fünf Minuten zu kommen und einem zu sagen, was man tun soll. Qualität wird bei uns groß geschrieben. Wenn das Walzwerk uns sagt, daß irgendwas nicht stimmt, dann gehen wir der Sache selbst nach und lösen das Problem. Wir brauchen keinen Vorarbeiter, wir arbeiten zusammen." (zitiert nach Steinberg 1976, S. 171)

Das Konzept geht auf den norwegischen Arbeitswissenschaftler Thorsund (Thorsund/Emery 1964) zurück und bezweckt einen größeren Handlungsspielraum dadurch zu erreichen, daß die Tätigkeiten von selbst gesetzten Normen abhängig sind. Die Mitglieder der Arbeitsgruppe arbeiten bei der Lösung einer wesentlichen Aufgabe in der Gruppe eigenverantwortlich zusammen. Offensichtlich mit Erfolg.

Im Jahr 1971 unternahm man bei der General Ford Corporation einen Generalangriff auf die Entfremdung. Das Unternehmen errichtete in Topeka, Kansas, eine neue Tierfutterfabrik, in der es weder Stechuhren noch Statussymbole wie eigene

Kantinen für Führungskräfte, reservierte Parkplätze oder bessere Teppiche gibt. Schon bei der Grundrißgestaltung wurde daran gedacht, informelle Zusammenkünfte während der Arbeitszeit zu fördern. In dieser Fabrik bestimmen wie in Schweden autonome Arbeitsgruppen über die Arbeitseinteilung und das Arbeitstempo, und außerdem sind sie für die Instandhaltung, Qualitätskontrolle, technische Leistung, Personalwesen und Werkschutz verantwortlich. Das Unternehmen ist bemüht, langweilige Arbeiten mit interessanten zu kombinieren, und die Bezahlung des Beschäftigten richtet sich nach der Anzahl verschiedener Tätigkeiten, die er beherrscht. Gewählte Gruppenführer haben die Funktionen der von der Geschäftsleitung bestimmten Vorgesetzten übernommen; die Geschäftsleitung selbst erläßt keine Vorschriften für den Betriebsablauf. Das Unternehmen liefert den Arbeitsgruppen die betriebswirtschaftlichen Informationen, die sie benötigen, um die Entscheidungen zu treffen, die üblicherweise auf höherer Ebene gefällt werden.

Es kann kaum bezweifelt werden, daß das Topeka-system ein Erfolg ist. In einigen anderen Werken hatte das Unternehmen häufig Schwierigkeiten durch Arbeitsniederlegungen, hohe Ausschußquoten und sogar Sabotage gehabt, doch in der Fabrik in Topeka wurde der Ausschuß drastisch gesenkt, und Arbeitsniederlegungen kommen kaum vor. Es hat sich sogar gezeigt, daß man mit einer um 40 Prozent kleineren Belegschaft auskommt, als die Ingenieure errechnet hatten. Noch auffälliger ist die veränderte Einstellung der Arbeitnehmer. So meint ein Kesselarbeiter: "Alles, was hier anfällt, machen wir selbst... Wenn man öfter den Arbeitsplatz wechselt, paßt man besser auf. Es macht irgendwie Spaß, weil man herausgefordert wird..." (zitiert nach Steinberg 1976, S. 173) So organisiert ist die Arbeit "in sich" motivierend und befriedigend.

An welcher Lösung arbeiten wir?

Die zitierten Studien zeigen, daß die pathogene Wirkung einer monotonen Arbeit kompensiert werden kann, indem man dem Betroffenen mehr Verantwortung gibt. Wenn die Aufgabenstellung komplexer und der Handlungsspielraum größer ist, dann wird das geistige und emotionale Potential stimuliert. Mit anderen Worten: Wenn wir jemandem Aufgaben stellen, die weniger strukturiert sind, und ihm selbst einen gewissen Spielraum bei der Strukturierung einräumen, so hält das seine mentale Fitness in Schwung und auch die Arbeitszufriedenheit bleibt erhalten.

Die Leistungskurve hängt davon ab, wie komplex oder wie simpel die Arbeit ist; wie eng der Handlungsspielraum ist; wie groß oder wie gering die Verantwortung ist, die man einem Menschen überträgt. Die Herausforderung der 90er Jahre ist es, diese Erkenntnisse auf die Kopfarbeit zu übertragen.

Die Produktivität ist eine Funktion von Aufgabenstruktur, Handlungsspielraum und Verantwortung. Das Optimum wird erreicht, wenn die Festlegung der Arbeits-

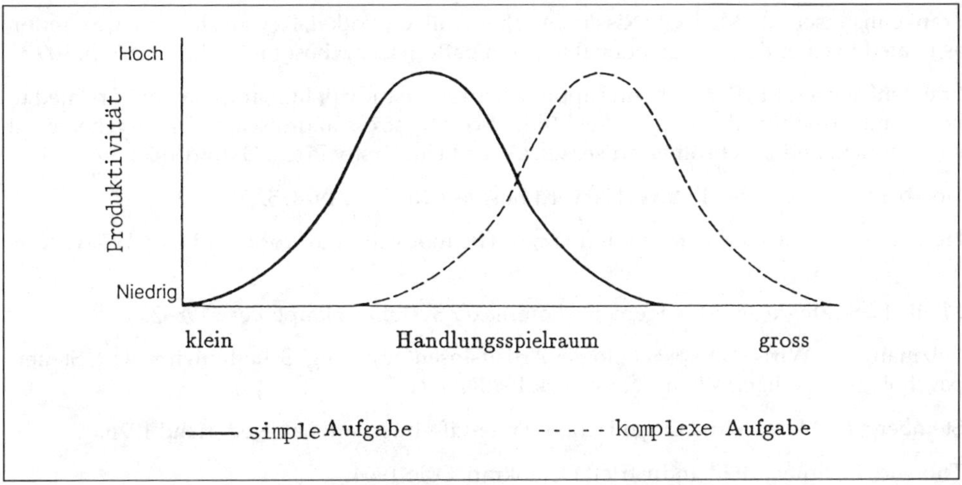

schritte dem Menschen noch einen gewissen Spielraum für individuelle Variationen läßt. Schaltet man diesen Handlungsspielraum aus, dann sinkt die Produktivität. Zuwenig Verantwortung beeinträchtigt die Leistung, weil sie gleichgültig macht und anfällig für Fehler. Bei simplen Aufgaben erreicht man ein Optimum an Leistungsfähigkeit schon bei einem geringen Handlungsspielraum; hingegen muß man einem Menschen bei komplexen Aufgaben, bei denen er weder den Lösungsweg noch das Ergebnis im voraus kennt, einen großen Handlungsspielraum und mehr Verantwortung übertragen, damit er eine optimale Leistung erreicht.

Wissen wird in Zukunft die Basis unseres wirtschaftlichen Reichtums sein. Die Kompetenz des Einzelnen, seine Eigeninitiative und Eigenkontrolle, sein Handlungsspielraum und seine Autonomie sind im Begriff, die tragenden Säulen der Wirtschaft von morgen zu werden. Um diese Ressourcen zu entwickeln, brauchen wir aber andere Organisationsstrukturen, als wir sie heute haben. Denn unter den derzeit herrschenden Bedingungen im Dienstleistungssektor erreicht die Erfüllung, die ein Angestellter im Beruf findet, recht bald die Sättigungsgrenze. Der Spielraum, den ihm seine Tätigkeit läßt, ist zu eng. Die Monotonie ermüdet ihn und führt zur psychischen Sättigung. Wir müssen uns vor Augen halten: Der Mensch sucht Befriedigung keineswegs nur in Form von Spannungs-Verminderung, sondern auch in Form von Spannungs-Steigerung, Abwechslung, Reizzufuhr und neuen Erfahrungen.

Literatur

Drucker, P.F.: Die Praxis des Management. Econ: Düsseldorf 1956.

Drucker, P.F.: The New Realities: In Goverment and Politics / in Economics and Business / in Society and World View. Harper and Row: New York 1989.

Frankenhaeuser, M.; Mellis, J.; Rissler, A.; Björkvall, C.; Potkai, P.: Catecholamine excretion as related to cognitive and emotional reaction patterns. Psychosom. Med., 1, 1968, p. 109.

Frankenhaeuser, M.: Experimental approaches to the study of human behavior as related to neuroendocrine functions. In: L. Levi (Ed.): Society, stress and disease. The psychological environment and psychsomatic diseases. Oxford University Press: Oxford 1972.

Herzberg, F.: The wise old turk. Harvard Business Review, 1974, 52,70 – 80.

Herzberg, F.; Mausner, B. & Snyderman, B.:The motivation to work (2nd ed.). Wiley: New York 1967.

Malik, F.: Strategie des Managements komplexer Systeme. Haupt: Bern 19862.

Pelzmann, L.: Wirtschaftspsychologie: Arbeitslosenforschung. Schattenwirtschaft, Steuerpsychologie. Springer: Wien – New York 19882.

Steinberg, R.: Mensch und Organisation. Time-Life-International. Nederland 1976.

Thorsud, E., Emery, F.E.: Industrielt Demokrati. Oslo 1964.

Walker, Ch. R.; Guest, R. H.: The Man on the Assembly Line. Harvard University Press: Cambridge, Mass. 1952.

Zimbardo, P.G.:Psychologie. Springer: Berlin-Heidelberg 1983.

Das Rust-out-Syndrom

D.S. Uitz
Wien, Österreich

Der Muskel benötigt 200 Reize pro Tag, um nicht zu verkümmern. Die meisten Menschen nützen nur 40 Prozent des möglichen Betätigungsfeldes ihres Muskelapparates, der Rest verkümmert. Muskelschwund ist die Folge.

Dieser vorzeitige Abbau tritt auch bei psychischen und emotionalen Funktionen ein, wenn sie nicht genützt werden. Unterforderung, Monotonie, Langeweile und Streßdefizit gelten in der Streßforschung als Risikofaktoren.

Zunächst eine Erläuterung zum Begriff "Streßdefizit"

Es handelt sich dabei nicht um einen objektiven Mangel an Arbeitsanforderungen, sondern um das subjektive Gefühl, unterfordert zu sein.

Wichtig ist auch die Unterscheidung zwischen quantitativen und qualitativen Aspekten der Tätigkeit. Es besteht ja durchaus die Möglichkeit, daß jemand im quantitativen Sinn zu viel zu tun hat, diese Arbeit aber weit unter seinen Fähigkeiten liegt, von ihm als monoton und langweilig empfunden wird und ihn daher im qualitativen Sinn unterfordert. Diese Wechselwirkung zwischen overload und underload ist als rust-out-Syndrom bekannt. Übersetzt bedeutet dieser Begriff soviel wie "mentales Einrosten".

Wie äußert sich nun dieses Syndrom?

Langeweile, Unzufriedenheit und Frustration sind die unmittelbaren Folgen. Langfristig gesehen geht durch den Mangel an Erfolgserlebnissen die Motivation verloren, geistige Leistungen verschlechtern sich im Sinne vorzeitigen Abbaus, Freizeitaktivitäten und Kreativität nehmen ab, es kommt zu überdurchschnittlich hohen physischen und psychischen Beschwerden und daraus folgend zu einem erhöhten Krankenstand.

Verstärkt werden diese negativen Folgen durch mangelnde Möglichkeit zu Sozialkontakten und Kommunikation im Beruf. Das rust-out-Syndrom gewinnt an Bedeutung, wenn man bedenkt, daß es nicht nur einige wenige Berufsgruppen betrifft, sondern in praktisch jedem Beruf, aber auch in Schulen, Altersheimen und Strafanstalten auftreten kann.

Unfallprävention in der Luftfahrt

P. Grössenbrunner
Baden, Österreich

Dieser Vortrag ist der Auflistung administrativer und organisatorischer Veränderungen gewidmet, welche erforderlich wären, um Österreichs Luftfahrt an bereits evidente Erkenntnisse aus Empirie und Forschung auf dem Gebiet der Psychologie zu adaptieren.

Obgleich seit rund 15 Jahren internationale Organisationen wie die ICAO (International Civil Aviation Organization), die IATA (International Air Transport Association) sowie die IFALPA (International Federation of Airlines Pilots Association) vorschlagen, die Flugsicherheit durch besondere Beachtung des Humanfaktors anzuheben, kommt das australische Board of Air Safety Investigation (BASI) nach Auswertung von 2350 Flugunfällen der letzten zehn Jahre zur Prognose, daß der Anteil des Humanfaktors am Flugunfall auch in nächster Zukunft 70 bis 80 Prozent betragen wird ($p = 5$ Prozent).

Dieser Widerspruch zwischen Maßnahmen und Erfolg in der Unfallsprävention wird durch die Ergebnisse einer von mir 1989 weltweit durchgeführten Erhebung erklärt. Er besteht in der Einordnung des Humanfaktors, mit seiner psychologischen Relevanz für komplexe Mensch-Maschine- und Mensch-Organisations-Systeme, in den Bereich der Flugmedizin.

Unter Berücksichtigung dieses Aspektes werden für Österreichs Luftfahrt folgende Veränderungen vorgeschlagen:

- ***Eignungsuntersuchung***: Die psychische Eignungsuntersuchung des Zivilluftfahrtpersonals soll vom medizinischen auf den psychologischen Sachverständigen übertragen werden.
- ***Schulung und Training***: Der Humanfaktor als dominierender Unfallsauslöser gehört in das Basic Training, Advanced Training und Recurrent Training des gesamten Zivilluftfahrtpersonals einbezogen.
- ***Unfalluntersuchung***: In unserem Staat ereignen sich jährlich cirka 200 Flugunfälle. Davon wurden z.B. 1988 45 Unfälle von den Flugunfallskommissionen, welche vom Bundesministerium für Verkehr als Oberste Zivilluftfahrtbehörde (OZB) zur Aufklärung von Unfallsursachen eingesetzt werden, untersucht.

Die OZB erklärt, hinsichtlich der Flugunfallsuntersuchung die Bestimmungen des

Annex 13 der ICAO zu erfüllen, worin die Rechte und Pflichten der Vertragsstaaten und der Informationsaustausch zwischen ihnen bei Flugunfällen geregelt wird.

Detaillierte Untersuchungsanleitungen sind im Manual of Aircraft Accident Investigation der ICAO festgehalten. Hier finden wir die Empfehlung, daß eine Humanfaktorengruppe innerhalb der Unfallskommission die... Intelligenz, Wahrnehmung, Motivation, altersbedingte Leistungsschwächen, Ermüdung, Entscheidungsfindung, Informationsverarbeitung, Arbeitslast, Wahrnehmungstäuschungen, etc. der Unfallbeteiligten investigieren sollte.

Durch den Vorschlag der ICAO jedoch, für die Untersuchung obengenannten Humanfaktoren Mediziner(!) heranzuziehen, wurde ein Mißverhältnis zwischen Aufgabenstellung und Ausbildungsqualifikation innerhalb der Flugunfallskommissionen international verankert.

Tatsächlich sind auch nur zwei (0,1 Prozent) von 1507 Flugunfällen und nur 35 (0,2 Prozent) aus 17360 kritischen Flugzwischenfällen in Australien auf medizinische Ursachen, wie Lebensmittelvergiftung (N = 10), zurückzuführen (Robert B.LEE, 1989).

Zur Untersuchung der Humanfaktoren, wie sie von der ICAO beschrieben werden, bedarf es des Einsatzes von Psychologen und Anthropotechnikern.

Confidential Reporting System

Durch Errichtung eines Confidential Reporting System nach den Vorbildern in Australien, England, Kanada, Neuseeland und USA eröffnet sich der Zugang zu kritischen Vorfällen und ermöglicht zusätzliche Präventivmaßnahmen.

Datenbank und Auswertung

Eine Datenbank zur Analyse der in ihr gepeicherten Daten über Flugunfälle und kritische Ereignisse ist Voraussetzung für den ökonomischen Einsatz von Sicherheitsstrategien.

Safety Awareness Programme

Einsatz von Sicherheitsprogrammen (Seminare, Kurse) innerhalb der Aviation Community (Behörden, Fliegerschulen, Flugplätze, Fliegerklubs, Fluggesellschaften).

Flugsicherheitsinspektoren

Einsatz von Flugsicherheitsinspektoren im Bereich der Unfallsprävention wie in der BRD, Kanada, Schweden, USA.

Luftfahrthandbuch Österreich

Neugestaltung des Luftfahrthandbuches Österreich unter Berücksichtigung der Ergonomie und des Platzangebotes in Kleinflugzeugen und Einbeziehung praxisnaher Sicherheitsempfehlungen.

Forschung und Entwicklung

Entsendung von Fachleute zu relevanten Gremien und Institutionen (z.B. ICAO Human Factors Seminar).

Kostenfaktor und Finanzierung

Unter Bezugnahme auf die Daten der Gesellschaft für Verkehrspolitik, welche den volkswirtschaftlichen Schaden

- für Leichtverletzte mit öS 27.289,-,
- für Schwerverletzte mit öS 290.747,- und
- für Getötete mit öS 6.784.805,- beziffert,

läßt sich der Return of Investment abschätzen.

Vorschläge zur Bearbeitung des Alkoholproblems am Arbeitsplatz

R. Schoberberger, M. Kunze, H. Maruna, H. Winkler,
Institut für Sozialmedizin, Universität Wien
Allgemeine Unfallversicherungsanstalt, Wien, Österreich

In Österreich ereignen sich bis zu 30 Prozent aller Arbeitsunfälle unter Alkoholeinfluß. Die Allgemeine Unfallversicherungsanstalt (AUVA) und das Institut für Sozialmedizin der Universität Wien bemühen sich, im Rahmen einer Pilotstudie zum Thema "Alternativgetränke" Lösungsansätze zu dieser Problematik zu entwickeln. Grundlage dafür sind die Ergebnisse eines Forschungsprojektes, mit dem die Motive untersucht wurden, warum alkoholische Getränke während der Arbeitszeit konsumiert werden.

An 277 Groß- und Mittelbetrieben in Österreich wurde eine Fragebogenerhebung zum Thema "Alkohol am Arbeitsplatz" durchgeführt.

Die Rücklaufquote betrug 54 Prozent. 87 Prozent der Respondenten geben an, es gäbe in ihrem Betrieb Maßnahmen zur Einschränkung des Alkoholkonsums, und zwar meist in Form eines generellen Alkoholverbotes, das jedoch nur in den seltensten Fällen regelmäßig kontrolliert wird.

Obwohl es sich bei den angeschriebenen Firmen ausschließlich um Hitze- und Staubbetriebe handelte, stellen nur 73 Prozent der Arbeitgeber ihren Mitarbeiter spezielle Hitzegetränke oder Alternativgetränke zur Verfügung.

Einleitung und Aufgabenstellung

Im Rahmen des Forschungsschwerpunktes "Alkoholmißbrauch und alkoholassoziierte Erkrankungen" des Instituts für Sozialmedizin der Universität Wien (MADER, KUNZE, SCHOBERBERGER, 1985) kommt dem Thema "Alkohol am Arbeitsplatz" besondere Bedeutung zu.

Da wir in Österreich in einer "Alkoholgesellschaft" leben, das heißt, der Alkoholkonsum ist eine weit verbreitete sozial akzeptierte Verhaltensform (GREDLER, KUNZE, SCHOBERBERGER, 1982), kann man nicht primär das Ziel verfolgen, den Alkoholkonsum grundsätzlich in Frage zu stellen. Es muß vielmehr versucht werden, den vernünftigen "Umgang mit Alkohol" zu propagieren, Alternativen anzubieten und den Alkoholkonsum nur unter bestimmten Bedingungen grundsätzlich zu mißbilligen. Dazu zählt in erster Linie die Situation "Arbeitsplatz" (KUNZE, 1984). Vor allem ist dabei auf die Bedeutung des Alkohols bei Arbeitsunfällen hinzuweisen. Ein Vergleich von Untersuchungsergebnissen aus verschiedenen Ländern zeigt, daß bei zehn Prozent bis maximal einem Drittel aller Arbeitsunfälle Alkoholeinfluß festzustellen ist (PÜSCHEL et al., 1984).

Da es für Österreich bisher noch keine Ergebnisse hinsichtlich des Umfanges und Stellenwertes der Problemstellung "Alkohol am Arbeitsplatz" gab, wurde die vorliegende Untersuchung vom Institut für Sozialmedizin der Universität Wien in Zusammenarbeit mit der Abteilung Unfallverhütung und Berufskrankheitenverhütung der Allgemeinen Unfallversicherungsanstalt (AUVA) und dem Verein für Gesundheitserziehung und Gesundheitsberatung bei fast 300 österreichischen Betrieben durchgeführt.

Erhebungsmethode

Das methodische Vorgehen – Aussendung eines semistrukturierten Fragebogens per Post mit portofreiem Antwortkuvert – wurde vom Institut für Sozialmedizin schon bei etlichen Umfragen angewandt (GREDLER, et al. 1978). 277 Hitze- und Staubbetriebe in Österreich mit mindestens 250 Mitarbeitern wurden bei dieser Studie berücksichtigt.

Beigelegt war ein von Mitarbeitern des Instituts für Sozialmedizin persönlich unterfertigtes Begleitschreiben sowie ein portofreies Antwortkuvert. Die Aussendung aller Fragebögen erfolgte am 15. April 1987. Nach 84 Tagen wurde die Erhebung abgeschlossen. Die Antwortbereitschaft war mit 149 (54 Prozent) retournierten Fragebögen hoch.

Ergebnisse

Die Ergebnisse sind im folgenden nach den einzelnen Fragen aufgegliedert.

1. Gibt es in Ihrem Betrieb Maßnahmen zur Einschränkung des Alkoholkonsums?

- 87% ja, und zwar
  53% (69) der Betriebe, die Maßnahmen setzen, gaben an, ein generelles Alkoholverbot zu haben.

Mit Abstand seltener wurden die folgenden Maßnahmen genannt:

- 15% (20) Alkoholverbot mit Ausnahme von Bier in kleinen Mengen (ein bis zwei Falschen pro Tag)
- 6% (8) Verkauf alkoholfreier Getränke zu sehr niedrigen Preisen und alkoholischer Getränke zu überhöhten Preisen
- 5% (7) kein Verkauf alkoholischer Getränke im Betrieb
- 5% (6) Alkoholkonsum nur in Pausen erlaubt
- 3% (4) generelles Alkoholverbot, bei Übertreten schwerwiegende Folgen (z.B.: Aktenvermerk, Drohung der Entlassung)
- 2% (3) Alkohol beschränkt erlaubt
- 2% (2) generelles Alkoholverbot mit regelmäßigen Kontrollen
- 8% (10) ohne nähere Erläuterung
- 13% nein

2. Für wen gelten die Einschränkungen des Alkoholkonsums?

- 85% für alle Mitarbeiter
- 3% für bestimmte Mitarbeiter
- 12% keine Stellungnahme

3. Sind Maßnahmen zur Einschränkung des Alkoholkonsums im Betrieb in Zukunft geplant?

- 64% nein
- 19% ja, und zwar
- 21% (6) der Betriebe, die Maßnahmen planen, sind für die Überwachung eines bereits verfügten Alkoholverbotes
- 21% (6) sind für eine Aufklärung über Gefahren des Alkoholkonsums im Betrieb (durch Broschüren, Betriebsarzt, Gruppenberatung)
- 14% (4) sind für die Aufstellung weiterer Automaten für alkoholfreie Getränke
- 14% (4) sind für ein Alkoholverbot mit Ausnahme von Bier in kleinen Mengen

- 10% (3) sind für die Einstellung des Alkoholausschankes
- 3% (1) sind für ein generelles Alkoholverbot
- 3% (1) sind für den Ausbau der Versorgung mit Elektrolytgetränken
- 14% (4) ohne nähere Erläuterung
- 17% keine Stellungnahme

4. Gibt es eine Betriebsvereinbarung, die den Konsum bestimmter alkoholischer Getränke verbietet?

- 69% nein
- 27% ja, und zwar
  allgemeines Alkoholverbot
  Alkoholgenuß untersagt mit Ausnahme von Bier
  Alkoholgenuß untersagt mit Ausnahme von Bier in kleinen Mengen
  Konsum hochprozentiger Alkoholika ist untersagt
  Zahlreiche Respondenten gaben keine näheren Erläuterungen ab.
- 4% Frage nicht beantwortet

5. Dürfen alkoholische Getränke von zu Hause mitgebracht werden?

- 44% nein
- 19% nur zu besonderen Anlässen, wie Jubiläen, Pensionierungen, Geburtstags-, Weihnachts- und sonstige Feiern
- 19% begrenzt, zum Beispiel
  1 Flasche Bier
  ausschließlich Bier
  1 l Most oder Bier
  ausschließlich Most
- 13% ohne Begrenzung
- 6% Frage nicht beantwortet

6. Werden alkoholische Getränke im Betrieb verkauft?

- 41% nein
- 37% begrenzt, und zwar wird in der überwiegenden Mehrzahl der Betriebe nur Bier verkauft
- 30% nur in den Pausen
- 5% ohne Einschränkung
- 2% andere Regelung
- 1% Frage nicht beantwortet
- zahlreiche Mehrfachnennungen

7. Zu welchen Preisen stellen Sie nicht alkoholische Getränke in Ihrem Betrieb bereit?

- 39% Bereitstellung zum Selbstkostenpreis

- 30% anderes Vorgehen, nämlich in der Hauptsache:
  Vertrieb über Automaten, die von Fremdfirmen betrieben werden
- 29% Bereitstellung zum Ladenpreis
- 7% keine Bereitstellung
- 5% generell kostenlose Bereitstellung
- 5% keine Stellungnahme
- zahlreiche Mehrfachnennungen

8. Werden den Mitarbeitern spezielle Hitzegetränke oder Alternativgetränke zur Verfügung gestellt?

- 73% der Betriebe stellen ihren Mitarbeitern spezielle Hitzegetränke/ Alternativgetränke zur Verfügung, und zwar meist "Tee" oder "Tee, Mineralwasser und Limonaden"; viel seltener in Form von "Milch" oder ausgesprochenen "Elektrolyt- getränken".
- 26% keine Bereitstellung
- 1% keine Stellungnahme

9. Wenn in Ihrem Betrieb ein Hitzegetränk oder Alternativgetränk zur Verfügung gestellt wird: Erwachsen dem Betrieb daraus Kosten?

- 62% der Respondenten machten konkrete Zahlenangaben bezüglich ihrer Ausgaben für Hitzegetränke oder Alternativgetränke, wobei fast ein Drittel einen Betrag zwischen öS 2,- und öS 8,- pro Liter angab. Etwas geringer war der Prozentsatz jener, denen wesentlich höhere Kosten, nämlich zwischen öS 10,- und öS 25,- pro Liter erwachsen. Andererseits hat ein knappes Fünftel nur Ausgaben unter öS 2,- je Liter.
- 5% der Respondenten gaben an daß ihnen die Bereitstellung von Hitzegetränken oder Alternativgetränken keine Kosten erwachsen, da die Abgabe über das Buffet zum Selbstkostenpreis erfolgt, oder aber bei einer kleineren Auswahl von Betrieben die Belegschaft von dem Angebot an Hitzegetränken kaum Gebrauch macht. Die Hälfte der Respondenten begründete ihre Aussage nicht.
  3% keine Stellungnahme

In welchen Betriebsbereichen wird dieses Hitzegetränk oder Alternativgetränk angeboten?

- 53% direkt in Hitze-, Staub- und sonstigen Arbeitsbereichen
- 25% Pausenraum
- 13% Kantine
- 2% an allen Arbeitsplätzen
- 1% überall bei Erreichen von 30 °C
- 25% Frage nicht beantwortet

10. Wenn in Ihrem Betrieb noch kein Hitzegetränk oder Alternativgetränk zur Verfügung gestellt wird: Was dürfte Ihrer Meinung nach ein Hitzegetränk oder Alternativgetränk kosten?

- 75% Frage nicht beantwortet
- 25% machten Angaben diesbezüglich, die sich in der Hälfte zwischen öS 6,- und öS 10,- pro Liter bewegten. Seltener wurden Kosten zwischen öS 2,- und öS 5,- je Liter angegeben.
- Einzelnnenungen betrafen "max. öS 14,- bzw. 18,-" und "unter dem Bierpreis". Ein nicht unerheblicher Prozentsatz (16%) meinte, ein Hitzegetränk müßte gratis zur Verfügung gestellt werden.

Planen Sie in Ihrem Betrieb in absehbarer Zeit ein Hitzegetränk oder Alternativgetränk einzuführen?

- 22% nein
- 7% Unklarheiten
- 5% Bejahung
- 66% keine Stellungnahme

11. Wie werden Maßnahmen bezüglich Einschränkung bzw. Verbot des Alkoholkonsums befolgt?

- 53% gut
- 18% sehr gut
- 14% teilweise
- 6% keine derartigen Maßnahmen
- 3% kaum
- 6% keine Stellungnahme

12. Gibt es in Ihrem Betrieb Maßnahmen zur Betreuung von alkoholkranken Mitarbeitern?

- 67% nein
- 31% ja, und zwar hauptsächlich in Form von "Beratungen", "Beratung durch den Betriebsarzt", und "Beratung durch den Betriebsarzt in Zusammenarbeit mit dem Betriebsrat und/oder dem Personalchef".
- Wenige Betriebsärzte bedienen sich der Maßnahme der "Zuweisung zu einer externen Therapie".
- 2% keine Stellungnahme

Wenn ja, wer ist dafür verantwortlich?

- 34% Betriebsarzt
- 13% Betriebsrat
- 10% Sicherheitstechniker
- 10% andere Verantwortliche, und zwar in den meisten Fällen die Personalabtei-

lung und die Vorgesetzten. Vereinzelt auch der Personalchef, die Werksleitung oder die Betriebsschwester
- 62% keine Stellungnahme
- zahlreiche Mehrfachnennungen

Die Beantwortung des Fragebogens erfolgte durch:
- 37% Betriebsleitung
- 34% Sicherheitstechniker
- 28% Betriebsarzt
- 23% andere Personen, und zwar in den meisten Fällen vom Personalchef. Häufig beantwortete auch die Personalleitung oder aber die Personalabteilung das Fragenprogramm. Vereinzelt kam es auch zur Beantwortung des Fragebogens durch die Geschäftsleitung oder durch die Betriebsschwester
- 21% Betriebsrat
- 4% Sicherheitsvertrauensperson
- 1% Frage nicht beantwortet
  zahlreiche Mehrfachnennungen

Diskussion

Die hohe Rücklaufquote von 54 Prozent, der große Anteil derer, die von der Möglichkeit, anonym zu bleiben, nicht Gebrauch machten, zeigen, daß die angeschriebenen Betriebe sehr offen über das Thema "Alkohol am Arbeitsplatz" reden. Die große Antwortbereitschaft bei den einzelnen Punkten des Fragenprogrammes ist ebenfalls ein Beweis dafür, daß die Respondenten bereitwillig über das Alkoholproblem im Betrieb Auskunft geben. So war abgesehen von Fragen bezüglich Hitzegetränke der Prozentsatz derer, die die jeweilige Frage unbeantwortet ließen, stets weit unter 17 Prozent.

Bei Analyse der retournierten Fragebögen zeichnen sich eine Reihe positiver Trends bei der Bewältigung des Problems "Alkohol am Arbeitsplatz" ab. So gibt es in der überwiegenden Mehrzahl der Betriebe, nämlich bei 87 Prozent, bereits Maßnahmen zur Einschränkung des Alkoholkonsums, und zwar vor allem in Form eines generellen Alkoholverbotes, das jedoch nur bei ganz wenigen Betrieben regelmäßig kontrolliert wird bzw. bei dessen Übertreten dem Arbeitnehmer schwerwiegende Konsequenzen erwachsen.

Die Handhabung des Vertriebes alkoholischer Getränke im Firmengelände ist im großen und ganzen ebenfalls positiv zu bewerten: Nur in fünf Prozent der Betriebe wurden alkoholische Getränke ohne Einschränkung verkauft. In knappen 37 Prozent der Unternehmen ist das Angebot an alkoholischen Getränken auf Bier und Wein begrenzt. 41 Prozent der Respondenten geben an, daß in ihren Betrieben überhaupt keine Alkoholika erworben werden können.

Weniger positiv zu beurteilen ist der Umstand, daß in 13 Prozent der Firmen die Arbeitnehmer alkoholische Getränke, die bereits in geringen Mengen genossen zu Beeinträchtigung der Arbeitsleistung und erhöhtem Unfallrisiko führen, von zu Hause unbegrenzt mitbringen dürfen.

26 Prozent der Respondenten geben an, ihren Mitarbeitern keine Hitzegetränke zur Verfügung zu stellen. Da es sich bei den befragten Betrieben um Hitze- und Staubbetriebe handelt, wäre es wünschenswert, wenn alle Firmen den Arbeitern Hitzegetränke zur Abdeckung des hohen Wasser- und Elektrolytverlustes bereitstellten. Da es nämlich vorstellbar wäre, daß damit der Konsum alkoholischer Getränke in diesen Betriebsbereichen gesenkt werden könnte.

Auch die Preise nicht-alkoholischer Getränke sind auf vielen Arbeitsplätzen nicht so gestaltet, daß die Belegschaft zum Konsum dieser motiviert wird. Fast die Hälfte der befragten Betriebe stellt nichtalkoholische Getränke zum Ladenpreis zur Verfügung bzw. bietet diese über Automaten, die von Fremdfirmen betrieben werden, an.

Nur in 39 Prozent werden alkoholfreie Getränke zum Selbstkostenpreis verkauft; in 7 Prozent werden sie überhaupt nicht angeboten.

Relativ viele Arbeitgeber, nämlich ein knappes Drittel haben die Möglichkeit, alkoholkranke Mitarbeiter im Betrieb zu betreuen; dies geschieht meist in Form von Beratungen durch den Werksarzt. Im Interesse des Betriebes müßte auch die Betreuung von alkoholkranken Arbeitnehmern weiter ausgebaut werden, um nicht oft langjährig und aufgrund ihrer am Arbeitsplatz erworbenen Kenntnisse und Fähigkeiten wertvolle und qualifizierte Mitarbeiter zu verlieren.

Literatur

GREDLER,B.; KUNZE, M.; SCHOBERBERGER, R.: Trinkgewohnheiten, Wissen und Einstellungen der Österreicher zum Thema Alkoholkonsum – Schlußfolgerungen für die Gesundheitsberatung. Mitt.Öst.Sanit.Verwalt. 83 (1982) 37.

GREDLER,B.; HERBERG, D.; KUNZE, M.; KUNZE, M.J.: Die schriftliche Befragung, ein Erhebungsverfahren der epidemiologischen Forschung. Öff.Gesundh. Wesen 40 (1978) 244.

KUNZE,M.: Alkohol am Arbeitsplatz. Sichere Arbeit 37 (1984) 22.

MADER,R.; KUNZE, M.; SCHOBERBERGER, R.: Diaserie "Alkohol". Verein für Gesundheitserziehung und Gesundheitsberatung, Wien, 1985.

PÜSCHEL,K.; BARTSCH, N.; NAEVE, W.; JANSSEN, W.: Die Bedeutung des Alkohols bei tödlichen Betriebsunfällen. Lebensversicherungsmedizin 9 (1984) 219.

Post-Occupancy Evaluation – in Österreich umweltpsychologisches Neuland

A. Keul
Institut für Psychologie der Universität Salzburg

Da sich menschliches Erleben und Verhalten im Alltag zu einem Großteil nicht in "natürlicher", sondern in kulturell geprägter, gebauter Umwelt abspielt, kommt der (öko-)umweltpsychologischen Behandlung dieser Umweltausschnitte besondere Bedeutung zu, da sie mehr sind als bloße Kulissen für psychische Prozesse. Unter der Bezeichnung "Architekturpsychologie" (Canter, 1973) oder – globaler – als "Umweltdesignforschung" (Environmental Design Research; Moore, Tuttle & Howell, 1985) werden seit etwa 20 Jahren vor allem im angloamerikanischen Raum empirische Forschungen zu diesem Themenbereich zusammengefaßt.

Wie man Monografien über Ökopsychologie entnehmen kann (Kaminski, 1976: Miller, 1986; Stokols & Altman, 1987), haben diese Studien in Europa durchaus Resonanz gefunden, allerdings mehr aus einer theoretisch-akademischen Interessenlage heraus und ohne, wie etwa in den USA, eine große Zahl von Auftragsforschungen auszulösen (vgl. Gifford, 1987).

Was bedeutet "Post-Occupancy Evaluation" (POE)? Größere Bauprojekte, etwa im sozialen Wohnbau, werden nur in Ausnahmefällen unter aktiver Beteiligung der späteren Nutzer durchgeführt. Umso wichtiger ist die Rückmeldung der alltäglichen Nutzererfahrungen nach Bezug des Gebäudes an die Planer, damit sie ihre Phantasien einer Realitätskontrolle unterwerfen können. Denn, wie Sommer (1983, Cover) meint: "Zwischen einem künstlerischen Sessel und einem Sessel, auf dem man sitzen kann, können Welten liegen." Baut man die Nutzererhebung durch Sozialwissenschaftler in das Planungsgeschehen ein, so entsteht ein sich selbst korrigierender "Environmental Design Cycle" (Moore, Tuttle & Howell, 1985, S. 100).

Ziel des Prozesses ist eine auch sozial hocheffiziente Bauplanung, die "Planungsruinen" (z.B. Pruitt-Igoe; Porteous, 1977, S. 294) von vornherein vermeidet. Ohne ausführlich auf die Theorie – Empirie – Problematik von POEs einzugehen (Keul, 1989a), läßt die Komplexität der betrachteten Strukturen eine Feld- forschung mit mehreren komplementären Methoden (Fragebogen, Interview, Beobachtung, Experiment usw.) ratsam erscheinen. Obwohl eine "Triangulierung" solcher Datensätze in der Feldforschung (Patry, 1982) möglich ist, beschränkte sich die Psychologie hier bisher auf wenige Bereiche – das Verständnis von Planungsunterlagen (Franke, Baver & Kühlmann, 1985), Erlebensaspekte von Nutzern (Franke & Bortz,

1972; Guttmann, 1979; Klockhaus, 1975; Maderthaner, 1981; Maderthaner, 1982), "Wohnwertkriterien" (Pietsch, 1983; Guttmann & Maderthaner, 1988; Rohrmann & Borcherding, 1988), oder die Akzeptanz partizipativer Planungsergebnisse (Kubinger & Kubinger, 1986). So anerkennenswert die Leistung dieser Pionierarbeiten auch ist, so sieht doch Franke (1988, S. 24) "noch viele grundwissenschaftliche und anwendungsbezogene, bisher nicht hinreichend bewältigte, Aufgaben... etwa das Spektrum der in unserem Kulturkreis von verschiedenen Nutzergruppen gestellten Ansprüche an den Städtebau..." Für politische Entscheidungen sind die vorliegenden Ergebnisse noch "ungreifbar". Verlockender wirken globale Konstrukte wie die in Meinungsumfragen viel verwendete "Wohnzufriedenheit" (GEWOS, 1987; IFES, 1988; IMAS, 1988) oder die von Wiener Architekten, Verhaltensforschern und Soziologen geprägte biologistische "Theorie angeborener Wohnbedürfnisse" (Eibl-Eibesfeldt, Hass, Freisitzer, Gehmacher & Glück, 1985; Institut für Stadtforschung, 1988).

Während das Konstrukt Zufriedenheit als "Hauptindikator" für Wohnerleben und -verhalten stark kritisierbar ist (Ipsen, 1978; Flade, 1987; Keul, 1989b), stellt es – ebenso wie biologische Ansätze – eine Komponente für Mehrebenenmodell des Wohnens dar, das von der Ökopsychologie entwickelt werden sollte.

Da inzwischen die "Umweltverträglichkeitsprüfung" baulicher Umwelteingriffe zur politischen Selbstverständlichkeit aufrückt (Cervinka, 1988), sollten auch Bauprojekte (etwa im sozialen Wohnbau) einer begleitenden Evaluation unterzogen werden, um ihre sozialen Nutzen und Folgekosten zu bestimmen, und dies unabhängig von Geschäfts- und Machtinteressen der Planer. Als letzten Punkt möchte ich kurz zwei Studien erwähnen, in denen methodenpluralistisch Nutzerurteile und Nutzerverhalten in einem neuen Universitätsgebäude (Keul, 1988) und in einem neuen Wohnbau der Gemeinde Wien (Keul, 1989c) erhoben wurden. Eine weitere POE ist als Diplomarbeit am Institut über das "Hundertwasserhaus" im Entstehen.

Literatur

Cervinka, R.: Umweltverträglichkeit und Umweltschutz. Psychologie in Österreich, 8, 124 – 127 (1988).

Eibl-Eibesfeldt, I.; Hass, H.; Freisitzer, K.; Gehmacher, E. & Glück, H.: Stadt und Lebensqualität. Wien: Bundesverlag (1985).

Flade, A.: Wohnen – psychologisch betrachtet. Bern: Huber (1987).

Franke, J.: Städtebau aus psychologischer Sicht. Report Psychologie 42, 10, 22 – 25 (1988).

Franke, J.; Bauer, F. & Kühlmann T.M.: Planungsunterlagen und Bürgerbeteiligung. Weinheim: Beltz (1985).

Franke, J.; Bortz, J.: Beiträge zur Anwendung der Psychologie auf den Städtebau I. Zeitschrift für experimentelle und angewandte Psychologie, 19, 76 – 108 (1972).

Canter, D. (Hrsg.): Architekturpsychologie. Düsseldorf: Bertelsmann (1973).

GEWOS (Hrsg.): Neue Wohnanlagen im Urteil der Bewohner. Hamburg: Schriftenreihe (1987).

Gifford, R.: Environmental psychology. Boston: Allyn & Bacon (1987).

Guttmann, G.: Psychologische Probleme der Wohnbauforschung. In Hartmannbund (Hrsg.): Bauen und Wohnen (54 – 62). Bonn: Hartmannbund (1979).

Guttmann, G. & Maderthaner, R.: Indikatoren regionaler Lebensqualität "Wohnatlas" Psychologische Interpretation. Wien: Universität, Institut für Psychologie (1988).

IFES (1987/1988): Vollwertiges Wohnen (5 Bände). Wien: IFES.

IMAS (1988): Das Wohngefühl. IMAS-report 9/1988. Linz: IMAS.

Institut für Stadtforschung: Interdisziplinäre Methoden und Vergleichsgrundlagen zur Erfassung der Wohnzufriedenheit. Wien: IFS (1988).

Ipsen, D.: Das Konstrukt Zufriedenheit. Soziale Welt 1/1978, 44 (1978).

Kaminski, G. (Hrsg.): Umweltpsychologie. Stuttgart: Klett (1976).

Keul, A.G.: Zur Ökopsychologie eines Salzburger Universitätsneubaus. Psychologie in Österreich, 8, 128 – 135 (1988).

Keul, A.: Auftragsforschung ohne Theorie? – Zum methodologischen Dilemma der "Post-Occupancy Evaluations". Vortrag im Ökologisch-psychologischen Kolloquium, Psychologisches Institut Tübingen (1989a).

Keul, A.G.: The Satisfaction Question Housing Research? Paper for International Housing Symposium, Älvkarleby, Sweden (1989b).

Keul, A.: Post-Occupancy Evaluation Objekt 5 Draschegründe. Rohbericht für das Institut für Wohnbau, TU. Wien (1989c).

Klockhaus, R.: Einstellung zur Wohnumgebung. Göttingen: Hogrefe (1975).

Kubinger, K.D. & Kubinger, H.: Psychologische Faktoren bei der Partizipation im Wohnbau Projektbericht. Wien: Universität, Institut für Psychologie (1986).

Maderthaner, R.: Architekturpsychologische Gesichtspunkte der Umweltgestaltung:I. Folia oecologiae hominis, 10, 193 – 229 (1981).

Maderthaner, R.: Architekturpsychologische Gesichtspunkte der Umweltgestaltung II. Folia oecologiae hominis, 11, 55 – 96 (1982).

Miller, R.: Einführung in die Ökologische Psychologie. Opladen :Leske & Budrich (1986).

Moore, G.T.; Tuttle, D.P. & Howell, S.C.: Environmental Design Research Directions. New York: Praeger (1985).

Patry, J.L. (Hrsg.): Feldforschung. Bern: Huber (1982).

Pietsch, H.: Wohnqualität aus psychologischer Sicht. Unveröff. Diss., Universität Wien (1983).

Porteous, J.D.: Environment on Behavior. Reading, MA: Addison-Wesley (1977).

Rohrmann, B. & Borcherding, K.: Der Stellenwert der Umweltqualität bei Wohnentscheidungen. Darmstadt: Technische Hochschule, Institut für Psychologie (1988).

Sommer, R.: Social Design. Englewood Cliffs, NJ: Prentice-Hall (1983).

Stokols, D. & Altman, I. (Eds.): Handbook of Environmental Psychology. New York: Wiley (1987).

Wentling, T.L. & Lawson, T.E.: Evaluating occupational education and training programs. Boston, MA : Allyn & Bacon (1975).

Wittmann, W.W.: Evaluationsforschung. Berlin: Springer (1985).

Computerpsychologie – eine Einführung in den Arbeitskreis

M. Trimmel
Universität Wien, Österreich

Im Rahmen der von Trimmel (1989) vorgestellten Computerpsychologie sollen die psychologischen Auswirkungen der Computertätigkeiten, die psychologischen Faktoren der Tätigkeit mit dem Computer, als auch die Einsatzmöglichkeiten des Computers als Test-, Lern- und Bildungssystem beleuchtet werden.

Die Bedeutung der Computerpsychologie läßt sich u.a. am österreichischen Marktvolumen (nach WHK, 1988) abschätzen:
- So betrug der Gesamtumsatz der EDV im Jahr 1987 25,8 Milliarden Schilling.
- Davon entfielen im Jahre 1987 3 Mrd. öS auf den Absatz von 113.000 Stück Mikrocomputer;
- 15,5 Mrd. öS auf Software und Dienstleistungen und
- 3,7 Mrd. öS auf Schulung und Beratung.

Aus psychologischer Sicht wirft der Computereinsatz einerseits Fragen der unmittelbaren und langfristigen psychologischen Auswirkungen auf den Menschen auf, andererseits stellt aber auch die Optimierung verschiedener Anwendungen bzw. der Handhabung der Computertechnologie eine Herausforderung an die Psychologie dar.

Eine umfassende Aufzählung der einer Computerpsychologie zuzuordnenden Bereiche erscheint zum gegenwärtigen Zeitpunkt verfrüht. Dennoch soll im folgenden der Versuch unternommen werden, wichtige Segmente einer Computerpsychologie vorzustellen und deren prinzipielle Implikationen exemplarisch aufzuzeigen.

1. Psychologische Grundlagen

Der allgemeinpsychologische Hintergrund für zahlreiche Bereiche der Computerpsychologie (Wahrnehmung, Denken, Problemlösen, Informationsverarbeitung, Lernen, Gedächtnis usw.) wird vor allem mit den neueren Ansätzen der kognitiven Psychologie (z.B. Anderson, 1988; Neisser, 1974) abgedeckt. Zur Objektivierung von Wahrnehmungs-, Ermüdungs- bzw. Belastungseffekten, als auch zur kontinuierlichen Erfassung von Aspekten der Informationsverarbeitung erscheinen die Methoden der Neuropsychophysiologie (Trimmel, in Druck) prädesdiniert.

2. Systemeinführung

Die Einführung informationsverarbeitender Systeme ist oft von Widerständen verschiedenster Ursachen begleitet. Aus diesem Grund beginnt die Aufbereitung der Computerakzeptanz schon weit vor der eigentlichen Systemeinführung. Dabei können neben Maßnahmen zur umfassenden Mitarbeiterinformation auch organisationspsychologische Maßnahmen notwendig sein.

3. Einschulung und Weiterbildung

Im Jahr 1987 wurden gesamtösterreichisch 3,7 Mrd. öS für Schulung und Beratung umgesetzt (WHK, 1988). Daraus läßt sich erkennen, daß mit dem kommerziellen Wissenstransfer im Zusammenhang mit der Computertätigkeit in den letzten Jahren ein eigener, noch immer expandierender Markt entstanden ist, dessen Naheverhältnis zur angewandten Lernpsychologie offensichtlich ist.

4. Hardware-Ergonomie

Zur Hardware-Ergonomie zählt die Gestaltung der Tastatur und vor allem die technische Ausstattung bzw. Einstellung des Bildschirmes: Leuchtdichte, Farbwahl, Raumlicht, Sehwinkel usw., wobei aber auch Wechselwirkungen mit der Software (z. B. prozentueller Anteil von Vorder- und Hintergrund) beachtet werden müssen.

5. Software-Ergonomie

Die Software-Ergonomie beschäftigt sich mit der Analyse, Gestaltung und Evaluation interaktiver Computersysteme. Die Zunahme multifunktionaler Anwendungen erfordert eine vermehrte Konsistenz von Benutzerschnittstellen mit selbsterklärender Strukturierung der umfangreichen Information, womit die "Mensch-Computer-Interaktion" (z.B. Klix & Wandke, 1986) eine zentrale Rolle in der Software-Ergonomie einnimmt.

Eine Besonderheit dieser Interaktion ist die Asymmetrie. Während auf der Computerseite die Informationsaufnahme und -abgabe relativ leicht zu manipulieren ist und sich nicht von selbst ändert, ist die Informationsaufnahme beim Menschen wesentlich komplexer, instabiler, von zeitlichen Faktoren, vom Gedächtnis und der Lernfähigkeit abhängig. Dennoch eine funktionierende Kommunikation herzustellen, ist eine Aufgabe der Software-Ergonomie.

6. Software-Entwicklung

An psychologischen Aspekten der Software-Entwicklung können an organisationspsychologischen Maßnahmen: Projektmanagment, Ablauforganisation der

Systemanalyse, Teambildung, Teamarbeit und das Erarbeiten von Konventionen und die Analyse bzw. Intervention bei Einzelpersonen unterschieden werden.

Es zeigte sich aber auch, daß bei der Software-Entwicklung von der Forderung nach kontrollierbarer und reproduzierbarer Leistung, wie sie in jeder arbeitsteiligen industriellen Wirtschaftsform selbstverständlich ist, abgerückt werden muß. Software-Fabriken dürften kein geeigneter Nährboden für eine erfolgreiche Software-Entwicklung sein. Viel eher ist die Software-Entwicklung ein kreativer, künstlerischer Akt und als solcher an besondere Bedingungen gebunden.

7. Auswirkungen der Computertätigkeit

Außer der Ermüdung und den Symptomen der Monotonie (Haider, 1982) finden sich auch Indikationen der Überlastung mit den klassischen Streßsymptomen (Computerstreß).

Zu den psychologischen Wirkungen beschrieb Weizenbaum schon 1976 (in der deutschen Übersetzung: Weizenbaum, 1978), daß ein einfaches Computerprogramm das Denken ganz normaler Leute in ernstzunehmender Weise beeinflussen kann. Er beobachtete auch, daß die Personen im Umgang mit dem Computer schon in kurzer Zeit eine tiefe emotionale Beziehung herstellten. Die teilweise starke emotionale Beziehung zwischen dem Computer und dem Benützer ist auch ein Erklärungsansatz für die zum Teil exzessive Computertätigkeit, wie sie nicht nur für "Hacker" beschrieben wird.

Überlegungen zu langfristigen psychologischen Auswirkungen der Informatisierung finden sich derzeit hauptsächlich als Spekulationen und aufgrund von Analogieschlüssen. Einige gängige Ansichten sind, daß

- der Computer "alle" Probleme lösen könne;
- er als Vehikel für individuellen Lebenserfolg dient;
- er zu verstärkter Hoffnungslosigkeit und Ohnmacht gegenüber einer außer Kontrolle geratenen Entwicklung beiträgt;
- er das intellektuelle Leistungsvermögen steigern wird;
- er ein destruktives Instrument ist, das einem das Leben schwer machen wird;
- er zur Vereinsamung am Computer führt;
- er zu einer übersimplifizierten und verstümmelten Gesellschaftsauffassung führt;
- der Computer letzten Endes den Menschen, der sich auf ihn einläßt, zu einem gefühlsleeren, seelenlosen Apparat werden läßt.

8. Motivationale Aspekte

Ein als "Flußerleben" beschriebenes Phänomen dürfte nicht nur Schachspielen und extremes Felsklettern charakterisieren, sondern auch andere Tätigkeiten, die um ihrer selbst willen ausgeführt werden, wie manche Computertätigkeiten. Es handelt sich dabei um einen Zustand, in dem wie nach einer internen Logik ein Handlungsschritt dem anderen ohne bewußtes Eingreifen folgt. Dabei wird ein ungebrochenes Gleiten von einem Moment zum nächsten erlebt, in dem zwischen dem Selbst und der Umgebung, zwischen situativer Anregung und Reaktion, zwischen Vergangenheit, Gegenwart und Zukunft kaum unterschieden wird. In diesem selbstvergessenen, umweltinteraktiven Geschehen mit maximalem Effizienzniveau könnte es zu einer optimalen Kapazitätsauslastung kommen. Damit wären bestimmte Computertätigkeiten ein Vehikel zur Erreichung und Aufrechterhaltung des Flußzustandes, einer Gratwanderung zwischen Langeweile und Angst.

Für die hohe Faszination des Computers werden auch tiefenpsychologisch begründete Ursachen angeführt, wie

- der Computer als Tagtraumobjekt, als dienstbarer Geist, der die Macht und die Leistungsgrenze des Benutzers traumhaft ausdehnt;
- die Selbstzurechnung der Computerleistung; wie eigene Vorstellungen schneller und präziser ausführen zu lassen als in Gedanken und auch
- eine Steigerung des Selbstgefühls durch das Ausleben von Allmachtsphantasien.

9. Künstliche Intelligenz

Ursprünglich als Arbeitswerkzeug der Ingenieure hat sich der Computer soweit verbreitet, daß er als ein allgemeines Werkzeug des Intellekts, als "Denkwerkzeug" angesehen wird.

Zur künstlichen Intelligenz lassen sich verschiedene Bereiche der Informationsverarbeitung zählen:

- automatisierte Testsysteme,
- intelligente Lernsysteme,
- Computersimulation,
- Spielstrategien,
- Problemlösestrategien,
- Wissenserwerb,
- Verarbeitung natürlicher Sprache,
- Bildverarbeitung,
- Robotik u.a..

Obwohl die derzeitigen computerunterstützten Lernsysteme ihren Ursprung im "programmierten Unterricht" haben, sind sie jedoch aufgrund verbesserter Dialogtechniken, wie "direkte Manipulation", fortgeschrittene Grafikdarstellungen, individuelle Lernumgebungen, verschiedene Lernstrategien, wie z.B. "entdeckendes Lernen" (vgl. auch Rollet, 1985), usw., mit den Frühformen nicht mehr vergleichbar.

10. Entwicklungspsychologische Aspekte

Die Tatsachen, daß vor allem männliche Jugendliche der "Computerinfektion" unterliegen, und auch die generelle Einführung des Computers in den Schulunterricht wirft eine Reihe von entwicklungspsychologischen Fragen auf. Welche langfristigen Folgen auf kognitive Strukturen, Problemlösestrategien, Persönlichkeitsbildung usw. die Einführung des Denkwerkzeugs in den Unterricht mit sich bringt, kann derzeit nicht abgeschätzt werden.

Literatur

Anderson, J.R.: Heidelberg, Spektrum der Wissenschaft. Verlagsgesellschaft

Haider, M.: Präventivmedizinische Aspekte der Bildschirmarbeit. In E. Baumgartner (Hrsg.), Gesundheitliche Gefährdung durch neue Technologien (pp. 37 – 42). Wien: Verlag Wilhelm Maudrich (1982).

Klix, F. & Wandke, H. (Eds.): Man-Computer Interaction Research MACINTER I. Amsterdam: North Holland (1986).

Neisser, U.: Kognitive Psychologie. Stuttgart: Ernst Klett Verlag (1974).

Rollet, B.: Bildungswerte von Morgen. In E. Neuwirth, H. Schauer & M. Tauber (Eds.), Kinder, Computer und Bildung. Schriftenreihe der Österreichischen Computergesellschaft, Band 31 (pp. 106 – 112). Wien: Oldenbourg (1985).

Trimmel, M.: Die psychologische Seite der Mensch/Computer Interaktion: Computerpsychologie. Psychologie in Österreich, 9 (1 – 2), 7 – 14.

Trimmel, M.: Experimentelle und Angewandte Neuropsychophysiologie. Heidelberg: Springer-Verlag (in Druck).

Weizenbaum, J.: Die Macht der Computer und die Ohnmacht der Vernunft. Suhrkamp Taschenbuch Wissenschaft, Bd. 274. Frankfurt: Suhrkamp Verlag (1978).

WHK (Die Wiener Handelskammer, Landesgremium Wien für den Handel mit Büromaschinen Büroausstattung und Informationstechnik): Pressekonferenz und Presseaussendung der Bundesberufsgruppe Büromaschinenhandel am 5.10.1988 in Wien (1988).

Computerisierung in Österreich

P. Golja, F. Fessel, G. Fessel
Institut für Marktforschung, Wien, Österreich

Basierend auf Ergebnissen der Diebold-Statistik 1988 und auf repräsentativen Umfragen des Dr. Fessel+Gfk-Instituts kann man von folgendem Computerisierungsstand in Österreich ausgehen:

1. Hardware-Ausstattung

Laut Diebold-Statistik gibt es etwa 530.000 installierte Rechenanlagen, wovon etwa 250.000 Computeranlagen in Betrieben und Unternehmen im Einsatz sind.

Den größten Anteil an der Gesamtstückzahl von 530.000 nehmen Microcomputer (Kaufpreis bis maximal öS 175.000,—) mit 85,3 Prozent ein. 9,1 Prozent aller installierten Rechenanlagen fallen auf Terminal- und Datenerfassungssysteme, gefolgt von Kleinsystemen (Kaufpreis cirka öS 175.000) mit 3,6 Prozent. 1,9 Prozent der Anlagen sind den mittleren Systemen (Kaufpreis cirka öS 700.000,—) und 0,9 Prozent den Großsystemen (Kaufpreis über öS 7 Millionen) zuzurechnen.

2. EDV-Tätigkeit im Beruf

Von den 3,4 Millionen berufstätigen Österreichern hat jeder fünfte in seinem Beruf mit EDV, Computern, PC's oder Bildschirmen – sei es direkt oder indirekt – zu tun. 17,4 Prozent aller Berufstätigen arbeiten selbst an einem Gerät, das entspricht 590.000 Personen. Im Vergleich zu 1987 bedeutet dies einen Zuwachs von 2,4 Prozent.

3. Private Computerausstattung

4,1 Prozent aller Österreicher ab 14 Jahre besitzen einen Heimcomputer im Wert bis zu öS 25.000,—, 1,3 Prozent besitzen einen PC, der über öS 25.000,— kostet. Gegenüber 1987 bedeutet dies nahezu eine Verdoppelung der Homecomputer in österreichischen Haushalten.

Strukturierung in der Software Entwicklung

R. Motschnig-Pitrik
Institut für Statistik und Informatik, Wien, Österreich

Bei der Entwicklung von Software Systemen, zu welchen hier auch Datenbank- und wissensbasierte Systeme gezählt werden, kommen verschiedene Methoden, Sprachen und Werkzeuge zum Einsatz. Sie alle bauen auf Strukturierungskonzepten wie Klassifikation, Generalisierung, Modularisierung, Perspektiven, etc. auf. Diese Konzepte sind jedoch in den Bereichen Software Engineering, Datenbanken und Artificial Intelligence mit einer Vielzahl verschiedener Definitionen, Begriffe, und Notationen belegt, so daß die Analogien bezüglich der Strukturierung verborgen bleiben. Die Unterstützung gleicher Konzepte resultiert daher in stark unterschiedlichen Einzellösungen bei den Hilfsmitteln der Softwareentwicklung.

Dieser Zustand erscheint als unbefriedigend, da die stets anspruchsvolleren Anforderungen an Software Systeme nur mittels Integration verschiedener Hilfsmittel erfüllbar sind. Als Ausgangspunkt hiezu umfaßt diese Arbeit /Pitr 88/ eine integrierte Sicht bezüglich des Grundgerüstes jedes Ansatzes, – der Strukturierung.

Dieser Arbeit liegt daher eine integrierende Sicht der drei Teilgebiete der Informatik, Datenbanken Software Engineering, (hier insbesondere die Software, Entwicklung, inklusive relevanter Aspekte von Programmiersprachen) und Wissensrepräsentation zugrunde, wobei eine Integration bezüglich Strukturierung angestrebt wird.

Dabei möchte ich den Standpunkt vertreten, daß Strukturierung einen Aspekt darstellt, dessen einheitliche Behandlung sowohl innerhalb einer Disziplin als auch zwischen diesen möglich und sogar höchst vorteilhat ist. Zunächst sei der Begriff der Strukturierung näher erklärt:

Unter Strukturierung verstehen wir die ordnungsgemäße Gliederung und Anordnung von einzelnen Teilen (z.B. Objekten, Komponenten, Regeln, Entwurfsschritten, später allgemein "Entitäten" genannt) eines Systemmodells zum Zwecke der Verständlichkeit und einfachen Manipulierbarkeit.

Um solche Strukturierungskonzepte herauszufinden, die sowohl den menschlichen Denkprozeß als auch die Softwareentwicklung geeignet unterstützen, wurde ein zweiseitiges Vorgehen gewählt:

Von seiten der Psychologie wurde ein stark vereinfachtes Gehirnmodell (vgl. z.B. /Sowa 84/) herangezogen und daraus die Notwendigkeit für Strukturierung abgeleitet. Dabei kamen insbesondere drei Aspekte zum Tragen, nämlich

- die Beschränktheit des Kurzzeitgedächtnisses;

- die Aussage, daß sämtliches Problemlösen ausschließlich im Kurzzeitgedächtnis erfolgt;
- die Speicherung im Langzeitgedächtnis in Blöcken ("chunks").

Von seiten der Informatik wurden ausgehend von einer Analyse bekannter formaler Sprachen (im weiteren Sinne) Strukturierungskonzepte extrahiert und charakterisiert. Bezüglich jedes Konzeptes wurde die Rolle bei der Unterstützung des menschlichen Denkprozesses untersucht. Die resultierende Zuordnung diverser Strukturierungspraktiken zu zehn Konzepten, nämlich

- Aggregierung,
- Generalisierung,
- Mengenbildung,
- Klassifikation,
- Modularisierung,
- 'uses'-Relation,
- Repräsentationsabstraktion,
- Perspektiven,
- Metawissen,
- Unvollständigkeit,

ergänzt durch das Aufzeigen der Zusammenhänge Strukturierung – menschliches Denken, hatte zum Ziel, ein Fundament für ein einheitliches Verständnis von Strukturierung zu schaffen. Aufbauend darauf wurde eine eigenständige Sprache, genannt SFW (Strukturierungsframework), zur allgemeinen Beschreibung der strukturellen Ebene von Software Systemen vorgeschlagen. Sie zielt darauf ab, als Referenzmodell für die Strukturierung als auch als Vorschlag für eine einheitlichere Strukturspezifikation in neuen Ansätzen verwendbar zu sein.

Während die vorgeschlagenen Strukturierungskonzepte in der Softwareentwicklung fixe Rollen bei der Erfüllung festgelegter Aufgaben einnehmen, scheinen deren Rollen bei der Unterstützung des menschlichen Denkens weit weniger klar abgegrenzt zu wein. Weitere Forschung auf diesem Gebiet insbesondere in Richtung von genauen Erklärungen der Wirkungen einzelner Strukturierungskonzepte auf menschliches Denken wären höchst wünschenswert.

Literatur

/Pitr 88/ Strukturierung in Datenbank-, Software- und wissensbasierten Systemen: Entwurf einer Sprache zur Strukturspezifikation; Dissertation, Institut für Statistik und Informatik, Universität Wien, 1988.

/Sowa 84/ Sowa J.F.: "Conceptual Structures: Information Processing in Mind and Machine"; Addison Wesley Publ. Comp., 1984.

Psychophysiologische Wirkungen der Computertätigkeit

N. Tanzer
Institut für Psychologie, Universität Graz, Österreich

Im Rahmen der Softwareergonomie wurden die Auswirkungen verschiedener Software-Gestaltungs-Techniken ("Mensch-Maschine-Schnittstellen") auf Arbeitsleistung und/oder Belastung vielfach untersucht (vgl. etwa Schaefer, Kuhmann, Boucsein & Alexander, 1986). In den meisten Fällen wurde dabei allerdings durch das varianzanalytische Design der Untersuchung impliziert, daß Personen (gleichen Alters, Geschlechts, etc.) auf eine komplexe Anforderung wie Bildschirmtätigkeit mehr oder weniger gleichartig reagieren. Dies dürfte jedoch kaum der Fall sein, da selbst bei objektiv gleicher Aufgabenstellung die subjektive Wahrnehmung der Schwierigkeit (und damit der Belastung) individuell völlig verschieden ist.

Daher wurde in dieser Studie der Frage nachgegangen, ob unter längerfristiger Bildschirmtätigkeit mit komplexer, aber objektiv gleicher Aufgabenstellung, verschiedene kardiovaskuläre Verlaufsformen auftreten. Die Bildschirmtätigkeit wurde dabei mit der Bearbeitung der MAILBOX'90 (Roest, Scherzer, Urban, Brandstätter & Gangl, in Druck) simuliert, die eine computerisierte Version des in der Personalentwicklung langverwendeten Postkorbtests darstellt und typische Managementaufgaben an den Probanden stellt (vgl. Roest & Tanzer, in Druck). Die Mailbox'90 besteht aus einem Instruktionsteil, in dem der Proband mit der Bedienung des Computers und der Aufgabenstellung vertraut gemacht wird, und dem eigentlichen Testteil.

96 zweitsemestrige Psychologiestudenten (65 Frauen und 31 Männer, Alter 23,7 ± 6,5 Jahre) bearbeiteten die MAILBOX'90. Blutdruck und Herzrate wurden in einer Baseline zu Beginn des Versuchs sowie während der Bearbeitung des Instruktionsteils und während des eigentlichen Testteils gemessen. Die Messungen erfolgten nach Riva-Rocci mit einem automatischen digitalem Geräte (Visoten DS-40) vom rechten Oberarm. Zusätzlich zu den physiologischen Belastungsparametern wurde mittels Ratingskalen die Befindlichkeitsveränderung während der durchschnittlich 75minütigen Bildschirmtätigkeit erfaßt.

Wie aufgrund der Literatur erwartet, findet sich in der Gesamtgruppe über den Testverlauf ein leichter Abfall des systolischen Blutdrucks und der Herzrate sowie ein leichter Anstieg des diastolischen Blutdrucks. Eine Clusteranalyse der individuellen Verläufe ergab allerdings sieben charakteristische kardiovaskuläre Reaktionsmuster (Verlaufstypen) mit deutlich unterschiedlichen Verlaufsformen und teilweise recht beachtlichen Blutdruck- und Herzratenänderungen. Die sieben Verlaufstypen unterschieden sich jedoch weder in ihrer Befindlichkeitsveränderung während des Testverlaufs noch in verschiedenen Intelligenz- (APM, IST-70) und Persönlichkeitstests (FPI-R, EPI, SVF, IPC) signifikant.

Die Ergebnisse dieser Studie lassen vermuten, daß es bei Bildschirmtätigkeit mit einer (für Realsituationen typischen) komplexeren Aufgabenstellung zu individualspezifischen kardiovaskulären Belastungsreaktionen kommt. Diesem Sachverhalt sollte daher auch in der Softwareergonomie (z.B. bei Studien zu verschiedenen Softwareoberflächen) eingehender nachgegangen werden.

Literatur:

Roest, F.; Scherzer, A.; Urban, E.; Brandstätter, C. & Gangl, H. (in Druck). Mailbox'90: Ein computergestütztes Test- und Trainingsverfahren zur Personalentwicklung. Weinheim: Beltz Test.

Roest, F. & Tanzer, N. (in Druck). Mailbox'90: Validierung eines computergesteuerten Testverfahrens zur Personalselektion im mittleren Managementbereich. Erscheint im Kongreßbericht über den 15. Kongreß für Angewandte Psychologie in München, Oktober 1989.

Schaefer, F.; Kuhmann, W.; Boucsein, W. & Alexander, J.: Beanspruchung durch Bildschirmtätigkeit bei experimentell variierten Systemresponsezeiten. Zeitschrift für Arbeitswissenschaften, 40, 31 – 38 (1986).

Auswirkungen der Computerisierung auf den Menschen

R. Huber
Universität Wien, Österreich

In der Zeit der Mikroelektronik, in einer Zeit, in der Schulkinder, Sekretärinnen, Manager, usw. mit dem Computer zu tun haben, stellt sich unweigerlich die Frage, welche Auswirkungen dieser Umgang mit dem Computer auf uns Menschen hat. Viele Schlagworte werden damit in Zusammenhang gebracht:

Verändert der Computer unser Denken?

Der Computer ist im wesentlichen ein System, welches einen Input mit einfachen, eindeutigen Regeln verarbeitet und dann einen Output liefert, wobei bei gleichem Input und konstanten Regeln stets der gleiche Output erzeugt wird.

Betrachtet man den Computer und dessen Eigenschaften wie Berechenbarkeit,

Regelhaftigkeit, Eindeutigkeit, Geschwindigkeit usw., so erkennt man, daß diese Eigenschaften, unter anderem, jene sind, mit denen wir Intelligenz definieren und messen.

Aus der Literatur lassen sich z.B. folgende Auswirkungen, wie der Computer unser Denken beeinflußt, ersehen:

- formale Korrektheit wird wichtiger als inhaltliche Relevanz,
- Mehrdeutigkeit wird durch formale Eindeutigkeit ersetzt,
- Denkprozesse werden in die sequentielle (binäre) Logik des Computers gepreßt.

Wie wirkt sich der Umgang mit dem Computer auf unsere Kreativität aus?

Der Mensch ist langsam, unzuverlässig, sprunghaft, aber sehr kreativ. Der Computer hingegen ist schnell, zuverlässig, exakt, aber total unkreativ.

Wenn der Mensch versucht, mit dem Computer Schritt zu halten, so läßt sich vermuten, daß dadurch sein kreatives Potential rapide sinken wird.

Wie beeinflußt der Computer Verhalten und Emotion?

Es tritt eine Flucht in eine einfache, rationale, synthetische, genau strukturierte Welt ein, in der Gut und Böse, Schwarz und Weiß stets eindeutig erkennbar ist. Weiters wird Rationalität für das höchste Gut gehalten, und man verlernt zusehends, mit anderen Menschen umzugehen und beginnt sich selber als Subsystem eines Computers zu sehen.

Außerdem gibt es einen Zusammenhang zwischen Computer und Selbstsicherheit insofern, als der Computeranwender Fehler oft intern attribuiert (da der Computer keine Fehler macht) und in der Folge Streß und Hilflosigkeit entstehen können.

Die vollständige Ersetzung des Menschen durch den Computer kann und soll aber nicht Ziel der Technik sein, es erscheint vielmehr wichtig, daß wir uns jener Dinge bewußt werden, die der Computer nicht kann – und wir sollten aufhören, den Computer als Standard zu sehen.

Arbeitspsychologische Aspekte der Computerisierung

L. Grillich
Universität Wien, Österreich

Die Ära der Mikroelektronik hat im Arbeitsbereich in den letzten zehn Jahren mit ungewöhnlicher Geschwindigkeit Einzug gehalten und diesen in tiefgreifender Weise beeinflußt. Um diesen Einfluß aktiv mitgestalten zu können, ist es nötig, daß aus Betroffenen Beteiligte werden, welches die Reflexion der Mensch-Computer-Interaktion zur Voraussetzung hat.

Wie steht es nun mit dem Einfluß des Computers auf arbeitspsychologische Aspekte? Wie Untersuchungen zeigen, lassen sich folgende Auswirkungen feststellen, wobei diese entscheidend vom Rollenbild des Menschen abhängen:

Qualitativ veränderte Arbeitsaufgaben; daraus resultierende Möglichkeiten sind:
- Expertensysteme treten dem Arbeitnehmer als quasiqualifizierte Arbeitskraft gegenüber.
- Entfremdung vom Produkt: Distanz zwischen Arbeitenden und Produkt wird durch formalisierte Eingaben vergrößert, bzw. sinnlicher Bezug verkleinert.
- Psychische Beanspruchung: einerseits die Intensivierung, andererseits eine verstärkte Homogenisierung der Arbeit.

Veränderte Qualifikation:
- Polarisierungshypothese: Einer Gruppe Experten steht eine große Gruppe Angelernter gegenüber (mögliche Folge Expertographie statt Demographie).
- Dequalifikation
- Problematik eingeschränkter Wirtschaftlichkeitsüberlegung: Kein ökonomisch sinnvolles Ziel, Arbeit zu standardisieren, Arbeitsinhalte zu entmischen, Arbeitsabläufe zu determinieren, um Quantifizierbarkeit der Leistungen zu verbessern, bei gleichzeitiger Zunahme der Bürokratisierung (Vergeudung menschlicher Fähigkeiten).
- Partipative Gestaltung eines Datensystems am Beispiel CAD für alle.
- Einfluß auf Machtstruktur: Auf Grund des Bedürfnisses, mittels Computer Arbeitsabläufe vom Schreibtisch aus integriert zu steuern und zu überwachen, können sich physiologische Erscheinungen wie Streß infolge Nichtkontrolle beim Arbeitnehmer einstellen.

Das genannte legt die Annahme nahe, daß veraltete Denk- und Verhaltensweisen im diametralen Gegensatz zu den Wünschen der Menschen und Möglichkeiten der Technik im 20. und 21. Jahrhundert stehen, zu schwerwiegenden Fehlern bzw. geistigen und materiellen Verlusten führen.

Psychologische Einflußgrößen beim Erlenren von BASIC

K. Zechmeister
Universität Wien, Österreich

Im Rahmen der Diplomarbeit unter der Betreuung von Dr. Maderthaner wurde die Effizienz des Computerunterrichts, im besonderen der Einfluß der kognitiven Leistungsfähigkeit auf den Unterrichtserfolg beim Erlernen einer ersten Programmiersprache auf einem Computercamp untersucht.

Es gibt einige Theorien, die die Bedeutung des logischen Denkens hervorheben und sogar meinen, daß das Programmieren und die Programmiertätigkeit mit einem ganz bestimmten kognitiven Leistungsstil verknüpft sei (Ropohl, 1980; Papert, 1985).

In der vorliegenden Arbeit wurde untersucht, inwieweit sich der Lernerfolg beim Erlernen von BASIC aus den Variablen Alter, Motivation und der Leistungsfähigkeit im logischen und auch im sprachlichen Denken vorhersagen läßt. Im konkreten wurde auf einem Computercamp am Beginn und am Ende die Leistungsfähigkeit im Programmieren erhoben, ferner die logische und verbale Leistungsfähigkeit mittels des Leistungsprüfsystems (LPS) von Horn. Außerdem wurde die Motivation von den Kurslehrern eingeschätzt. Insgesamt wurden 48 Jugendliche im Alter von 10 bis 19 Jahren untersucht.

Mittels der multiplen Regressionsanalyse wurde die Gewichtung der einzelnen Variablen bezüglich ihrer Bedeutung auf den Unterrichtserfolg analysiert. Die Ergebnisse zeigen, daß für die Gesamtstichprobe vor allem die Variablen Alter und das logische Denken, signifikante Vorhersagen für den Unterrichtserfolg liefern. Bei einer Differenzierung der Tests zur Überprüfung des Unterrichtserfolges zeigt sich für die syntaktischen Aufgaben dasselbe Ergebnis: Alter und logisches Denken sind für den Unterrichtserfolg relevant. Wenn man die komplexeren Testaufgaben betrachtet, die eher den semantischen Aspekt beim Programmieren berücksichtigen, so bleibt nur das logische Denken als signifikante Prädiktorvariable.

Gliedert man nun die Gesamtstichprobe in männlich und weiblich, so kommt ein wesentlich differenzierteres Bild heraus. Der Gesamtunterrichtserfolg für die männlichen Jugendlichen wird von der Variable Alter bestimmt, zusätzlich kommt bei den Buben dann noch die Variable, die sprachliche Leistungsfähigkeiten prüft, als signifikante Prädiktorvariable dazu. Bei den eher semantischen Aufgaben zeigt sich nur die sprachliche Leistungsfähigkeit als Prädiktor für den Lernerfolg, während bei Aufgaben, die hauptsächlich den syntaktischen Aspekt reflektieren, wieder Alter und logisches Denken relevant sind. Die Auswertungsergebnisse der

Mädchen lieferten nur für den syntaktischen Aspekt Prädiktoren: wieder die Variablen Alter und logisches Denken, diesmal allerdings durch die Skala 4, während sonst immer die Skala 3 der relevante Prädiktor war. Für den Gesamtunterrichtserfolg und für den semantischen Aspekt konnten keine relevanten Prädiktoren gefunden werden.

Zusammenfassend läßt sich sagen, daß der Unterrichtserfolg insgesamt durch die Variablen Alter und logisches Denken vorhersagbar war. Wenn Burschen und Mädchen getrennt beurteilt wurden, so zeigte sich für die Burschen sowohl in der Gesamtleistung als auch bei den semantischen Aufgaben die sprachliche Leistung als bedeutsam für den Unterrichtserfolg. Für die Syntax wurde das logische Denken als Prädiktorvariable gefunden, allerdings mit einer anderen Skala.

Die Untersuchungsergebnisse lassen den Schluß zu, daß neben dem logischen Denken auch die sprachliche Begabung für das Problemverständnis beim Programmieren wichtig ist.

Literatur

Horn, W.: Leistungsprüfsystem L-P-S. Handanweisung für die Durchführung, Auswertung und Interpretation. Göttingen: Hogrefe Verlag (1962).

Papert, S.: Kinder, Computer und Neues Lernen. (Mindstroms). Basel: Birkhäuser Verlag (1985).

Ropohl, G.: Philosophische Aspekte der Computertechnik. Beitrag anläßlich des Symposiums "10 Jahre Personal Computer", TU Wien (1988).

Computerunterstützte Ausbildung (CUA)

G. Stocker-Legenstein
Coursware LernService, Wien, Österreich

Computerunterstützte Ausbildung (CUA) bezeichnet Schulung und Training auf der Basis von elektronischer Courseware, wobei der Lernprozeß an Computerterminals, PCs oder Workstations erfolgt. Computerunterstützte Ausbildung ist heute ein nicht mehr wegzudenkender Bestandteil des Bildungswesens, der Verwaltung und der Wirtschaft.

Vorteile von CUA

Individuelles Lernen: CUA bietet dem Lernenden den Vorteil, ohne großen Verwaltungsaufwand nach persönlichen Vorstellungen den Lernprozeß selbst zu steuern (Zeitpunkt, Dauer, Geschwindigkeit, usw.).

Dezentrales Lernen

Die Computertechnologie ermöglicht, Kursbibliotheken zu verwalten und sie Lernenden an verschiedenen Orten zur Verfügung zu stellen. Kosten und Unannehmlichkeiten zentraler Schulungsmaßnahmen können minimiert werden.

Effektiver Personaleinsatz

Schulungs- und Ausbildungspersonal kann entlastet und effektiver eingesetzt werden, wenn die klassische Wissensvermittlung durch interaktives Lernen am Computer erfolgt.

Teachware

Die Erstellung von Lernkursen verlangt Erfahrung und Kenntnisse auf vielen Gebieten. Im Vordergrund stehen im wesentlichen zwei Forschungsrichtungen: die Informatik und die Psychologie. Die Aufgaben der Psychologie bezüglich CUA betreffen vor allem das Einbringen der Ergebnisse der Lern- und Gedächtnisforschung sowie die didaktische und methodische Aufbereitung des Lernmaterials.

Tools

Die Umsetzung von Lernmaterial auf elektronische Courseware erfolgt mit sogenannten Autorensystemen wie z.B. das Softwarewerkzeug HyperTRAIN, das die Erstellung, die Verwaltung und die Ausführung von Courseware ermöglicht.

Forschungsergebnisse von CUA

Der Ansatzpunkt der meisten Forschungen liegt in der Lernpsychologie. Wesentlich sind dabei die Ergebnisse bezüglich Lernerfolg, Motivation und Interaktion zwischen Mensch und Computer, die durch eine entsprechende Untersuchung über "CUA in der Haustechnik" verdeutlicht werden.

Soziale Aspekte der Computernutzung bei Kindern

D. Fessl
Universität Wien, Österreich

Im Rahmen einer Diplomarbeit am Institut für Entwicklungspsychologie und Pädagogische Psychologie an der UNI Wien unter der Leitung von Frau Prof. Dr. B. Rollett (Betreuer Dr. J. Stary) wurden im Sommersemester 1988 682 Pflichtschüler (VS, HS, AHS) im Alter von neun bis 14 Jahren getestet. Diese repräsentative Erkundungsstudie gab u.a. Aufschluß über die Auseinandersetzungsbereitschaft mit dem Computer, Computernutzung, Computerwissen und Unterschiede im sozialen Verhalten und in der Freizeitbeschäftigung zwischen Kindern und Jugendlichen, die sich mit der neuen Technologie beschäftigen und solchen, die kein Interesse daran haben.

Als Grundlage für die schriftliche Erhebung mittels eines Fragebogens dienten der Gruppentest für die soziale Einstellung (SET; Joerger, 1973), zwei Skalen aus dem Persönlichkeitsfragebogen für Kinder (PFK; Seitz & Rausche, 1976), die gemeinsam den Faktor Extraversion abdecken und 22 Items bezogen auf die Freizeitbeschäftigung der Kinder und Jugendlichen, in Anlehnung an die Studie von Machwirth & Gukenbiehl (1984). Zur Erfassung der logischen Denkfähigkeit wurden den Probanden zwei Subskalen aus dem Prüfsystem für Schul- und Bildungsberatung (Psb; Horn, 1962) vorgegeben.

Die Ergebnisse zeigten, daß mehr als die Hälfte aller Versuchspersonen bereits die Möglichkeit hatten, einen Computer zu benützen. Der Anteil der Computernutzer stieg mit zunehmendem Alter an. Auf der 6. und 8. Schulstufe, sowohl in der AHS auch in der HS beschäftigten sich signifikant mehr Buben als Mädchen mit dem Computer. Die Gruppe der Programmierer setzte sich hauptsächlich aus 13- bis 15jährigen Buben zusammen. Kinder und Jugendliche, die sich gut mit Computer auskannten, sind erst ab der 2. Klasse und vor allem in der AHS zu finden.

Computernutzer wiesen signifikant höhere Werte in der logischen Denkfähigkeit auf, unabhängig von der Intensität der Nutzung. Computernutzer schrieben sich eher Eigenschaften wie "Fähigkeit zur Selbstdurchsetzung", "soziale Vitalität" (Diasozial), "Einfühlungsvermögen" und "soziale Elastizität" (Intersozial) zu als Nicht-Nutzer. Männliche Programmierer beschrieben sich als sozial vitaler, ehrgeiziger und geltungsbedürftiger (Episozial) als weibliche Programmierer. In der Dimension "soziale Passivität" (Extrasozial) ergaben sich keine signifikanten Unterschiede zwischen Computernutzern und Nicht-Nutzern. Programmierer bezeichneten sich als selbstsicherer und zielstrebiger, bewiesen Gruppensolidarität und kritische Einstellung gegenüber einer Autorität.

Im allgemeinen wiesen männliche Programmierer signifikant höhere Werte in der

Dimension "selbstgenügsame Isolierung" (PFK) auf als weiblich Programmierer. Dagegen schienen sich die Computerfreaks und die Nicht-Nutzer in dieser Dimension nicht signifikant voneinander zu unterscheiden. Im Gruppenvergleich tägliche Programmierer und Nicht-Nutzer zeigten sich sogar signifikante Unterschiede in der Richtung, daß "Computerkinder" lieber in einer Gruppe arbeiten als alleine.

Programmierer schrieben sich auch eher Kleingruppensolidarität und Hilfsbereitschaft zu. Diese Ergebnisse bestärken eher die Annahme, daß der Computer eine neue Form der Kontaktaufnahme darstellt.

In der vorliegenden Arbeit konnten keine Hinweise darauf gefunden werden, daß Computerprofis in ihrem sozialen Engagement bzw. in ihrer Kontaktfähigkeit und Kommunikationsbereitschaft zu eher passiven Reaktionen neigen. Also kein Indiz dafür die sogenannten "Zerstörungshypothesen" (Bruder, 1988) zu unterstützen, die besagen, daß intensive Computernutzung zu Vereinsamung und Abkapselung und im extremsten Fall zu "Computerautismus" (Eurich, 1985) führen kann.

Literatur

Bruder, K.H.: Selbstfindung am Computer. Psychologie heute. Juli 1988, S. 60 – 67.

Eurich, C.: Computerkinder. Hamburg: Reinbek, 1985.

Horn: Prüfsystem für Schule und Bildungsberatung. Göttingen: Hogrefe, 1962.

Joerger, K.: Gruppentest für die soziale Einstellung. Göttingen: Hogrefe, 1973.

Machwirth, E. und L. Gukenbiehl: (Hrsg), Freizeitwünsche und Freizeitverhalten Jugendlicher. Frankfurt/Main: dipa-Verlag, 1984.

Seitz W. und A Rausche: Persönlichkeitsfragebogen für Kinder von neun bis 14 Jahren. Braunschweig: Westermann, 1976.

Kinder und Computer: Computernutzung von 9- bis 14- jährigen – Wie Kinder den Computer sehen

M. Mayr, B. Rollett, J. Stary
Österreichisches Gallup-Institut, Wien, Österreich

Computer dringen immer weiter in immer mehr Bereiche des menschlichen Lebens ein. Auch Kinder und Jugendliche sind davon betroffen, oft mehr als Erwachsene. Ihre Berufschanchen hängen in immer größerem Ausmaß von der Beherrschung von EDV-Grundkenntnissen ab.

In dieser Studie sollte untersucht werden, wie verbreitet der Computer unter den neun- bis 14jährigen ist, und welches Bild sie sich vom Computer machen. Befragt wurden 682 Kinder in Wiener Volks-, Haupt-, und Mittelschulen.

Was den Zugang zum Computer betrifft zeigt sich, daß cirka zwei Drittel der Kinder einen Computer benützen können, allerdings ist der Prozentsatz bei den Buben fast 75 Prozent, bei den Mädchen nur 50 Prozent. Auch sind die Buben in der Gruppe der Programmierer überproportional hoch vertreten (43 Prozent zu 19 Prozent). Dieses Ergebnis läuft aber eindeutig dem Trend zuwider, der zeigt, daß gerade in typische "Frauenberufen", man denke an Büro- oder Sekretärinnenberufe, die EDV immer mehr an Bedeutung gewinnt.

Begründet kann dieser Unterschied einerseits durch die traditionelle Erzeihung werden ("Mädchen verstehen nichts von Technik"), andererseits zeigt sich in der vorliegenden Studie auch eine Ablehnung und ein "Attraktivitätsverlust" des Computers, der gerade bei Mädchen ab dem elften bis zwölften Lebensjahr auftritt. Um Mädchen im Berufsleben Chancengleichheit zu bieten, muß diese Tendenz frühzeitig (fünfte Schulstufe) bekämpft werden.

Was die Vermenschlichung des Computers anbelangt, so zeigt sich, daß nur die jüngeren Kinder dem Computer "Lebendigkeit" und "Sympathie" in hohem Maße zusprechen: 43 Prozent der neun- bis zehnjährigen bejahen diese noch, im Gegensatz dazu nur mehr zwölf Prozent der 13 bis 14jährigen. Ein anderes technisches Gerät (Staubsauger) wurde hingegen von allen Altersgruppen als "nicht lebendig" beurteilt, was zeigt, daß der Computer sowie sein Umfeld (Spiele, Bewegung auf dem Bildschirm) für jüngere Kinder – vorsichtig formuliert – einen "menschlichen Aspekt" haben dürfte.

Neurale Netzwerke – selbstlernende Computersysteme

A. Lebeda
Universität Wien, Österreich

Die Artificial Intelligence versucht unter anderem, die menschliche Intelligenz, von der schließenden, logisch überlegenden Seite zu betrachten. Am Beispiel der semantischen Netze, die als den neuralen Netzen ähnlich betrachtet werden, läßt sich am besten der Unterschied zeigen, der zwischen den neuralen Netzen und dem Rest der zur Zeit existierenden AI-Systeme besteht. Dieser Unterschied ist der subsymbolische Ansatz.

In den "konventionellen" Ansätzen zur Wissensrepräsentation und -verarbeitung ist es üblich, bestimmte Konzepte als Objekte zu verwenden, zum Beispiel, indem man für jedes Konzept einen Knoten setzt. Zwischen diesen Knoten gibt es Beziehungen, die dann durch Kanten ausgedrückt werden können (ein semantisches Netz). Mit dieser Methode lassen sich also Sachverhalte (Beziehungen verschiedener Objekte) darstellen. Das kann als symbolischer Ansatz bezeichnet werden. Es werden für die tatsächlichen Gegenstände in unserer Welt Symbole gesetzt (die meistens aus der Sprache kommen), die nun eine ganze Klasse von Gegenständen bezeichnen, ohne sie eigentlich genau zu beschreiben.

Ein neurales Netz unterscheidet sich sowohl im Aufbau als auch in der Funktionsweise wesentlich von einem gewöhnlichen Computer, es orientiert sich am menschlichen Nervensystem. Es werden die Neuronen nachgebildet und zu einem Netz verschaltet, wobei spezielle Neuronen die Aufgabe von Input und Output übernehmen. Die Neuronen heißen in diesem Fall Units. Diese Units sind beliebig miteinander verbunden. Anstatt der Synapsen gibt es hier Gewichte, denen aber eine ähnliche Funktion zugeschrieben wird. Sie verändern das auf der Verbindung hereinkommende Signal, bevor es auf die Unit wirft. In jeder Unit werden alle hereinkommenden Signale aufsummiert, daraus wird das neue "Aktionspotential" der Unit errechnet (da mit beliebigen Werten gearbeitet wird, existieren natürlich die bekannten Abläufe in einer Zelle hier nicht), und dann an andere Zellen weitergegeben. Durch eine richtige Wahl der verschiedenen den Fluß der Aktivierungen beeinflussenden Parameter (Verbindungen, Gewichte) kann ein Netz dann verschiedenste Aufgaben erfüllen.

Welche Vorteile hat ein neurales Netz gegenüber den anderen künstlichen Modellen zur Speicherung und Verarbeitung von Wissen? Als wesentlichster erscheint die Speicherung des Wissens in den Gewichten. Die Gewichte sagen aus, wie die Verschaltungen funktionieren, welche Unit auf welche anderen hemmend oder aktivierend wirkt. Dies eröffnet die Möglichkeit, das Wissen distribuiert zu speichern. Das heißt, jedes Gewicht enthält alle Informationen und jede Information steht in allen Gewichten. Das läßt sich dadurch bewerkstelligen, daß sich jede neue

Erfahrung, die das System macht, nach bestimmten Regeln (durch eigene Mechanismen) auf alle Verbindungen auswirkt. Das wird durch Lernregeln verwirklicht. Das Netz erhält nach durchgeführter Aufgabe ein Feedback darüber, was an der Lösung falsch war, und es existiert ein Mechanismus, der diese Informationen so auf die Gewichte wirken läßt, daß das System diese Aufgabe das nächste Mal besser lösen kann.

Die sich dadurch ergebenden Vorteile liegen auf der Hand. Es entfällt die künstliche Entwicklung von Regeln und Fakten für dadurch unter Umständen nicht beschreibbare Probleme. Das Netz ist vielmehr selbst in der Lage, die relevanten Informationen in den Verarbeitungsprozeß der Aufgabenstellungen einzubringen. Das neue System ist daher schneller (unabhängig von Regeln und Fakten), es braucht weniger Speicher (die Information ist so dicht wie möglich gespeichert) und es können auch Inputs sinnvoll verarbeitet werden, die das Netz noch nie zuvor gesehen hat. Das Netz wird also in jedem Fall eine Antwort finden, und diese Antwort wird zwischen schon bekannten Antworten auf ähnliche Situationen liegen – damit erfüllt das System die Forderung nach einer subsymbolischen Repräsentation.

Ein weiterer Effekt der distribuierten Repräsentation ist, daß es nicht, wie bei herkömmlichen Computern zu einem Totalausfall führt, wenn einige Units ausfallen. Ähnlich wie beim Menschen geht lediglich die Leistungsfähigkeit zurück. Es fehlt nicht eine bestimmte Information vollständig, sondern von allen Informationen ein bißchen. In vielen Experimenten hat sich gezeigt, daß neurale Netze zur Zeit nur in sehr einfachen Gebieten anwendbar sind, da für große Netze vor allem die Hardwareentwicklung noch nicht weit genug fortgeschritten ist.

Derzeit muß man sich darauf beschränken, die Units auf gewöhnlichen Rechnern zu simulieren – eine echte Annäherung an das natürliche Vorbild wäre aber erst dadurch erreicht, wenn jede Unit eine unabhängige informationsverarbeitende Einheit wäre, so wie die menschliche Nervenzelle. Trotzdem ist die Vorstellung bestechend, damit vielleicht ein Modell gefunden zu haben, das die menschliche Informationsverarbeitung besser nachbilden kann, als alle bis jetzt bekannten.

Abschließende Bemerkungen und Perspektiven zum Arbeitskreis Computerpsychologie

M. Trimmel
Universität Wien, Östereich

Schon an der relativ großen Anzahl von den vorgetragenen Statements, aber auch dem regen Interesse der zahlreichen Teilnehmer an diesem Arbeitskreis, läßt sich die Bedeutung, die der Computerpsychologie zugeschrieben wird, ermessen.

Die vorgetragenen Einzelbeiträge konnten naturgemäß keinen auch nur annähernd vollständigen Überblick (welcher an sich erst zu erarbeiten wäre) geben, aber in eindrucksvoller Weise das breite Spektrum der einer Computerpsychologie zuzuordnenden Problembereiche aufzeigen.

Dabei zeigte sich auch, daß der derzeitige Wissensstand in den verschiedenen Teilbereichen zum Teil erheblich differiert. So häuften sich in den letzen Jahren die Publikationen bezüglich der Mensch-Computer Schnittstelle, während über lang- oder zumindest mittelfristige psychologische Auswirkungen der Computertätigkeit ein offensichtliches Wissensdefizit besteht.

Eine Ursache spezifischer Wissensdefizite dürfte am noch lange nicht ausgereiften Methodeninventar der Computerpsychologie liegen. Die bisherigen Ergebnisse zeigen, daß die Forderung nach einem verfeinerten psychologischen Inventar zur Erfassung von möglicherweise höchst diffizieler Veränderungen im Denken, der Informationsverarbeitung, dem Sozialverhalten usw. erhoben werden muß. Andererseits wurden zwar bekannte, aber etwas aufwendigere Methoden wie z.B. die Methoden der Neuropsychophysiologie (Trimmel, in Druck) nicht, oder nicht adäquat genutzt.

Eine weitere zugrundeliegende Ursache könnte das mangelnde Interesse der Computerfirmen an derartigen Forschungen aufgrund der möglicherweise kommerziell nicht nutzbaren Ergebnisse sein. Nachdem aber die einer unmittelbar verbesserten Nutzung dienlichen Fragestellungen mit großem Aufwand untersucht werden, ist die öffentliche Förderung von Untersuchungen, welche die psychologischen und gesundheitsrelevanten Auswirkungen der Computertätigkeit betreffen, von höchster Wichtigkeit.

Abschließend kann festgehalten werden, daß die Psychologie einerseits zur Erforschung der psychologischen Auswirkungen der Computertätigkeit, andererseits zur Optimierung der verschiedenartigsten Tätigkeiten am Computer (z.B. Textverarbeitung, Computerlernen, Simulation, Design usw.) ein gesammeltes Wissen über Fakten, Gestaltungsrichtlinien und adäquater psychologischer Methoden bedarf, womit die Forderung nach einem Schwerpunkt "Computerpsychologie" unterstrichen wird.

Literatur:

Trimmel, M. (in Druck): Experimentelle und Angewandte Neuropsychophysiologie. Heidelberg: Springer-Verlag.

Trends in der psychologischen Jugendforschung: Veränderung jugendlicher Lebensbedingungen

H. Janig
Universität Klagenfurt, Österreich

Die Lebensbedingungen junger Menschen waren während der letzten zwei bis drei Jahrzehnte einem teilweisen radikalen Wandel unterworfen. Dies wird aus den Ergebnissen einer condisziplinären – im wesentlichen aus einer Sekundäranalyse neuerer Untersuchungen bestehenden – Erhebung über die Lebenssituation der österreichischen Jugend deutlich (vgl. Janig u.a., 1988). Bei aller Vorsicht, die bei der Interpretation von Daten, die im Kontext von Paradigmen unterschiedlicher Wissenschaftsdisziplinen erhoben worden sind, geboten ist, lassen sich z.B. in der Entwicklung der familiären Bedingungen, des Medieneinflusses und der Wirkung wichtiger gesellschaftlicher Traditionsträger auf Jugendliche deutliche Veränderungen feststellen.

Der zunehmend häufiger werdende Einzelkindstatus, die abnehmende Kinderzahl in den Familien, die günstigere materielle Ausstattung des Alltagslebens, die frühe Individualisierung der Kinder und Jugendlichen, die zunehmenden außerfamiliären Sozialisationseinflüsse auf die Gestaltung des Familienlebens (vgl. dazu Rosenmayr 1988), sind ebenso wie die Verbesserung der Wohnverhältnisse – eigener Wohnraum für Kinder sowie Zunahme der Wohnungsgrößen (vgl. Haider, 1988) – deutliche Hinweise auf veränderte familiäre Bedingungen. Auch die Beziehungsmuster zwischen Jugendlichen und ihren Eltern sowie der Generationen untereinander haben sich geändert.

Keine Jugendgeneration war bislang so von Medien "umstellt" wie die heutige: Print- und Bildmedien, Radio, Kassetten, aber auch neue Technologien wie Computer und dazugehörige Bildschirmgeräte sind Beispiele dafür (vgl. Luger, 1988). Nutzung und Wirkung von Medien haben sich in einer Weise intensiviert, daß sie heute für Jugendliche eine wesentliche quantitative und qualitativ neue Sozialisationsfunktion ausüben (vgl. Hochgerner, 1988).

Kirchen, Parteien und Schulen (ebenso andere Institutionen) haben aus der Sicht der Jugendlichen einen nachhaltigen Bedeutungsverfall erfahren. In den sechziger und siebziger Jahren waren familiäre Parteibindungen stabil und für das Alltagsleben bedeutsam. Heute fehlen politische Bindungen weitgehend, die Glaubwürdigkeit traditioneller politischer Parteien und ihrer Vertreter sinkt in den Augen

Jugendlicher rapide, und die Wahlenthaltung nimmt zu (vgl. Ulram, Plasser, Gerlich, 1988).

In ähnlicher Weise nimmt die kirchliche Orientierung Jugendlicher ab: Glaubenslehren und moralische Anforderungen traditioneller Kirchen werden immer weniger als Hilfe für die Findung persönlichen Lebenssinns anerkannt. Zugleich hat sich das Spektrum der freien religiösen Bewegungen mit einer individualisierten Art der Frömmigkeit in den letzten fünfzehn Jahren entscheidend vergrößert und findet z.B. unter dem Sammelbegriff "New Age" viele Anhänger (vgl. Mörth, 1988).

Im Schulbereich steht der größeren Zahl von Schülerinnen und Schülern sowie dem gestiegenen zeitlichen Aufwand für schulbezogene Tätigkeiten, trotz der von Schülern anerkannten positiven Erfahrungs- und Entwicklungsmöglichkeiten, eine Reihe von belastenden Faktoren gegenüber: dazu gehören selbständigkeitsvernichtende Formen des Unterrichts, vermehrt persönlichkeitsdeformierende Wirkungen des Schulbesuchs und ein generell gestiegenes Ausmaß an Unzufriedenheit mit der Schule (vgl. Eder, 1988).

Der soziale Wandel hat auch noch andere entscheidende Veränderungen der Umfeldbedingungen für Jugendliche gebracht. Man denke nur an die sinkende Zahl Jugendlicher, die zunehmenden ökologischen und ökonomischen Probleme, die globale Vernetzung aller Lebensbereiche, den steigenden Konsumbedarf und die geänderten Verhaltensmuster in der Freizeit.

Eine der möglichen Erklärungen für eine mangelnde "Passung" von Entwicklungskonzepten, für die Insuffizienz empirischer Daten zur Vorhersage des Verhaltens Jugendlicher und für Diskrepanzerlebnisse in der praktisch-psychologischen Arbeit mit ihnen mag in der Vernachlässigung des sozialen Wandels, der kulturellen Evolution und der Effekte der historischen Entwicklung bei theoretischen Analysen und empirischen Erhebungen liegen (Garbarino und Bronfenbrenner, 1980, S. 289). Es scheint in noch stärkerem Ausmaß erforderlich zu sein, diese sich stetig ändernden ökologischen und sozialen Umfelddeterminanten jugendlicher Entwicklung realitätsgerechter berücksichtigen, wenn wissenschaftliche Aussagen über Jugendliche und Jugend Gewicht haben sollen.

Die Folgerungen für die psychologische Jugendforschung liegen in einer Änderung der Forschungsintentionen. Deutlicher als bisher muß Jugend als ein in vielfältiger Weise historisch und kulturell bedingtes Phänomen gesehen werden. Die konsequente Beachtung dieser Überlegung führt einerseits zu differenzierteren Betrachtungsweisen, welche Erkenntnisse aus verschiedenen Wissenschaftsdisziplinen miteinander in Verbindung bringt und hebt andererseits die Bedeutung des einzelnen Jugendlichen als aktiven Gestalter seiner eigenen Entwicklung in einer von ihm mitgestalteten und mitgedeuteten Umwelt hervor. Die Analyse von Lebensbedingungen Jugendlicher kann entscheidende Hilfestellung bei interdisziplinären oder kontextualistisch orientierten entwicklungspsychologischen Studien leisten.

Literatur

Allerbeck, K.R.; Hoag, W.: Jugend ohne Zukunft?, Piper, München 1985

Eder, F.: Wichtig, aber stressig: Schule als Teil der Lebenswirklichkeit, in: Janig, H. u.a. (Hg.): a.a.O., S. 373ff

Garbarino, J.; Bronfenbrenner, U.: Forschung im Bereich der Eltern-Kind-Beziehungen und ihr Zusammenhang mit der Sozialpolitik: wer braucht wen?, in: Schneewind, K.A.; Herrmann, T. (Hg.): Erziehungsstilforschung, Huber, Bern 198O, S. 281ff

Hochgerner, J.: Technisierung statt Sozialisierung?,in: Janig, H.u.a. (Hg.): a.a.O., S. 459ff

Janig, H. u.a. (Hg.): Schöner Vogel Jugend. Analysen zur Lebenssituation Jugendlicher, Universitätsverlag Trauner, Linz 1988

Luger, K.: "...dann ist der Tag irgendwie gewonnen". Die Rolle der Medien im Alltag von Jugendlichen, in: Janig, H. u.a. (Hg.): a.a.O., S. 255ff

Mörth, I.: Religion und Sinnstiftung. Religiöse Bedürfnisse und Verhaltensweisen österreichischer Jugendlicher, in: Janig, H.u.a. (Hg.): a.a.O., S. 207ff

Rosenmayr, L.: Jugend als Spiegel der Gesellschaft? Zur Deutung neuer österreichischer Forschungen, in: Janig, H.u.a. (Hg.): a.a.O., S. 4ff

Ulram, P.A.; Plasser, F.; Gerlich, P.: Auszug aus dem Parteienstaat. Jugend und Politik in Österreich, in Janig, H.u.a.Hg.): a.a.O., S. 181ff

Neue Möglichkeiten der Supervision – Diskussion

P. Battistich, G. Bronneberg
Ludwig-Boltzmann-Institut für Schwangerenbetreuung, Wien, Österreich

Die Arbeitsgruppe bestand aus 24 Teilnehmern/innen. Von der beruflichen Ausbildung her waren überwiegend Psychologen anwesend, eine große Gruppe kam aus verschiedenen Arbeitsämtern mehrerer Bundesländer, ein Psychologe vertrat als Kontaktperson für die Arbeitsämter die zuständige Abteilung des Sozialministeriums, eine weitere große Gruppe war im klinischen Bereich tätig; die meisten Teilnehmer arbeiteten selbst als Supervisoren.

Im Anschluß an drei Impulsreferate entstand eine lebhafte Diskussion. Das Einführungsreferat von Dr. Peter BATTISTICH setzte sich mit den methodischen Aspekten der Supervision auseinander. Aufgezeigt wurde der Zusammenhang zwischen Supervision einerseits und Organisationsberatung andererseits. Supervision ist zu verstehen als systematische, längerfristige Begleitung von Veränderungen in Subsystemen. Supervision ist demnach auch eine berufliche Rollenberatung.

Im Kurzreferat von Dr. Gertrud BRONNEBERG "Das Psychodrama in der Feldsupervision" folgte die Darstellung des Psychodramas, seiner Möglichkeiten und Effekte als eine spezielle Methode im Rahmen der Supervisionsarbeit.

Dr. Volker EDLINGER sprach über "Supervision im Schulbereich". Ausgehend von Aufbau und Entwicklung der Supervision im Rahmen der Lehrerfortbildung am Verhaltenspädagogischen Zentrum (für Sonderschullehrer) wurde die Notwendigkeit evident, Lehrer (Schuldirektoren, Projektleiter usw.) vor allem auch bei der Ausübung von Führungsaufgaben zu beraten. Nach Lainz wird Supervision in diesem Bereich der Lehrerfortbildung noch bewußter und in noch größerem Ausmaß eingesetzt.

Ziel ist es auch hier – wie bei einzelnen anderen Berufsgruppen schon länger (z.B. Sozialarbeiter, Erzieher) –, die Supervisoren später aus den eigenen Reihen zu rekrutieren. Derzeit jedoch besteht noch ein sehr großer Mangel an Supervisoren.

Die Tatsache, daß viele Kollegen/innen dieser themenzentrierten Arbeitsgruppe selbst schon als Supervisoren tätig sind, war für die folgende Diskussion sehr fruchtbar. Es bildeten sich sehr bald die wesentlichsten Problemschwerpunkte heraus, nämlich die Vernetzung von Supervisor mit den Supervisanden durch den gemeinsamen Arbeitgeber. Von großer Bedeutung ist auch die Freiwilligkeit, an der Supervision teilzunehmen. Eine beeinträchtigende Wirkung kann auch die unausgesprochene Verpflichtung des Supervisors gegenüber dem gemeinsamen Arbeitgeber haben.

Ferner wurde die ganze Problematik von offenen und verdeckten Supervisionskontrakten diskutiert. Die Gruppe kam zu dem Ergebnis, daß von Anbeginn der Supervision zwischen den einzelnen Parteien (Auftraggeber, Supervisanden, Supervisor) Wünsche, Bedürfnisse, Inhalte und Themenschwerpunkte abgeklärt werden müssen. Primär handelt es sich um die Probleme (Schwerpunktbestimmung) des Supervisionskontraktes: Was wird supervidiert? Klienten, interne Kommunikation oder Organisation? Soll Supervision systemverändernd wirken? Das System selbst wünscht sicherlich keinerlei Veränderung an sich selbst.

Der nächste Diskussionspunkt betraf die Legitimation der Supervision am Beispiel der Arbeitsämter. Hier erfolgt die Supervision durch die eigenen Kollegen. Einerseits ist es natürlich sehr zu begrüßen, daß die Berater in den Arbeitsämtern mit ihren Problemen nicht alleine gelassen werden, aber Supervision durch die eigenen Kollegen stellt nicht die optimale Lösung dar, auch wenn man auf diese Weise zu unterbinden hofft, daß Interna nach außen dringen könnten. Supervision bekommt hier leicht den Anschein von Kontrolle.

Erwartet wird von einem Supervisor, daß er das System, in dem er supervidiert (z.B. Spital), auch aus eigener Erfahrung kennt, das heißt selbst eine gewisse Zeit in einer solchen Institution tätig gewesen zu sein. Zunehmend mehr Institutionen setzen sich zum Ziel, nur noch Supervisoren aus den eigenen Berufsreihen einzusetzen, also z.B. für Krankenpflegepersonal nur noch Supervisoren, die früher selber in der Krankenpflege gearbeitet haben.

Das hat den Vorteil, daß der Supervisor die Probleme seiner Supervisanden sehr gut kennt, hat aber auch einen Nachteil, nämlich ein oft großes Ausmaß an Betriebsblindheit. Wer aus dem Beruf kommt, deren Angehörige er supervidieren soll, ist zwar sehr vertraut mit den Problemen, sieht aber aufgrund eben dieser großen Vertrautheit oft die blinden Flecke ebenfalls nicht mehr und ist daher oft auch nicht mehr in der Lage, die Gruppe an konstruktive Alternativen heranzuführen. Die Folge: Supervisor und Supervisanden bewegen sich nur noch im Kreis.

Betriebsblindheit kann sich aber auch noch in einer anderen Weise äußern, nämlich dem unreflektierten Einsatz von Redewendungen und fachspezifischem Jargon in einer fremden Umgebung. Ein gutes Beispiel dafür ist der von Psychotherapeuten oft verwandte Ausspruch: "Und wie gehen Sie damit um?" Auf einen Neuling kann er damit abschreckend wirken und ihn verstummen lassen. Von außen kommenende und nur psychotherapeutisch tätige Supervisoren haben oft die Schwierigkeit, die richtige Kommunikationsebene zu treffen.

Vor Beginn der Supervisionsarbeit ist es wichtig, die Erwartungen der Supervisanden zu ermitteln. Diese Aspekte sind für den Supervisor in der Praxis notwendig. Weitere wichtige Elemente sind: das Transparentmachen von Interessenshintergründen, Interessenskonflikten und die Analysefähigkeit in bezug auf offene verdeckte Aufträge. Für den Supervisor sind wichtig: laufend theoretische Fortbildung und Praxisaustausch mit anderen Supervisoren.

Als nächstes Thema wurde der Erfolg diskutiert. Wann kann man im Zusammenhang mit Supervision von Erfolg sprechen? Wenn Erfolg im Rahmen der Supervisionsarbeit erzielt werden kann, so ist die Arbeit für alle Beteiligten wesentlich leichter und angenehmer. Aber: Was ist Erfolg? Und wer definiert ihn? – Hier zeigen sich sehr starke Zusammenhänge mit dem Supervisionskontrakt, aber auch mit dem Auftraggeber und dessen Wünschen und Zielen. Gibt es überhaupt von einer Institution finanzierte Supervision, die erfolgreich sein kann?

Nach so vielen kritischen Meinungen und Erfahrungen über bzw. mit Supervision tauchte auch die Frage nach der Supervision der Supervisoren auf. Wenn man sauber arbeiten will, läßt man als Supervisor auch seine Supervisionsarbeit supervidieren. Schließlich ergab sich die Vision von der Unendlichkeit der Supervision. Wichtig ist in jedem Fall, daß Supervisoren einander treffen zum gegenseitigen Erfahrungsaustausch (Intervision).

Von der Supervision der Supervisoren kam als logischer nächster Schritt die Frage nach der Ausbildung. In Österreich gab es bis dato nur Versuche, z.B. an der Universität Salzburg und an Universität Wien je einen Hochschullehrgang, die derzeit ausgesetzt sind. In Wien wurde von der Sozialakademie – allerdings nur für berufserfahrene Sozialarbeiter – ein Ausbildungslehrgang angeboten, der sich derzeit in der Abschlußphase befindet. Eine Arbeitsgruppe des Berufsverbands Österreichischer Psychologen arbeitet derzeit ein Curriculum für einen Supervisionslehrgang aus, der demnächst über die Fortbildungsakademie des BÖP angeboten wird.

Welche Voraussetzungen muß ein Supervisor erfüllen? Notwendig sind Kenntnis in Gesprächsführung, Organisations- und Systemanalytische Kenntnisse, Erfahrung in Gruppendynamik, Kenntnis des Arbeitsfeldes und Supervision aus eigenem Erleben. Darüber hinaus sind eine abgeschlossene Therapieausbildung, längere eigene Erfahrungen in einer hierarchisch strukturierten Institution empfehlenswert.

Zusammenfassung

Supervision wird derzeit noch häufig mit Psychotherapie der Supervisanden verwechselt. Zu wenig beachtet wird hier der Kontext, in dem Supervision stattfindet, sowie Aspekt der Fortbildung für die Supervisanden.

Die Arbeitsgruppe setzte sich überwiegend aus Psychologen/innen, die als Supervisoren/innen in verschiedenen Arbeitsfeldern tätig sind, zusammen. Daher entwickelte sich – in Verbindung mit den drei Impulsreferaten – eine Diskussion zum Thema: neue Entwicklungen in der Supervisionspraxis.

Beleuchtet wurden u.a.:
- die Probleme institutionsinterner Supervision,
- einige Kriterien des Supervisionskontraktes,
- Analyse der Kontextmerkmale,
- Abgrenzungsprobleme zur Psychotherapie,
- Bedürfnisse der Ausbildung und
- Möglichkeiten der Rückmeldung (Fortbildung) für Praktiker

Das Psychodrama in der Feldsupervision

G. Bronneberg
Ludwig-Boltzmann-Institut für Schwangerenbetreuung, Wien, Österreich

Unter den gruppendynamischen Prozessen stellt das Rollenspiel eine ganz spezifische Methode dar. Rollen werden verteilt, eingenommen und gespielt, ähnlich wie im Theater.

Die Katharsis der klassischen griechischen Tragödie stellt im Psychodrama nach Jacob Levi MORENO ebenfalls einen wesentlichen Aspekt dar. Infolge der Übernahme und der aktiven Gestaltung einer bestimmten Rolle soll der Protagonist befähigt werden, Probleme und Entscheidungen aus unterschiedlichen Perspektiven zu betrachten, Erfahrungen im Problemlösen zu sammeln und eine tiefere Einsicht in und ein erweitertes Verständnis für die Handlungen und Meinungen anderer Menschen, v.a. aus seinem eigenen Bezugssystem, zu entwickeln. (vgl. GREIF, HOLLING und NICHOLSON, 1989).

Durch den Übergang (transition) von der Welt der Erfahrung zur Welt der Repräsentation und die Umwandlung (transformation) des lebendigen Dramas zum repräsentativen Drama stellt das Psychodrama eine besonders wirksame Form der Gruppentherapie bzw. der Gruppenarbeit überhaupt – und somit auch der Supervision – dar. Mit keiner anderen Form der Gruppenarbeit lassen sich Mimesis (Darstellung) und Ratharsis (Läuterung) so schnell und vor allem effektiv erzielen (vgl. SARRO, 1966).

Das Psychodrama ermöglicht es den Teilnehmern – im Verlauf eines Wochenendseminars oder eines Kurses mit zehn bis 15 Sitzungen, bzw. einer Jahressupervisionsgruppe –, durch gruppen- und protagonistenzentriertes Vorgehen eine neue Erfahrung von Gemeinschaft zu machen, die einhergeht mit einem vertieften Verständnis für den anderen und seine Probleme, für seine Handlungen, für seine Welt und seine Lebensführung.

Darüber hinaus führt das Psychodrama zu einem neuen bzw. persönlichkeitsgemäßeren Selbstverständnis, zu einer neuen Freiheit und Sicherheit durch die Auseinandersetzung mit vergangenen und – vor allem in der Supervision – aktuellen Konflikten. Das Psychodrama vermag so dem Anspruch der Erwachsenenbildung nach Entfaltung und Stabilisierung der Persönlichkeit, nach Affektbildung, nach Möglichkeiten der Kommunikation und Kompensation – und damit der Supervision – in spezifischer Weise gerecht zu werden (vgl. PETZOLD und SIEPER,1978).

Die wichtigsten Zielsetzungen hierbei sind die Förderung spontanen und kreativen Handelns. Das pädagogische Psychodrama in der Supervision versteht sich als eine Methode, durch die Kreativität, Spontanität und Empathie gelehrt und gelernt werden können. Als Methode zur Vermittlung affektiver und sozialer Lernziele wie z.B. Rollenflexibilität, Rollendistanz, Frustrations-Umgang mit Gefühlen kommt dem psychodramatischen Rollenspiel in der modernen Didaktik eine eminente Bedeutung zu (vgl. PETZOLD, 1985).

Neben personenzentrierten finden im Rahmen einer Supervisionsgruppe auch themen- und gruppenzentrierte Psychodrama-Sitzungen statt, in denen mit zusätzlichen Hilfsmitteln gearbeitet werden kann, z.B. mit Knöpfen, Soziogrammen oder graphischen Darstellungen. Auf diese Weise kann z.B. die eigene Gruppe im Verband des gesamten Spitals dargestellt werden, bzw. kann ausgedrückt werden, wie Nähe und Distanz innerhalb des Teams erlebt werden.

Im Anschluß werden die gelegten bzw. gezeichneten Bilder gemeinsam besprochen. In der nächsten Phase soll bzw. kann jeder sein reales Bild nach seinen Wunschvorstellungen in ein ideales Bild verändern, z.B. wie man sich die Gruppenstruktur wünscht bzw. wie Nähe und Distanz persönlich als am angenehmsten in der Beziehung zu den einzelnen Personen empfunden werden, wie man sich seine Gruppe bzw. Nähe und Distanz wünscht.

Mit Hilfe des Psychodramas und seiner verschiedenen Mittel und Techniken ist es möglich, den Ist-Zustand, also die reale Situation, sehr rasch und anschaulich darzustellen, die gegebenen Situationen zu analysieren und im unmittelbaren Anschluß innerhalb eines geschützten Rahmens verschiedene Alternativen und Strategien – nicht nur intellektuelle – zu erarbeiten, sondern sie auch gleich an Ort und Stelle experimentell umzusetzen, auf ihre Effizienz hin zu überprüfen und gegebenenfalls erneut zu diskutieren und zu verändern. Das Spiel mit zugeteilten

Rollen und die Feed-backs der Mitspieler aus der Perspektive ihrer jeweiligen Rolle bzw. auch der Zuschauer bilden dabei wichtige Anhaltspunkte in bezug auf die Umsetzbarkeit der erarbeiteten Konzepte.

Literatur:

GREIF, S.; HOLLING, H., NICHOLSON, N. (Hrsg.): Arbeits- und Organisationspsychologie. Internationales Handbuch in Schlüsselbegriffen. Psychologie Verlags Union, München, 1989.

PETZOLD, H.: Psychodrama-Therapie. Theorie, Methoden, Anwendung in der Arbeit mit alten Menschen. Junfermann, Paderborn, 1985.

PETZOLD, H.; SIEPER, J.:Psychodrama in der Erwachsenenbildung. In: PETZOLD, H. (Hrsg.): Angewandtes Psychodrama in Therapie, Pädagogik und Theater. 2. überarbeitete und erweiterte Auflage. Junfermann, Paderborn, 1978.

SARRO, R.: Das Wesen des Psychodramas – Versuch einer psychodramatischen Trilogie. Vortrag gehalten auf dem 6. Internationalen Kongreß für Psychodrama, 29. August bis 3. September 1966. In: PETZOLD, H. (Hrsg.): Angewandtes Psychodrama in Therapie, Pädagogik und Theater. 2. überarbeitete und erweiterte Auflage. Junfermann, Paderborn, 1978.

Supervision im Schulbereich

V. Edlinger
Wien, Österreich

In meiner privaten Praxis biete ich seit mehreren Jahren Supervision für Lehrer aller Schulsparten an. In einer mehrjährigen Tätigkeit am Zentrum für Verhaltenspädagogik in Wien supervidierte ich unter anderem 25 Lehrer einer Sondererziehungsschule in Einzel- als auch in Gruppensupervision. Diese Lehrer betreuen als sogenannte *Beratungslehrer* extrem verhaltensauffällige oder schwierige Kinder an Wiener Pflichtschulen (Volks-, Haupt- u. Sonderschulen), um einen Heimaufenthalt bzw. eine sonst drohende aussondernde Schulform hintanzuhalten.

Im Schuljahr 1988/89 betreuten diese Lehrer rund 1700 Kinder. Diese Lehrer sind für ihre engagierte und sehr schwierige Tätigkeit wohl nur unzureichend ausgebildet, die Tätigkeit führt zu enormen Anforderungen. Viele dieser Lehrer zahlen sich aus eigener Tasche aufwendige Fortbildungen. Supervision ist für diese Lehrer dringend notwendig und wird erst seit den Vorfällen in Lainz nicht mehr in Frage gestellt.

Supervision im Arbeitsfeld Schule

Definition der Supervision

Supervision haben wir als ein berufsbegleitendes Fachgespräch mit einem in das aktuelle Arbeitsfeld nicht involvierten, möglichst von außerhalb der Institution kommenden Supervisor definiert. Sie bietet fachlich kompetente Führung und Begleitung, wobei die Verantwortung gegenüber dem Klientel im Vordergrund steht. Unter Klientel verstehen wir das gesamte Arbeitsfeld des Lehrers (bzw. Beratungslehrers). Dies umfaßt die Arbeit mit Kindern, Eltern, Kollegen, Vorgesetzten der Schulbehörde, Zusammenarbeit mit psychosozialen Institutionen. Die Supervision ermöglicht dem Supervisanden die Reflexion seiner Rolle, seiner Konflikte und seiner Aufgabenstellung im Gesamtkontext. Die Supervision soll zu einer kompetenteren und sichereren Arbeitsweise führen, die mit Zunahme von Selbstverantwortung und Initiative verbunden ist. Die fortlaufende Überprüfung der Arbeitsweise ermöglicht die frühzeitige Korrektur unbedachter bzw. nicht zielführender Beratungstätigkeit und ist mit ständigem Lernen durch Einsicht verbunden.

Voraussetzungen für die Supervisionstätigkeit am Zentrum für Verhaltenspädagogik in Wien

Folgende Voraussetzungen für die Supervisionstätigkeit am Zentrum für Verhaltenspädagogik werden als notwendig erachtet und daher gefordert:

- abgeschlossenes Hochschulstudium (Psychologie oder Pädagogik im Hauptfach bzw. Sonderpädagogik),
- klinisch-psychologische und/oder therapeutische Ausbildung in einem vom Dachverband anerkannten Verein,
- ständige Fortbildung,
- Lehramt für einen Pflichtschulbereich,
- Beratungslehrerausbildung oder vergleichbare Qualifikation,
- berufspraktische Voraussetzungen,
- zumindest fünfjährige Praxis als unterrichtender Lehrer im Pflichtschulbereich und
- mehrjährige Beratungslehrertätigkeit bzw. vergleichbare Tätigkeit (pädagogische und/oder klinisch-psychologische und/oder psychotherapeutische Arbeit mit Kindern, Jugendlichen und Erwachsenen).

Die Supervisionstätigkeit ist wegen der hohen Verantwortung an eine besondere ethische und menschliche Grundhaltung des Supervisors gebunden. Sie ist unvereinbar mit einer gleichzeitigen leitenden Funktion (etwa Direktor) in der selben Institution. Erfahrungsgemäß ist Supervision von außerhalb der Institution Schule kommenden Supervisoren günstiger und vorteilhafter.

Notwendigkeit der fachlichen Qualifikation

In der Arbeit mit verhaltensschwierigen Kindern an Schulen werden viele Konfliktbereiche angesprochen. Die entsprechende fachliche Kompetenz und Ausbildung des Supervisors ist daher notwendig. In einer unvollständigen, kursorischen Form möchte ich taxativ auf Inhalte von Supervisionen eingehen.

So wurden in meinen Supervisionen u.a. besprochen:
- Persönlichkeitsanteile des Supervisanden in der jeweiligen Konfliktsituation und Fallgeschichte,
- Lernstörungen und deren Ursachen (Teilleistungsschwächen, Störungen der Graphomotorik, Hyper- oder Hypoaktivität, Auffälligkeiten im Bereich der Grob- u. Feinmotorik, hirnorganisch bedingte Störungen, neurotische Konflikte),
- Unfallneigung, Selbstschädigungen, Suicidgefährdung,
- physische, psychische und sexuelle Kindesmißhandlung,
- Störungen der Familiendynamik, Scheidungskonflikte, Adoptionsfragen,
- schwerste traumatische Kindheitserlebnisse (Anwesenheit des Kindes bei Streit, Gewalttätigkeiten der Eltern usw.),
- Formen von Abhängigkeiten: Alkoholismus, Medikamentenmißbrauch, Drogen,
- Fernsehen und Videomißbrauch (Horrorfilme, Pornofilme usw.),
- frühkindliche Deprivationen und deren Folgen,
- Symptomatik psychischer Störungen (Nägelbeißen, Lügen, Aggressivität, Stehlen, Zündeln usw.),
- schwere Kontaktstörungen, Suicid von Angehörigen,
- Fragen der Begabungsförderung, pädagogische, heilpädagogische und therapeutische Maßnahmen,
- Fragen der Diagnostik, Fragen der Zusammenarbeit mit psychosozialen Einrichtungen (Kliniken, Schulpsychologie, Institute für Erziehungshilfe u.a.),
- Kriseninterventionen an Schulen, in Familien usw.,
- Probleme der Lehrer und ihrer Vorgesetzten und
- Erfahrungen aus der Supervisionsarbeit.

Die mehrjährige Tätigkeit in einem Randbereich psychosozialer Versorgung als auch die Rolle als Supervisor haben mir vielfältige Erfahrungen gebracht. Als Methode wählte ich in erster Linie das Gespräch, gelegentlich aber auch Rollenspiel, Arbeiten mit Ausdrucksmaterialien, Psychodrama usw..

Die Methode orientierte sich vor allem am Supervisanden bzw. an der Fallgeschichte. Aus vielen Gesprächen mit Lehrern komme ich zu einer Reihe von Beobachtungen und Feststellungen, die ich bei dieser Gelegenheit einem sachkundigem Publikum zur Diskussion stellen möchte.

Psychische Belastung des Lehrberufes

Viele Klassenlehrer und Professoren fühlen sich im Stich gelassen, wenn es um Probleme schwieriger Kinder geht. Sie erhalten kaum echte Hilfestellung von Vorgesetzten, auch kaum aus dem Bereiche der Schulpsychologie, da diese personell völlig unterbesetzt und daher überfordert ist.

Die psychische Belastung der Lehrer hier in Wien ist unvergleichlich höher als die in den Bundesländern. Das bestätigt jeder Lehrer, der Gelegenheit hat, in Wien oder in den Bundesländern zu unterrichten. Besonders hoch ist die psychische Belastung für Hauptschullehrer in Wien (hoher Gastarbeiterkinderanteil, Häufung schwierigster Kinder in bestimmten Einzugsgebieten, schulorganisatorische Fehlmaßnahmen etwa durch häufigen Lehrer- und Raumwechsel usw.). Starker seelischer Belastung sind weiters die Lehrer an Sondererziehungsschulen ausgesetzt. Unter schwierigen Arbeitsbedingungen, unzureichender Ausbildung und größtenteils fehlender stützender Maßnahmen (etwa Supervision, Fortbildung) unterrichten dort Lehrer jene Kinder, die wegen ihrer Aggressivität und Verhaltensschwierigkeiten an normalen Volks-, Haupt- und Sonderschulen untragbar sind.

Es gibt aber auch an Volksschulen mit enorm hohem Anteil an Gastarbeiterkindern oder vielen Scheidungswaisen (etwa an Ganztagsschulen) Probleme, was zu vermehrten Konflikten im Schulbereich führt. Nicht unerwähnt soll hier die schwierige Zeit der Einschulung mit der damit verbundenen Ablösungsproblematik bleiben. Daher kommt es in den Vorschulklassen zu ganz bestimmten Konfliktsituationen, in denen Lehrerinnen Hilfe benötigen.

Die Ausbildung der Lehrer

Die Lehrerausbildung ist im Pflichtschulbereich immer noch zu wenig praxisorientiert, im AHS-Bereich sowie im Bereich der Berufsbildenden Höheren Schulen werden nicht einmal Grundkenntnisse im Umgang mit Kindern und Jugendlichen vermittelt. Den Lehrern wird nicht vermittelt, was sie am dringendsten brauchen: den *menschlichen Umgang* mit dem Kind oder dem Jugendlichen!

Schon gar nicht werden etwa Kenntnisse im Umgang mit schwierigen Kindern vermittelt. Diese Probleme werden glattweg verleugnet. Die langjährigen Ausbildungen sind vorwiegend oder rein kognitiv ausgerichtet. Daher sind dann die Lehrer im Umgang mit massiven Schwierigkeiten hilf- und ratlos und bekommen kaum Hilfestellung. Diagnostische Hilfestellung gibt die Schulpsychologie, besonders in der Schullaufbahnberatung. Hilfestellungen im Umgang mit Verhaltensschwierigkeiten fehlen in großem Maße. Längerdauernde Betreuungsmaßnahmen werden nur von wenigen Institutionen angeboten. Supervision für beginnende Lehrer (etwa für drei Jahre) würde eine bedeutende Verbesserung bringen.

Es gibt derzeit keine Hilfestellung für Lehrer, die den Beruf wechseln sollten, weil sie den falschen Beruf gewählt haben oder den Anforderungen nicht gerecht werden können. Die dringend notwendige Reform des Einstiegs bzw. Ausstiegs in diesen Beruf ist nicht in Aussicht. Mehrfach haben wir festgestellt, daß es drei bis fünf Prozent psychotische Lehrer gibt, die nicht unterrichten sollten. Behörden reagieren eher rat- und hilflos, oft ist die Frühpension der einzige Ausweg.

Scheidungswaisen

An Wiener Volksschulen gibt es kaum mehr unterrichtende männliche Volksschullehrer. Wenn Sie dabei bedenken, daß es Klassen gibt, in denen der Großteil der Kinder aus geschiedenen Ehen stammt, dann fehlt diesen Kindern auch jede mögliche und sinnvolle Ersatzbeziehung. Mehrfach habe ich auf dieses Problem aufmerksam gemacht. Die Ursache der Verweiblichung des Erziehungsbereiches liegt auf der Hand: geringe Bezahlung und geringes Sozialprestige. Dringend sind hier Veränderungen notwendig.

Fragen des Führungsstils

Von enormen Einfluß auf das Arbeitsklima in der Schule ist der Führungsstil der Schulleitung. Die Aus- und Fortbildung der Schulleiter über die Psychologie der Führung, des Umgangs mit Mitarbeitern ist dringend notwendig. Schlechte Organisation und Führung, Zentralismus, engagementhindernde Strukuren, sowie der seit Jahrzehnten vorhandene Einfluß der politischen Parteien in den Schulen, behindern längst fällige Reformen. Gesetze des freien Wettbewerbs in der Wirtschaft wohlbekannt, würden Schulen und ihrer Organisation sehr gut tun. Wo sind jene Zeiten, in denen Wien von Pädagogen aller Welt besucht wurde, um hier den Umgang mit dem Kind zu lernen?

Vorbeugung

Die gesundheitspolitisch so wichtige Gruppe der Lehrer braucht dringend die Unterstützung der Psychologen, vor allem Unterstützung aus dem Bereich frei praktizierender Klinischer Psychologen und Psychotherapeuten. Ein psychisch stabiler Lehrer kommt ganzen Schülgenerationen zugute. Im Zeitalter zerbrechender und anfälliger Familienstrukturen, im Zeitalter einer rasanten technischen Entwicklung, kommt der Schule ein weit wichtigerer Stellenwert als je zuvor zu. Zig ZIGLAR, ein bekannter USManagementtrainer schriebt: "Die wirkliche Tragödie ist nicht die Zerstörung der Natur, sondern daß wir unsere Möglichkeiten nicht ausschöpfen. "Diese Aussage ist auch übertragbar auf unsere Schulen. Gesundheitsminister werden gut beraten sein, sich für die Schule und für die Lehrer zu engagieren, wollen sie ernsthaft an der Vorbeugung im Gesundheitswesen arbeiten.

Abschließende Bemerkungen

An guten Schulen und guten Wegen erkennt man den guten Staat. Ich frage mich ernsthaft, ob unsere gewählten Volksvertreter der Meinung sind, daß gute Schulen nicht billig und billige Schulen nicht gut sind. Unsere Bevölkerung und unsere Volksvertretung muß sich entscheiden. Will sie eine möglichst billige Schule, die für vieles Alibi bietet, die möglichst wenig leistet, oder sieht sie in der Schule etwas, das möglichst viel leisten kann und auf lange Sicht wesentlich geringere Kosten verursacht?

Unterrichtsministerium und Schulbehörden haben einen Schwund an Ansehen und Prestige bei den Eltern erlitten (z.B.: gesetzeswidrige Vorgangsweise im Bereich der Sexualerziehung). Im Bereich der Schule finden wir kaum ein "Head-Hunting" wie in der freien Wirtschaft, dafür Gleichmacherei, die zu Resignation und Kreativitätsschwund führt. Da Kinder und Jugendliche keine Anwälte, keine Fürsprecher, keine Parteien und keine Gewerkschaften haben, blieben ihre Anliegen unbeachtet. Die viel zu stummen Lehrer, Eltern und Psychologen dürfen zu Mißständen nicht länger schweigen. Sie brauchen Mut und Kompetenz, um unseren Kindern Selbstvertrauen und Lebensmut zu vermitteln. Die Kinder sind unsere Zukunft, wir brauchen die Besten im Bereiche der Erziehung: Wie trist ist die Realität!

Darf ich zum Abschluß noch den großen Weisen KRISHNAMURTI zitieren: "Die größte Kunst ist die Kunst des Lebens, größer als alle Dinge, welche die Menschen je geschaffen haben, vom Verstande her oder mit den Händen, und größer als alle heiligen Schriften und ihre Götter. Nur durch diese Kunst des Lebens kann eine neue Kultur entstehen. Es liegt in der Verantwortung jedes Lehrers, dies hervorzubringen. Das Leben zu verstehen heißt, sich selbst zu verstehen, und damit beginnt und endet alle Erziehung." (KRISHNAMURTI, Jiddu: Erziehung zur Kunst des Lebens, Lambert Schneider, Heidelberg 1988)

Auch die Psychologen sind aufgefordert, den Lehrern hilfreich zur Seite zu stehen, die jene begleiten, die nach uns die Arena des Lebens betreten!

Bericht über die Arbeitsgruppe Hofmann

M. Hofmann
Wirtschaftuniversität Wien, Österreich

Die Arbeitsgruppe war sehr zahlreich besucht und gelangte nach einer grundlegenden Diskussion einiger Begriffe in eine neuerliche Vertiefung des Einblicks in die psychoanalytischen Verhaltenstypen und insbesondere in die Problematik der Anwendbarkeit dieses Modells in der praktischen Managementarbeit.

Die durch die Teilnehmer der Arbeitsgruppe erfragten Begriffe bzw. Schlagworte waren:

- *Management by objectives* (MBO), wobei vor allem die Eignung dieser Managementtechnik für die Förderung der Arbeitsmotivation diskutiert wurde;
- *Kontrollspannengesetz*, das auch im Zusammenhang mit der Führungspsychologie die grundlegende Unmöglichkeit von Managern, mehr als sieben bis neun unmittelbar Untergebene zu führen, zur Debatte stellte;
- *Betriebsklimauntersuchung* und hierbei vor allem die Klärung der Frage, inwieweit auch mit Hilfe psychoanalytisch angewandter Konzepte dabei gearbeitet werden kann; ich konnte berichten, daß es mit Hilfe meines Tests möglich war, bei Betriebsklimauntersuchungen Gruppierungen festzustellen und die jeweiligen Konstellationen in Untergruppen auch im Zusammenhang mit Betriebsklima zur Debatte zu stellen.

Großes Interesse erweckte schließlich der Begriff

- *Supervision*, besonders die spezielle Supervision nach der psychoanalytischen Art der Balint-Gruppe. Hier wurde vor allem diskutiert, welche Vorteile eine solche Gruppe bringen kann und welche Voraussetzungen die Ausbildung eines solchen Balint-Trainers erfordert. Ich konnte berichten, daß in Balint-Gruppen vor allem die Beziehungen zwischen ursprünglichen Ärzten und ihren Patienten und jetzt auch in allen anderen Berufssparten grundlegende Beziehungsprobleme erörtert wurden und hierbei an die Qualität des Balint-Trainers, der ein ausgebildeter Analytiker sein sollte und zusätzlich gruppendynamische Erfahrung besitzen sollte, sehr hohe Anforderungen gestellt werden.

Durch die Nachfrage eines Teilnehmers wurde das

- *Konkurrenzprinzip* der westlichen Wirtschaftsordnung im Hinblick auf Arbeitsmotivation und Betriebsklima diskutiert, und wir gelangten zur Meinung, daß dieses Prinzip u.U. im Widerspruch zu Grundsätzen der Kooperativität und eines sinnvollen, fairen Wettbewerbs steht, weil es ein gewisses Nullsummenspiel darstellt und eine Korrektur unseres Systems verlangt.

In diesem Zusammenhang wurde auch das große Thema Ethik im Management und deren zunehmende Bedeutung diskutiert. Ich konnte dazu ausführen, daß neuerdings bei Managementtrainings, aber auch in der Lehre, große Nachfrage nach diesem Thema besteht und es wiederum möglich ist, dieses Thema im Zusammenhang mit Managementlehre und -forschung zu behandeln. Wir kamen in der Diskussion zur Fragestellung, inwieweit die Ethik unabhängig von der Religion als die Ordnungsvorstellung für ein friedliches Zusammenleben von Menschen für die Managementlehre und das Betriebsleben eine anwendbare und wichtige Kategorie darstellt.

Schließlich wurde der sogenannte *"flattening the pyramide"-Effekt* im Zusammenhang mit der Hierarchie-Problematik der Darstellung der Unterordnungsverhältnisse diskutiert und die Möglichkeit der steilen oder flachen Hierarchie auch wieder im Zusammenhang mit Führung und psychoanalytischer Führungspsychologie aufgegriffen. Wir kamen hier zur Schlußfolgerung, daß das "flatening the pyramide" die Verkürzung der hierarchischen Stufen und grundsätzliche Aufteilung größerer Organisationseinheiten in relativ selbständige und kleinere nach sich zieht, wodurch intensivere, kontrollierbarere und auch in der Führungsaufgabe verbesserte Beziehungen zwischen Vorgesetzten und Untergebenen hergestellt werden können.

Dann wurde im Laufe der Diskussion ausführlich die in meinem Vortrag beschriebene psychoanalytische Charakterologie dikutiert. Ich verwies dabei auf die von mir im Buch "Funktionale Managementlehre" (Hofmann / v. Rosenstiel) an geeigneter Stelle detailiert dargelegte Beschreibung.

Ein weiterer Punkt der Diskussion wurde dann die von mir im Vortrag angedeutete "charismatische Spirale", die ebenfalls im genannten Buch im Detail vorgestellt und abgebildet ist.

Die psychoanalytisch so interessierte Charakterisierung von Führungsproblemen anhand der charismatischen Spirale wurde dann vor allem entlang der Schwierigkeit, eine ausreichend mündige und reife Persönlichkeit bei solchen Führungsverhältnissen zu entwickeln, diskutiert, da die starken Identifikationsabwehren, die zwischen den Mitläufern und zur Entstehung der charismatischen Spirale beitragenden Anhängern und dem charismatischen Führer bestehen, zugleich eine große Entlastung durch die Projektion des negativen Selbst zum gemeinsam bekämpften Feindbild enthalten und so eine als "Scheinbar-Identität" erlebte, beglückende Gefühlssituation bei den Anhängern erwecken, die – solange sich das Feindbild nicht wehrt – zu einer ungeheuren Gefahr in dieser Identifikationsmechanik führt.

Abschließend wurde noch die Frage des Einflusses der Konstellationsernergie auf die Arbeitsmotivation beprochen, das heißt die Problematik, daß durch günstige Konstellationen, sich assymmetrisch ergänzende und komplementäre Arbeitsbeziehungen eine Verstärkung der Arbeitsmotivation und eine viel günstigere Situation der betrieblichen Psychohygiene herbeigeführt werden kann. Eine solche Führungspolitk im Zusammenstellen sich ergänzender und günstiger Charaktere in Arbeitssituationen wurde als eine wesentliche Führungsaufgabe erkannt.

Durch diese ungeheuren Inhalte und Schwerpunkte kann die Arbeit der Gruppe charakterisiert werden, die eine überdurchschnittlich große Anzahl von Interessenten in einer überdurchschnittlich langen Arbeitsgruppe im Rahmen dieses Kongresses zusammenbrachte.

Spektralanalyse des EEGs Alkoholkranker nach achtmonatiger Abstinenz

H. Frank
Anton Proksch-Institut, Wien, Österreich

Einleitung

Immer wieder wird in der Literatur bei Alkoholkranken ein Hirnstrombild mit hohem Anteil schneller Wellen (Beta-Wellen) und niedrigem Anteil langsamerer Wellen (Alpha-Wellen) beschrieben [1, 2, 3, 6, 7, 8].

Diese vermehrte Betaaktivität im Elektroenzephalogramm (EEG) Alkoholkranker läßt sich als Konsequenz des chronischen Alkoholismus auffassen, kann aber auch einen schon vor der Entwicklung des Alkoholismus vorhandenen konstitutionellen Faktor darstellen. Eine erhöhte Betatätigkeit wird als Ausdruck eines hohen cerebralen Arousals interpretiert. Mehrere Arbeiten weisen auf eine genetische Komponente des Beta-EEGs Alkoholkranker hin. Andere widersprechen dieser Annahme: während der Entzugsbehandlung wurde nämlich gleichzeitig mit der Verbesserung des klinischen Zustandes auch die Abnahme der Beta-Aktivität beobachtet [5, 7, 10]. Eine erhöhte Betatätigkeit läßt sich u.a. als Ausdruck psychischer Spannung oder der Hyperexzitabilität interpretieren, wie sie auch im Rahmen des Entzugssyndroms auftreten [9].

Die vorliegende Studie ist Teil eines vom Fonds zur Förderung der wissenschaftlichen Forschung geförderten Projektes, das die Auswirkungen von chronischem Alkoholismus bzw. von Entzug und Restitution auf hirnelektrische Phänomene untersucht. Hier beschränken wir uns jedoch auf die Ergebnisse einer Spektralanalyse des EEGs. Damit wollen wir die Frage beantworten, ob die vermehrte Betatätigkeit ein EEG-Merkmal ist, das nur vorübergehend während der frühen Entzugsphase auftritt oder ob diese schnellen Wellen auch noch nach länger anhaltender Abstinenz beobachtet werden können.

Methodik

Auschlußkriterien

Wir vereinbarten eine Reihe von Kriterien für den Ausschluß eines Patienten aus den experimentellen Gruppen: z.B. Medikamentenmißbrauch, Schädelhirntrauma, Epilepsie usw..

Experimentelle Gruppen und Kontrollgruppen

Alkoholkranke:
Von 72 Patienten waren 28 auch noch nach mindestens einem Jahr abstinent. 4O Patienten waren nach einer zwei- bis sechsmonatigen Abstinenzzeit rückfällig. Zum Zeitpunkt der EEG-Ableitung nach acht Monaten waren sie jedoch nicht alkoholisiert. Der letzte Alkoholkonsum lag in diesen Fällen vier bis acht Tage zurück. Vier Patienten schieden aus verschiedenen Gründen später wieder aus.

Kontrollpersonen:
32 gesunde Personen wurden denselben Untersuchungen unterzogen und dienten als Kontrollgruppe. Experimentelle Gruppen und Kontrollgruppe waren nach Alter und Schulbildung parallelisiert.

Datenerhebung

Die EEG-Ableitung erfolgte von mehreren Punkten der Schädeloberfläche und zwar drei Tage, eine Woche, zwei Monate und acht Monate nach dem Entzug. Die Hirnaktivität wurde computergestützt analysiert. Mittels einer Fast-Fourier-Transformation wurde der relative Anteil der schnellen Hirnaktivität (der Beta-Wellen) und der langsameren Tätigkeit an der Gesamtaktivität des EEGs bestimmt.

Statistische Auswertung

Für die statistische Auswertung verwendeten wir Verfahren aus dem Programmpaket SPSS.

Ergebnisse

Effekt der Abstinenzdauer

Die Hauptergebnisse einer früheren Studie (4) konnten im wesentlichen bestätigt werden: während der ersten Abstinenzwoche wiesen Alkoholkranke signifikant mehr Beta auf als Kontrollpersonen. Jedoch bestehen zwischen den beiden experimentellen Gruppen der Alkoholkranken Unterschiede.

Abstinente:
Alkoholkranke, die mehr als ein Jahr abstinent bleiben, haben in der ersten Entzugsphase ein Hirnstrombild, das mehr schnelle Wellen aufweist als Kontrollpersonen und später Rückfällige. Dies gilt vor allem für den achten Entzugstag

(Abbildung 1). Nach acht Monaten ohne Alkohol hat sich jedoch das EEG-Bild gewandelt: der Anteil der schnellen Wellen ist zurückgegangen.

Rückfällige:
Alkoholkranke, die nach zwei bis sechs Monaten ihren Alkoholkonsum wiederaufnehmen (regelmäßiges "kontrolliertes" Trinken mit mehreren kleineren Rückfällen, noch ohne Wiederaufnahme des massiven bzw. exzessiven Trinkens), unterscheiden sich im frühen Entzug in keinem von uns geprüften EEG-Merkmalen signifikant von Kontrollpersonen. Nach mehrmonatigem Trinken (acht Monate nach dem ersten Entzug) zeigen sie jedoch ein ähnliches EEG-Bild wie die abstinente Gruppe im frühen Entzug: vermehrt Beta, vermindert Alpha (Abbildungen 1 und 2).

Risiko

Insgesamt ist die familiäre Belastung mit Alkoholkrankheit bei beiden Patientengruppen hoch. Überraschend ist der Unterschied zwischen den beiden Patientengruppen in Hinblick auf dieses Merkmal. Alkoholismus tritt in den Familien der abstinent bleibenden Patienten wesentlich häufiger auf als in den Familien der rückfälligen Patienten (Tabelle 1).

Fam.Alk.	**Abst.**		**Rückf.**		**Summe**
Vater	10	(43,5%)	5	(23,8%)	15
andere	8	(34,8%)	6	(28,6%)	14
keine	5	(21,7%)	10	(47,6%)	15
Summe	23	(100,0%)	21	(100,0%)	44
fragl	2		2		4
					48

Tabelle 1: Familiäre Belastung mit Alkoholismus bei abstinenten und rückfälligen Alkoholkranken.

Diskussion

1. Das Fehlen einer statistisch gesicherten erhöhten Betatätigkeit über den Entzug hinaus wäre ein Argument dafür, daß es sich eher um eine entzugsabhängige state-Variable als um eine biologisch-konstitutionell determinierte trait-Variable handelt.

2. Abstinent Bleibende haben häufiger und mehr alkoholkranke Verwandte ersten und zweiten Grades, als rückfällige Patienten: Ein erhöhtes familiäres Risiko

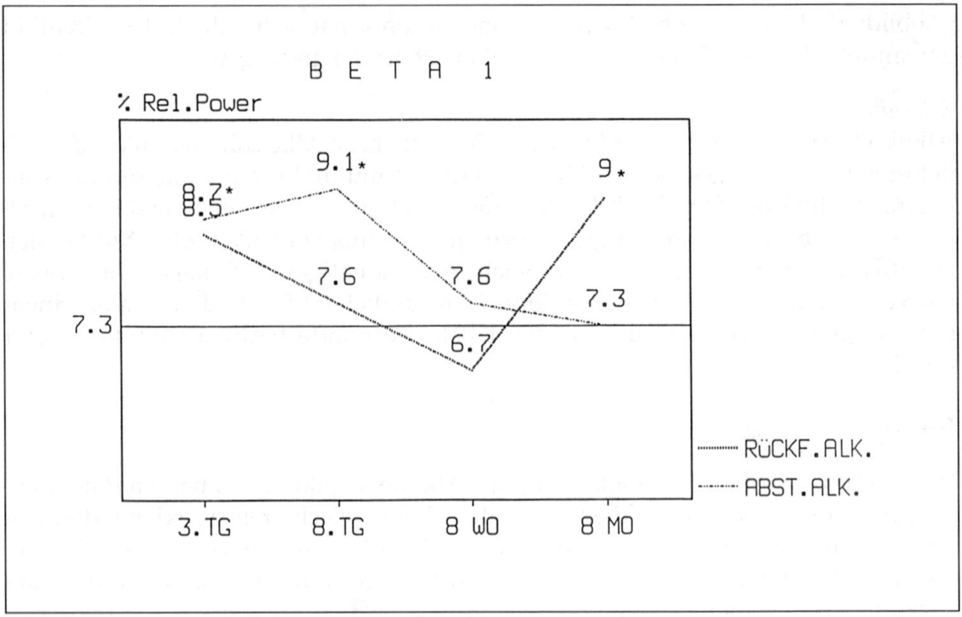

Abbildung 1: beta-Tätigkeit nach dem Entzug.
*** sign. Diff. zur rel.power d. KG (= 7,3 %)**

scheint nach diesen ersten Ergebnissen prognostisch günstiger zu sein (möglicherweise über eine erhöhte Krankheitseinsicht?).

3. Zumindest bei der abstinenten Gruppe läßt sich annehmen, daß die Abnahme der Betatätigkeit mit einem Prozeß der Restitution parallel verläuft. Aber auch bei den später rückfälligen Patienten war es zu einer signifikanten Abnahme der Betatätigkeit im Verlauf der zweimonatigen Abstinenz gekommen. Bei dieser Gruppe war allerdings zu Beginn des Entzuges keine Abweichung vom Kontrollwert statistisch zu sichern.

Wenn auch die anfänglichen Unterschiede zwischen den beiden Patientengruppen nicht leicht zu interpretieren sind, so ist doch hervorzuheben, daß bereits eine kurze Phase des Trinkens (und zwar noch ohne Wiederaufnahme des alten Trinkmusters in seinem vollen Umfang) nach einem eben erst durchgeführten Entzug die elektrische Hirnaktivität modifiziert. Dem entspricht die Beobachtung, daß jeder weitere Entzug sowohl körperlich als auch psychisch vom Patienten wesentlich schlechter bewältigt wird. Es läßt uns an den "kindling"-artigen Effekt jedes Entzuges auf den darauffolgenden Entzug denken.

4. Die vorliegenden Ergebnisse möchten wir als vorläufige betrachtet wissen. Wir erwarten, daß weitere Daten, die wir bereits miterhoben haben (wie Daten aus der Trinkanamnese, biographische und psychometrische Daten, sowie Maße aus an-

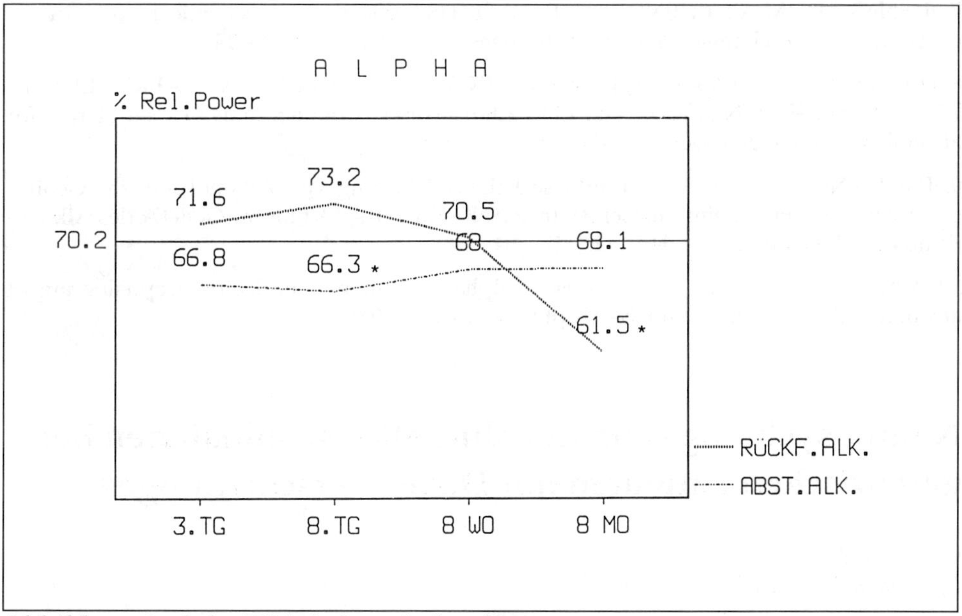

Abbildung 2: alpha-Tätigkeit nach dem Entzug.
*** sign. Diff. zur rel.power d. KG (= 70,2 %)**

deren elektrophysiologischen Untersuchungen), zur Klärung der noch offenen Fragen beitragen.

Literatur

1. BEGLEITER, H.; PLATZ, A.: The effect of alcohol on the central nervous system in humans. Aus Kissin B. und Begleiter H. (Hrsg.): The Biology of Alcoholisms. Vol.2, Plenum Press, New York 1972: 293 – 343.

2. BENNET, A.E.; DOI, L.T., MOWERY, S.L.: The value of electroencephalography in alcoholism. J.Nerv.Ment.Dis. 1956, 124: 27 – 34.

3. DAVIS, P.A.; GIBBS, F.A.; DAVIS, H.; SETTER, W.W.; TROWNBRIDGE, L.S.: The effect of alcohol upon the electroencephalogram (brain waves). Q.J. Stud. Alc. 1941, 1: 626 – 637.

4. FRANK, H.; HEBER, G.; FRITSCH, M.: Analyse des EEGs Alkoholkranker in der ersten Phase der Abstinenz. Der Nervenarzt, 1986, 57: 730 – 735.

5. GABRIELLI, W.F.; MEDNICK, S.A.; VOLAVKA, J.; POLLOCK, V.E.; SCHLUSINGER, F.; ITIL, T.M.: Electroencephalograms in children of alcoholic fathers. Psychophysiol. 1982, 19: 404 – 407.

6. GUERRERO-FIGUEROA, R.; RYE, M.M.; GALLANT, D.M.; BISHOP, M.P.: Electrographic and behavioral effects of diazepam during alcohol withdrawal stage in cats. Neuropharmacology, 1970, 9: 143 – 150.

7. KENNARD, M.A.; BUENDING, E.; WORTIS, S.B.: some biochemical and electro-encephalographic changes in delirium tremens. Q.J.ALC. 1945, 6: 4 – 14.

8. POLLOCK, V.E.; VOLAVKA, J.; GOODWIN, D.W.; MEDNICK, S.A.; GABRIELLI, W.F.; KNOP, J.; SCHLUSINGER, F: The EEG after alcohol administration in men at risk for alcoholism. Arch.Gen.Psychiatry 1983, 40: 857 – 861.

9. PROPPING, P.: Genetische Einflüsse bei der Wirkung von Alkohol auf das Gehirn, besonders des EEGs, beim Menschen. In: ZANG k.d. (Hrsg) Klinische Genetik des Alkoholismus. 1984, Kohlhammer, Stuttgart, 47 – 64.

10. VARGA, B.; NAGY, T.: Analysis of alpha rhythm in the electroencephalogram of alcoholics. Electroenceph. clin. Neurophysiol. 1960, 12: 933.

Neuropsychologische Rehabilitationsmaßnahmen bei geriatrischen Patienten mit Demenzerscheinungen

G. Gatterer
Pflegeheim Lainz, Wien, Österreich

Im Jahre 1900 betrug die durchschnittliche Lebenserwartung etwa 47 Jahre. Heute erreichen Menschen im Durchschnitt ein Alter von 72 Jahren, wobei die Lebenserwartung weiterhin ansteigt. Andererseits nehmen jedoch auch Demenzerscheinungen bei geriatrischen Patienten und die damit verbundenen psychosozialen Probleme ständig zu. Die Familien sind großteils nicht in der Lage, ihre älteren teilweise verwirrten und pflegebedürftigen Angehörigen zu Hause zu betreuen. Eine Pflegeheimeinweisung ist hier oft der einzige Ausweg. Insofern ergeben sich jedoch für diese Institution immer neue Aufgaben. Reicht es doch bei weitem nicht aus, den alten, geistig abgebauten Menschen rein somatisch und pflegerisch zu betreuen. Geistiger Förderung kommt hier eine wichtige Funktion zu. Gerade in diesem Bereich können auch neuropsychologische Trainingsmaßnahmen sehr hilfreich sein.

Für solche Patienten mit einem mittelgradigen bis schweren zerebralen Abbau wurden verschiedene Trainingsprogramme entwickelt, die in sogenannte Realitäts-Orientierungs-Trainings, Remotivations-Aktivierungs-Programme und Resozialisations-Programme eingeteilt werden können. Vor allem Realitäts-Orientierung-Programme erfüllen hier eine wichtige Funktion. Ziel dieses Trainings ist es, den älteren Patienten in der Gruppe, durch eine gezielte Förderung der beeinträchtigten kognitiven Funktionen aus seiner sozialen Isolation zu befreien.

Wir selbst untersuchten die Wirksamkeit eines solchen Trainings im Vergleich zu nootroper Therapie und reinem Sozialkontakt. Zu diesem Zweck wurden 23 Patienten mit Realitäts-Orientierungs-Training, 27 Patienten mit nootroper Therapie und 20 Kontrollpatienten (Sozialkontakt) vier mal einer ausführlichen Testpsychologischen Untersuchung unterzogen (vor Therapiebeginn, zu Ende der Therapie, drei Wochen nach Ende der Therapie, sechs Monate nach Ende der Therapie). Alle Patienten waren zum Zeitpunkt der Untersuchung stationär im Pflegheim Wien-Lainz und hinsichtlich Alter, Geschlecht, Sozialstatus und Demenzgrad vergleichbar.

Es zeigte sich, daß sowohl Realitäts-Orientierungs-Programme als auch nootrope Therapie einen positiven Einfluß auf die Selbständigkeit und die kognitive Leistungsfähigkeit der Probanden ausübten. Andererseits waren diese Verbesserungen jedoch nach Ende der therapeutischen Interventionen nicht stabil, sondern näherten sich immer mehr der ursprünglichen Leistung an.

Insofern kann man also sagen, daß beide Therapieformen die Integration geriatrischer Patienten mit Demenzerscheinungen in einem Pflegeheim verbessern, jedoch wenn möglich sehr lange durchgeführt werden sollten. Weiters erscheint es sinnvoll, solche Trainingsprogramme in ein weniger strukturiertes Aktivierungsprogramm übergehen zu lassen, wie es etwa auch im Rahmen einer Ergotherapie durchgeführt werden kann.

Die geistige Förderung geriatrischer Patienten mit Abbauerscheinungen stellt unseres Erachtens keine reine Beschäftigungstherapie (für Patient und Therapeut) dar. Es ist zu einer Philosophie geworden, geriatrische Patienten möglichst lange somatisch am Leben zu erhalten, deshalb sollten wir auch danach trachten, sie seelisch-geistig am Leben zu erhalten.

Zum Stellenwert eines kognitiven Trainingsprogramms bei Patienten mit dementiellen Abbauerscheinungen in einer Rehabilitationsklinik

V. Günther
Universitätsklinik für Psychiatrie, Innsbruck, Österreich

Einleitung

Für ältere Menschen stellt ein längerer stationärer Krankenhausaufenthalt einen gravierenden Einschnitt in ihr gewohntes Leben dar. Das reizarme Klima einer Klinik kann zu rapiden Verschlechterungen der oft schon beeinträchtigten kognitiven Funktionen führen. Diese Beobachtung – sie wird von Ärzten, Schwestern und vor allem Angehörigen immer wieder bestätigt – führte zu den folgenden

Fragenstellungen

Können mittels eines kognitiven Trainingsprogramms bei über 65jährigen Patienten mit einem organischen Psychosyndrom, die sich aufgrund einer körperlichen Erkrankungen in einer Rehabilitationsklinik einem mehr als drei Wochen dauernden Aufenthalt unterziehen müssen, Verschlechterungen in diversen Leistungsparametern verhindert werden?

Hat ein derartiges Trainingsprogramm auch positiven Einfluß auf Aspekte des Verhaltens?

Methode

In Anlehnung an das Realitätsorientierungsprogramm von Barnes (1974) sowie des in Österreich sehr populär gewordenen Gedächtnistrainings von Gatterer (1986) haben wir ein Übungsset – bestehend aus 4 Trainingseinheiten – entwickelt. Geübt werden verschiedene Gedächtnisaufgaben, wie das Wiederauffinden von Gegenständen, das Behalten von Einkaufslisten, das Behalten gesehener Gegenstände und das Erkennen von Gegenständen durch Ertasten. Parallel zu den Übungen werden den Patienten memonische Techniken wie z.B. das Bilden von Sinnzusammenhängen oder das Bilden von komplexen Vorstellungsbildern vermittelt.

Die Untersuchung wurde im Landeskrankenhaus Hochzirl (Vorstand: Prim.Doz. Dr. H.P. Rhomberg) durchgeführt. Insgesamt nahmen 14 Patienten (weiblichen Geschlechts) mit organischen Psychosyndromen teil. Die Auswahl der Probandinnen erfolgte an Hand der individuellen Krankengeschichte, der subjektiven Beurteilung durch den behandelnden Arzt sowie der objektiven durch eine psychologische Testuntersuchung. Die Patientinnen wurden randomisiert entweder der Behandlungsgruppe (kognitives Training) oder der Kontrollgruppe (unspezifische Gespräche) zugewiesen. Die Patientinnen erholten sich von den Folgen eines allgemein-körperlichen Schwächezustandes, einer Herz- und Kreislaufkrise oder von Oberschenkel- und Knöchelfrakturen. Das Durchschnittsalter der Patientinnen aus der kognitiven Trainingsgruppe betrug 80,7 ± 4,3 Jahre, das der Kontrollgruppe 84,0 ± 3,4 Jahre.

Das Trainingsprogramm wurde von einer gut ausgebildeten Verhaltenstherapeutin mit jeder Patientin einzeln durchgeführt, somit konnte das Programm auf die individuellen Bedürfnisse abgestimmt werden. Die Patientinnen der kognitiven Trainingsruppe erhielten im Zeitraum von neun Tagen insgesamt neun Sitzungen zu je 45 Minuten, die Patientinnen der Kontrollgruppe erhielten zeitlich gleichlang dauernde Kontakte mit der Therapeutin, wobei über Alltägliches geplaudert wurde. Vor Beginn und nach Abschluß des Trainings wurden alle 14 Patientinnen mittels des Syndrom-Kurztests (SKT) nach Erzigkeit (1977) zur Erfassung von Aufmerksamkeits- und Gedächtnisstörungen, mit dem Benton-Test (Benton, 1986) zur Erfassung der visuellen Merkfähigkeit sowie mit dem Trail-Making-Test (Reitan, 1986), zur Erfassung der Informationsverarbeitungsgeschwindigkeit bzw. kognitiven Leistungsgeschwindigkeit, getestet. Darüber hinaus wurden die Patientinnen von ihrer betreuenden Krankenschwester mittels der Clinical Assessment Geriatric Scale (SCAG) von Venn, Hamot und Shader beurteilt. Die statistische Auswertung der Daten erfolgte mittels parameterfreien Verfahren; es sind dies der Wilcoxen-Wilcox-Test innerhalb und der Mann-Whitney-Test zwischen den Gruppen.

Ergebnisse

Die kognitive Trainingsgruppe weist gegenüber der Kontrollgruppe signifikante Verbesserungen sowohl im Bereich der visuellen Merkfähigkeit als auch im Bereich der kognitiven Leistungsgeschwindigkeit (Benton-Test, Trail-Making-Test) sowie im Subtest "Gegenstände benennen" des SKT auf. Bezogen auf Mittelwerte verbessern sich die Patientinnen der kognitiven Trainingsgruppe im SKT-Gesamtscore von einem Wert, der ein schweres organisches Psychosyndrom bzw. eine beginnende Bewußtseinseintrübung charakterisiert, auf einen Wert, der lediglich auf ein mittelschweres organisches Psychosyndrom hinweist. Die Kontrollgruppe hingegen zeigt vorher und nachher die für schwere organische Psychosyndrome bzw. beginnende Bewußtseinseintrübung typischen Scores.

Das kognitive Trainingsprogramm wirkt sich jedoch nicht nur deutlich auf der Leistungsebene sondern auch auf der Verhaltensebene – wenn von der Krankenschwester beurteilt – aus.

Patientinnen, die das kognitive Trainingsprogramm erhielten, wurden gegenüber den Ausgangswerten signifikant weniger depressiv, motivierter und weniger reizbar bzw. mißgestimmt in SCAG beschrieben. Auch zeigen sie nach dem kognitiven Trainingsprogramm vermehrt Interesse an ihrer Umgebung, sind geselliger und klagen weniger über Müdigkeit. Leider wurde die Trainingsgruppe in den Items "Stimmungslabilität", "unkooperatives Verhalten" und "fehlende Selbständigkeit" schon vor dem Training als weniger auffällig beurteilt als die Kontrollgruppe, diese Unterschiede zeigten sich auch nach dem Training.

Dafür schien die Trainingsgruppe aus der Sicht der Pflegepersonen vor dem Training appetitloser als die Kontrollgruppe. Nach dem Training war zwischen den beiden Gruppen kein Unterschied mehr faßbar, dies aufgrund einer Verbesserung des Appetits der kognitiven Trainingsgruppe.

Zusammenfassend kann gesagt werden, daß ein einfaches, lediglich neun Stunden dauerndes kognitives Trainingsprogramm gegenüber "unspezifischer Zuwendung" zu einer Verbesserung in den Bereichen des Gedächtnisses, der Aufmerksamkeit sowie der kognitiven Leistungsgeschwindigkeit führt und sich vor allem auch positiv auf das Sozialverhalten, den Antrieb und die depressive Verstimmung auswirkt.

Schwerpunkte in der Rehabilitation bei Abhängigen von illegalen Drogen

E. Harramach
Anton-Proksch-Institut, Mödling, Österreich

Die Rehabilitation Drogenabhängiger gehört zu den schwierigsten Problemen der Psycho- und Soziotherapie. Die zu bewältigenden Schwierigkeiten auf dem Weg zur Drogenfreiheit sind vielfältig. Der Mißbrauch und die Abhängigkeit von Drogen entsteht als Folge komplizierter Wechselwirkungen zwischen eingenommener Substanz, dem Individuum und der Gesellschaft. Drogensucht bedeutet also nicht nur zahlreiche Konflikte im Umgang mit sich selbst, mit Partnern, der eigenen Familie, der Arbeit, sondern oft auch ein Leben in der Illegalität, sozialen Abstieg und den Verlust wichtiger Bezugspersonen.

Ein therapeutisches Konzept zur Behandlung der Drogensucht muß daher alle diese Faktoren einbeziehen. Daraus ergeben sich folgende Schwerpunkte: die Resozialisation, die Psychotherapie, die Arbeitstherapie und der Bereich der Freizeitgestaltung.

Ich möchte anhand des Therapiekonzeptes der Mödlinger Drogenstation näher auf diese Schwerpunkte eingehen.

Zunächst zu unserer Station. Wir arbeiten nach dem Prinzip der therapeutischen Gemeinschaft, d.h. ein fünfzehnköpfiges Team, bestehend aus Ärzten, Psychotherapeuten, Sozialarbeitern und Arbeitstherapeuten und maximal 34 Patienten gestalten gemeinsam das stationäre Leben. Den Rahmen dafür bildet die Hausordnung und das therapeutische Programm, das sich aus Arbeitstherapie, Einzel- und Gruppentherapie und verschiedenen Gemeinschaftsaktivitäten zusammensetzt. Als Langzeittherapieeinrichtung stellt die Mödlinger Drogenstation nur ein Glied in der gesamten Therapiekette dar. Der körperliche Entzug und die anschließende, mehrwöchige Vorbetreuung wird in einer eigenen Vorbetreuungsstation in

Kalksburg durchgeführt. Daran schließt die einjährige Therapie in Mödling an. Abschließend ist ein Aufenthalt in unserem Half-Way-House in Wien von einem halben Jahr vorgesehen. Die ambulante Nachbetreuung in unserer Beratungsstelle im 1. Bezirk bildet das letzte Glied dieser Therapiekette. Die Entscheidung für die Therapie beruht bei etwa 70 Prozent der Patienten auf Freiwilligkeit, die restlichen 30 Prozent kommen auf richterliche Anordnung.

Die Resozialisation als erster Schwerpunkt ist von besonderer Bedeutung. Die Patienten, bei denen meist vielfältige Sozialisationsdefizite vorliegen, müssen neue Wege im Umgang mit sich selbst und mit den anderen finden. Durch das Zusammenleben auf engem Raum, durch die Abstinenz von Drogen, Medikamenten und Alkohol und durch die einzuhaltende Struktur entstehen Konflikte, die sozusagen das Material für die therapeutische Auseinandersetzung bilden. Sowohl in regelmäßigen Fallbesprechungen im Team, als auch in Zusammenarbeit mit den Patienten in Wohngruppensitzungen werden sozialtherapeutische Strategien erarbeitet, die den Patienten neue Lernerfahrungen ermöglichen sollen. Versäumte Reifungsschritte können so nachgeholt werden und das Verhaltensrepertoire der Patienten wird erweitert.

Den zweiten Schwerpunkt in der Behandlung bildet die Psychotherapie. In Mödling sind dafür zwei Einzelsitzungen, zwei Gruppensitzungen und eine Großgruppe pro Woche vorgesehen. Ein streng psychoanalytisches Setting mit der klassisch abstinenten Haltung des Therapeuten ist in diesem Rahmen nicht durchführbar, da jeder Therapeut im täglichen Umgang mit den Patienten mehrere Funktionen hat. Außerdem brauchen diese Patienten ein Klima der Begegnung, in dem sie sich konfrontieren können, in dem echte Kontakte möglich sind und neue Lernschritte gemacht werden können. In unserer Station kommen daher vorwiegend Gestalttherapie, aber auch analytisch orientierte Psychotherapie zur Anwendung.

Der therapeutische Zugang zu diesen Patienten erweist sich oft als schwierig und für den Therapeuten als frustrierend. Besonders zu Beginn sind die Patienten im allgemeinen eher uneinsichtig und geneigt, sich zu rechtfertigen, statt sich zu ändern.

Die niedrige Frustrationstoleranz, die bei Drogensüchtigen häufig zu beobachten ist, führt dazu, daß Konflikte schnell in Handlungen umgesetzt werden oder daß der Patient versucht, sich emotional aus der Therapie zurückzuziehen.

Den dritten Schwerpunkt bildet die Arbeitstherapie. Es soll ein Arbeitsverhältnis geschaffen werden, das sich der Realität annähert. Gleichzeitig lernt der Patient die Regeln, Gebote und Verbote jeder Arbeitsgemeinschaft. Nach dem Aufenthalt sollte der Patient in der Lage sein, einen geeigneten Arbeitsplatz zu finden und den durchschnittlichen Leistungsanforderungen der Arbeitswelt gerecht zu werden. In unserem Haus stehen folgende Arbeitsbereiche zur Verfügung: Keramikwerkstatt,

Buchbinderei, Tischlerei, Hausarbeit, Waschküche, und Küche. Nach sechs Wochen steht jedem Patienten die Möglichkeit offen, in einen anderen Arbeitsbereich überzuwechseln. Außerdem übernimmt jeder Patient einen angemessenen Teil der Putzarbeit im Haus, sodaß kein Raumpflegepersonal beschäftigt wird. Die Aufgabe der Therapeuten in diesem Bereich ist eine pädagogische. Es muß auf Pünktlichkeit geachtet werden, bestimmte Leistungen müssen erbracht werden und die Patienten werden motiviert, auch frustrierende Phasen in der Arbeit durchzustehen und nicht aufzugeben.

Als vierten Schwerpunkte möchte ich den Bereich der Freizeitgestaltung anführen. Die Neigung Drogensüchtiger zu passivem Konsumverhalten führt oft zu Langeweile und einem Gefühl des Unausgefülltseins. Aus dieser Situation heraus kommt es besonders häufig zu Rückfällen. Unser Ziel ist, das Interesse an Sport, Kultur und schöpferischer Tätigkeit zu wecken. Da weniger als die Hälfte der Patienten eine abgeschlossene Schulausbildung haben und häufig ein deutliches Bildungsdefizit aufweisen, ist es außerdem sinnvoll, zur Weiterbildung in Form von Kursen etc. anzuregen.

Ich hoffe Ihnen damit einen Überblick über das Thema gegeben zu haben und stehe Ihnen gerne für Fragen zur Verfügung.

Psychologische Maßnahmen zur Rehabilitation Alkoholabhängiger

H. Liebich
Anton-Proksch-Institut, Wien, Österreich

Von vier Millionen Österreichern zwischen 16 und 64 Jahren sind drei Millionen Alkoholkonsumenten. Davon sind 650.000 alkoholgefährdet. 650.000 Österreicher trinken täglich mehr als 60 g reinen Alkohol. 60 g reiner Alkohol sind 1,5 Starkbier, 3/4 l Wein bzw. fünf doppelte Schnäpse. 650.000 Österreicher entsprechen 13 Prozent der Bevölkerung zwischen 16 und 69 Jahren. Diese Gruppe ist bereits physisch gefährdet. Von diesen 650.000 Österreichern sind 200.000 alkoholkrank. Dies entspricht 2,5 Prozent der Bevölkerung in dieser Altersgruppe.

Während die Gesamtzahl der Alkoholkranken zumindestens in Österreich im letzten Jahrzehnt sich eher stabilisiert zu haben scheint, ist die Zahl der Behandlungswilligen gestiegen. Alkoholismus als Krankheit hat in weiten Kreisen der

Bevölkerung Anerkennung gefunden. Das Anton Proksch-Institut in Wien-Kalksburg hat im Laufe seines mehr als 25-jährigen Bestehens ein Rehabilitationskonzept entwickelt, das den gesellschaftspolitischen Anforderungen Rechnung trägt. Es konnte eine geschlossene Behandlungskette errichtet werden, in deren Zentrum das 250 Betten für Alkoholkranke umfassende Institut liegt, und dem 13 Beratungsstellen angeschlosssen sind.

Das Rehabilitationsprogramm umfaßt vier Phasen: Die ersten drei Phasen fallen in den Rahmen des stationären Aufenthaltes und stellen die Einleitung zu einer langfristigen ambulanten Nachbetreuung der vierten Phase dar. In der ersten Phase erfolgt der körperliche Entzug. Der Notwendigkeit entsprechend werden in dieser Phase Psychopharmaka eingesetzt.

In der zweiten Phase wird versucht, auf die Konflikte der Patienten einzugehen und Lösungsmöglichkeiten anzubieten. Als beste Möglichkeit haben sich psychotherapeutische Maßnahmen in Form von Gruppen- und Einzelgesprächen erwiesen, wobei unterschiedlichste therapeutische Techniken zur Anwendung kommen. Parallel zu dieser Phase wird der nächste Schritt, die Aktivierung des Patienten und die berufliche Rehabilitation (dritte Phase) begonnen. Eine Vielfalt von Möglichkeiten steht zur Verfügung, wie z.B. sportliche Aktivitäten, Kreativgruppen, handwerkliche Arbeiten, Sight & Sound Studio, Sprachlabor etc..

In der vierten Phase der ambulanten Nachbehandlung bleibt der Alkoholkranke in einer der 13 Außenstellen mit seinem Arzt bzw. Psychologen in Verbindung.

In der stationären Behandlung stellt sich ab der zweiten Phase der geschlossenen Behandlungskette für Patient und Therapeut die Problematik des organischen Psychosyndroms. BERNER (1977) beschreibt in seinem Lehrbuch für das organische Psychosyndrom folgende Symptome: Das Achsensyndrom der Hirnleistungsschwäche, das sich aus den beiden Komponenten Intelligenz und Gedächtnisstörung zusammensetzt, sowie thymopsychische Funktionsänderungen, die im Sinne von Antriebsverminderung und Affektstörung imponieren. Das durch das Suchtmittel hervorgerufene hirnorganische Psychosyndrom mit seiner Beeinträchtigung kognitiver Leistungsparameter, stellt häufig eine Stigmatisierung dar, durch die der Patient als unmündiges Wesen eingestuft wird und ein Erschwernis der Rehabilitation darstellt.

Feselmayer, Marx und Beiglböck konnten bereits 1985 zeigen, daß in der dritten Woche nach Absetzen des Suchtmittels ein Drittel der Patienten deutliche hirnorganische Beeinträchtigungen aufweisen, nach sechs Wochen ist aber eine derartige Beeinträchtigung bei nur mehr zehn Prozent der Patienten nachzuweisen.

Da das Behandlungskonzept des Anton Proksch-Institutes nur auf eine kurzfristige stationäre Behandlung ausgerichtet ist, stellt sich die Frage, wie Patienten bereits sehr früh in den psychotherapeutischen Prozeß miteinbezogen werden können. Nach HAUK (1989) wurde mit einem Teil unserer Patienten über drei Wochen zwei- bis dreimal wöchentlich ein intensives Entspannungstraining durchgeführt. Das integrierte Entspannungstraining nach PETER und GERL (1988) wurde verwendet. Dabei zeigte sich, daß in jener Gruppe von Patienten, die dieses Entspannungstraining regelmäßig übte, bei einer nachfolgenden Untersuchung nach drei Wochen nur mehr 25 Prozent schlechtere Leistungen unter Belastung aufwiesen, während in der Kontrollgruppe der Prozentsatz gleichblieb. Ausgehend von diesen Daten konnte auch testdiagnostisch belegt werden, daß der Restitutionsverlauf durch intensives Entspannungstraining beschleunigt werden kann. Es ist anzunehmen, daß die Patienten durch dieses Entspannungstraining in die Lage gesetzt werden, ihre vegetativen Funktionen bzw. ihr Aktivierungsniveau in Belastungssituationen besser zu regulieren. Dieser Effekt soll in einer weiteren Untersuchung, die gerade am Anton Proksch-Institut durchgeführt wird, auch mittels elektroenzephalographischer Befunde gestützt werden.

Rehabilitationspsychologie

I. Kryspin-Exner
Universität Wien, Österreich

Entsprechend den angemeldeten Statements beschäftigte sich der Arbeitskreis vorwiegend mit neuropsychologischer Rehabilitation, wobei drei Schwerpunktthemen herausgearbeitet werden konnten:

1) Rehabilitation im Rahmen von Suchtkrankheiten
2) Rehabilitation bei geriatrischen Patienten
3) Rehabilitation bei Schädelhirn-Verletzten

Rehabilitation im Rahmen von Suchtkrankheiten

Zum Kurzreferat von Helga Frank wurde in der Diskussion erörtert, daß die dargestellten EEG-Ergebnisse – erhoben an Alkoholabhängigen – gegen ein daraus ableitbares physiologisches Rückfallskriterium sprechen. Parallele testpsychologische Untersuchungen zu den Veränderungen in der EEG-Tätigkeit unter Abstinenzbedingungen wären ineressant, teilweise sind sie bereits erhoben, jedoch noch nicht ausgewertet. Das in der Studie hervorstechende erhöhte familiäre Risiko wird zusammen mit den EEG-Charaktaristika im Hinblick auf High-risk-Studien diskutiert.

Im Anschluß an das von Eva Harramach gehaltene Statement zur Rehabilitation bei Abhängigen von illegalen Drogen wird die Integration von Behandlungsinstitutionen in die Bevölkerung des entsprechenden Ortes bzw. dabei auftretende Schwierigkeiten und deren Bewältigung erörtert. Weitere Diskussionsbemerkungen betreffen das therapeutische Setting, das primär tiefen- bzw. gestaltpsychologisch ausgerichtet ist, was die Frage nach gezielter Verstärkung bezüglich Pünktlichkeit bzw. Regelung des Tagesablaufs und ähnliches aufwirft (verhaltenstherapeutische Elemente). Weiters wird über das straffe Vorgehen in diesem Programm, die Schwierigkeiten des Zusammenlebens der Drogenabhängigen und über Fragen der Nachbetreuung diskutiert.

Zum Referat von Helma Liebich über "Psychologische Aspekte in der Rehabilitation Alkoholabhängiger" wird die Erfassung der Restitution mittels der Computertomographie erörtert und auf neuere Ergebnisse bezüglich der Reversibilität von CT-Ausfällen hingewiesen. Weiters wird die Frage aufgeworfen, ob es tatsächlich zu einer vollkommenen Rückbildung der alkoholismusbedingten Ausfallserscheinungen kommt oder ob subtile Leistungsbeeinträchtigungen auch noch lange Zeit später faßbar sind. In der Diskussion kommt man zum Ergebnis, daß dies einerseits von den angewandten Testmethoden, anderseits von der Dauer des beobachtbaren Zeitraums abhängt. Die Frage, ob es bei ehemaligen Alkoholabhängigen eventuell später im Rahmen des altersbedingten Abbaus kognitiver Funktionen zu einem vorzeitigen Versagen oder Nachlassen kommt, ist deshalb schwierig zu beantworten, weil man vorwiegend auf Querschnittsuntersuchungen angewiesen ist. Mit dieser Überlegung war ein Übergang zum nächsten Themenschwerpunkt, der Geriatrie, gegeben.

Rehabilitation bei geriatrischen Patienten

Die Statements von Gatterer und Günther beschäftigten sich mit neuropsychologischen Rehabilitationsmaßnahmen bei der Betreuung alter Menschen. Zu Gatterer wird in die Diskussion eingebracht, daß realitätsorientierte kognitive Trainingsprogramme auch die übersichtliche und einfache Gestaltung der Umgebung beinhalten sollten (große Uhren, farbliche Kennzeichnung von Räumen etc.). Da die vorgelegten Verlaufsdaten darauf hinweisen, daß nur eine Fortsetzung eines derartigen Programmes die verbleibende Lebenszeit hindurch letztendlich den gewünschten Erfolg bringen kann, wird der Begriff "Psychologische Erhaltungstherapie" geprägt, der eine Fortführung eines Therapieprogrammes unter geringerem Aufwand und mit geringeren Mitteln bedeutet. Auf die Notwendigkeit einer in dieser Richtung besseren materiellen Ausstattung wird hingewiesen. Dr. Hofer hat bereits bei verschiedenen öffentlichen Gelegenheiten die Vorteile einer vermehrten Einbindung von Psychologen im Rahmen der Altenbetreuung betont. Die

Möglichkeiten und die Notwendigkeit eines Trainingsprogrammes bei geriatrischen Patienten wird auch durch die Ergebnisse der Untersuchung von Frau Dr. Günther aus Innsbruck gestützt. Sie wies darauf hin, daß sich ein kognitives Training auch bei Patienten als zielführend erweist, die wegen anderer als wegen ihrer dementiellen Abbauerscheinungen in stationäre Behandlung kommen, etwa bei Beinbrüchen u.a. Im Zusammenhang mit beiden Referaten wird auf die Notwendigkeit der Effizienzprüfung verschiedenener therapeutischer Strategien, also beispielsweise kognitiver Programme versus Pharmakotherapie oder unspezifischer Zuwendung hingewiesen. Dabei wurde auch auf die Höhe der Nootropildosierung bei den verschiedenen Programmen eingegangen.

Rehabilitation bei Schädelhirn-Verletzten

Um die Effizienz ging es auch in der Diskussion um das computergestützte neuropsychologische Training bei Schädelhirn-Verletzten. Die Nutzung derartiger Verfahren in Kombination mit sozialer Unterstützung und therapeutischer Verstärkung wird noch viel zu wenig genutzt. Wichtig ist dabei die Adaptierung derartiger Programme an die jeweilige Zielgruppe, um Überforderung zu vermeiden. Computergesteuerte Trainingsprogramme geben individuelle Rückmeldung, auch über Verschlechterungen oder Einfluß von Tagesverfassung und Stimmung, was Hemmschwellen überwinden hilft, wenn es einem Patienten schwerfällt, seine schlechte Leistung anderen (auch den Therapeuten) gegenüber immer wieder demonstrieren zu müssen.

Gruppendynamik und Organisationsentwicklungim Leistungssport

K. Lackner
Arbeitsgruppe für Psychologische Grundlagenforschung
Universität Klagenfurt, Österreich

Präambel

1. Hochleistungs- und Breitensportaktivitäten gelten als zwei voneinander unterschiedliche Handlungsfelder.

2. Mit den Mitteln des Freizeit- und Breitensports sind keine internationalen Höchstleistungen zu erzielen.

3. Die Arbeit des Athleten, des Trainers und des Funktionärs im Hochleistungssport ist heute nicht mehr zu vergleichen mit Breitensportaktivitäten von Spielern, Trainern und Funktionären.

4. Hochleistungssport hat sich vom Freizeitsport zur Professionalität wegentwikkelt, gehorcht eigenen Gesetzmäßigkeiten, folgt der ihm eigenen Dynamik.

Diese Entwicklung hat Konsequenzen auf:
- die Definition des Sports
- die Struktur, Organisation und Management von Sport

Leistungen im Hochleistungssport können nicht wie Breitensportaktivitäten gehandhabt werden. Maximale individuelle Leistungen sind an eine komplexe Organisation gebunden. Die Charakteristik und Dynamik der Organisationsstruktur und ihre Gesetzmäßigkeiten müssen bei dem Management von sportlichen Höchstleistungen berücksichtigt werden.

Beispiel

1987 wurde ein Team von drei Beratern beauftragt, ein Beratungsmodell für die österreichische olympische Segelmannschaft zu entwerfen. Mit Hilfe der Methode der multidimensionalen Ursachenforschung zeigte sich folgende psychologische Mannschaftsstruktur:
- das Individuum, mit seinen persönlichen Problemen, wie z.B. Vorstartangst, Konzentrationsschwierigkeiten, Streß, etc.

- Paare bzw. Triangel als Mannschaftskomposition auf einem Boot. Problemfeld hier: Kommunikation, Sympathien/Antipathien, Rivalität, Verteilung der Positionen, Verantwortung für Erfolg/Versagen, etc.
- Verschiedene Mannschaftskompositionen und Bootskategorien als gemeinsame Gruppe, die das österreichische Nationalteam der Segler darstellt. Problemfeld: Rivalität zwischen einzelnen Bootsklassen, Favoritenposition, Taktik der Mannschaftsführung, Verteilung der Mittel, welches Boot geht an den Start, welche Gruppe hat welche Beziehungen zu den Betreuern und Funktionären, Kommunikation zwischen den Gruppen, etc.

Zusätzlich zu den einzelnen Mannschaften im österreichischen Segelteam hat jede Mannschaft ihren eigenen Trainer. Der Trainer gehört einerseits zu seiner Bootsklasse, andererseits zu der Gruppe von Trainern, die auch einen Teil der österreichischen Segelmannschaft darstellen. Darüberhinaus gibt es einen "Obertrainer" und einen Betreuer, die keiner bestimmten Bootsklasse zugeordnet sind. Probleme: Hierarchische Spannungen, Autoritätskonflikte, Kompetenzverteilungen, etc.

Konfliktpotentiale bilden sich besonders dort, wo sich einzelne Bereiche berühren: an den Schnittstellen der einzelnen Strukturen. Beratungsmodelle müssen demnach auch die Möglichkeit von Konflikten zwischen einzelnen Einheiten berücksichtigen und nicht alleine individuelle Probleme behandeln.

Die zunehmende Professionalisierung des Hochleistungssports hat weiters Konsequenzen auf:

Die Arbeit des Trainers

Wie im Breitensport muß sich der Trainer auch im Höchstleistungssport um die speziellen Anforderungen seiner Sportart sowie um die Einzelleistungen seiner Athleten kümmern. Darüberhinaus muß er Managementfunktionen wahrnehmen, um der komplexeren Organisation des Höchstleistungssports gerecht zu werden. Für den Trainer bedeutet das, daß er sich u.a. mit Fragen der Mannschaftshierarchie, der Autoritäten, der Führung von Gruppen auseinandersetzen muß. Im Unterschied zum Breitensport ist der Trainer nicht länger Amateur, motiviert durch das gegenseitige Erlebnis von Freude am Spiel und sozialer Interaktion danach. Die Beziehung des Trainers zu seinen Athleten im Hochsleistungssport ist mehr als Kumpelei.

Aus der Sicht der Organisationsstruktur ist der Trainer Teil seiner Mannschaft und deren Autorität gleichzeitig. Sein Erfolg wird gemessen am Erfolg seiner Mannschaft, für deren Erfolg er letzlich verantwortlich ist. Weiters stellt er die Verbindung zu den Funktionären dar, deren Mitglied er aber gleichzeitig nicht ist.

Der Trainer steht also dauernd im Brennpunkt eines Konfliktes zwischen Organisation und Mannschaft (derzeit akut in der Eishockeymannschaft KAC).

Gruppenphänomene stehen oft im Widerspruch zu den Forderungen der Organisation. In der Person des Trainers treffen diese Widersprüche aufeinander.

Beispiele für Konfliktfelder von Sportmannschaften, wie sie während zweier Gruppendynamikseminare mit A-Liga Trainern aufgetreten sind:

Design

Um die Besonderheiten von Sportgruppen zu berücksichtigen, wurde das klassische gruppendynamische Design wie folgt verändert:

Neben den sogenannten T-Gruppen (TG), wo Lernen sozialer Prozesse innerhalb und durch dieselbe Gruppe stattfindet, wo die Wahrnehmung des eigenen hic et nunc und das der anderen möglich ist, teilte sich die Gruppe zusätzlich in sogenannte Arbeitsgruppen (AG), wo Konfliktsituationen der jeweiligen Heimmannschaft (dort und dann) dargestellt, diskutiert und analysiert werden konnten. TGs und AGs fanden abwechselnd statt und wurden gegen Ende des Seminars inhaltlich mit theoretischen Konzepten unterstützt. Am Ende jedes GD-Seminars wurden Anwendungsmöglichkeiten der gemachten Seminarerfahrungen für die Arbeit zu Hause reflektiert.Einige sportspezifische, soziale Wahrnehmungen während des Seminars:

Gleichheit und Differenz

Im sportlichen Leistungsalltag, während eines Wettkampfes z.B., werden soziale Unterschiede zwischen den einzelnen Teilnehmern zunächst aufgehoben, damit durch den Sport Unterschiede anderer Art gemacht werden können. Es gibt unter den Athleten dann Sieger, Verlierer, erste, zweite, dritte und weitere Plätze.

Dieses, dem Wettkampfsport eigene soziale Phänomen, wurde auch in die gruppendynamische Situation hineingetragen. Die Teilnehmer weigerten sich durchwegs soziale Unterschiede unter ihnen wahrzunehmen und waren – anders als in anderen Gruppen – hartnäckiger im Beibehalten ihrer Identität: "Wir sind alle Sportler". Als die GD-Trainer versuchten, auf Unterschiede, wie Mann-Frau, alt-jung, Profi-Amateur, etc., aufmerksam zu machen, verstärkte die Gruppe ihren Widerstand gegen die Differenzierung indem sie symbolisch alle – und zwar unabgesprochen – im himmelblauen österreichischen Trainer-Trainingsanzug zur TG-Sitzung erschienen.

Um möglichen Gruppenkonflikten auf die Spur zu kommen, ist es jedoch notwendig, individuelle Unterschiede zwischen den einzelen Personen und ihre Beziehungen untereinander wahrzunehmen. Die Erfahrungen in der TG erlaubten einen Lerntransfer in die AG, wenn dort ähnliche Konflikte bearbeitet wurden.

Generationskonflikte

In einer AG wurde das Problem eines Generationenkonfliktes innerhalb der Mannschaft dargestellt. Durch die Diagnose und Analyse dieses Falles wurden die Teilnehmer in der TG plötzlich sensibel für einen möglichen Generationskonflikt in ihrer TG.

Autoritätskonflikte

Die Arbeit des Sporttrainers bedient sich eines eher autoritären Führungsstiles. Diesem Muster folgend, machten sich die Sporttrainer während des GD-Seminares bereitwilligst abhängig vom GD-Trainer (unterstützt wurde dieser Prozeß durch die Begriffsgleichheit "Trainer") und seinen Entscheidungen und schränkten ihren eigenen Handlungsspielraum dadurch erheblich ein. Charakteristisch für die Sportgruppe – wieder gesehen im Vergleich zu anderen Gruppen –, war, daß sie auch hier beharrlich an ihrer Dependenz festzuhalten versuchten. Auch in den Falldarstellungen der AGs wurden keine Autoritätskonflikte berührt.

Erst als nach längerer Reflexion der Dependenz in der TG und dem damit verbundenen Lernprozeß Bewegung in die Gruppe kam, konnten auch in den AGs solcherart Konflikte bearbeitet werden.

Resümee

Das Resultat der Teilnahme an einem GD-Seminar für den einzelnen Trainer war es nicht, ihm bestimmte Rezepte und Anweisungen zu vermitteln, wie er sich in einer bestimmten Situation zu verhalten habe. Durch die gemachten Erfahrungen aber sollten die Trainer in der Lage sein, Vorkommnisse in ihrer eigenen Mannschaft anders zu sehen, soziale Prozesse besser wahrnehmen und Konflikte diagnostizieren zu können. Die Erkenntnisse von GD-Seminaren sind nicht unmittelbar in Verhaltensanweisungen umsetzbar, sondern wirken sich indirekt auf die Haltung des Trainers zu seiner Mannschaft und zu seiner Arbeit aus.

Literatur

Gebauer, G. & Hortleder, G.(Hrsg.): Sport-Eros-Tod. Suhrkamp, Frankfurt, 1986

Hasenöhrl, H.: Seminar "Gruppendynamik" mit Sporttrainern. Teilnehmerbericht. In: Zeitschrift für angewandte Sozialpsychologie. H.3, Sept. 1985

Heitzlhofer-Lackner, K.: Gruppendynamik mit Sporttrainern. Von sportlicher "Kumpelei" zur Emanzipation der Trainerautorität. In: Zeitschrift für angewandte Sozialpsychologie. H. 3, Sept. 1985

Heintel, P.: Sport als Thema angewandter Sozialwissenschaften. In: Zeitschrift für angewandte Sozialpsychologie. H. 3, Sept. 1985

Stützle-Hebel, M.: Vor dem Start – Ausgangsbedingungen für ein Training mit Sporttrainern. In: Zeitschrift für angewandte Sozialpsychologie. H. 3, Sept. 1985

Teilnehmerverzeichnis

Adam Silvia
Naturhistorisches Museum Wien
Burgring 7
A-1014 Wien

Adler Kuno Ing.
Fa. Semperit Reifen AG
Wienersdorfer Straße 20-24
A-2514 Traiskirchen

Anderle Franz Georg
Kuratorium für Verkehrssicherheit, Verkehrspsychologisches Institut
Ölzeltgasse 3
A-1030 Wien

Arends Christine Dr.
Mozartgasse 3
A-7503 Großpetersdorf

Baldauf Gebhard Dr.
Schulpsychologie Lienz
Dolomitenstraße 9
A-9900 Lienz

Bartl Gregor
Lerchenfelder Straße 62/8
A-1080 Wien

Battistich Peter Dr.
Universitätslektor
Rathausstraße 11
A-1010 Wien

Baumann Urs Univ.Prof. Dr.
Universität Salzburg, Institut für Psychologie
Hellbrunnerstraße 34
A-5020 Salzburg

Beiglböck Wolfgang Dr.
Anton-Proksch-Institut
Mackgasse 7-9
A-1237 Wien

Bein Walter Dr.
Bundesministerium für Landesverteidigung, Heerespsychologischer Dienst
A-1130 Wien

Bischof Brigitte Dr.
Heeresspital, Van Swieten-Kaserne
Brünnerstraße 238
A-1210 Wien

Bittner Josef Dr.
Hillebrandgasse 14-18/1/16
A-3400 Klosterneuburg

Boigner Peter Ing.
Allgemeine Unfallversicherungsanstalt, Landesstelle Wien, Unfallverhütungsdienst
Webergasse 4
A-1203 Wien

Brandstätter Ch.
Kuratorium für Verkehrssicherheit, Verkehrspsychologisches Institut
Ölzeltgasse 3
A-1030 Wien

Braun Eveline Dr.
Kuratorium für Verkehrssicherheit, Abteilung Verkehrserziehung
Ölzeltgasse 3
A-1030 Wien

Bronneberg Gertrud Dr.
Ludwig-Boltzmann-Institut für Schwangerenbetreuung
Bastiengasse 36-38
A-1180 Wien

Bukasa B. Dr.
Kuratorium für Verkehrssicherheit, Verkehrspsychologisches Institut
Ölzeltgasse 3
A-1030 Wien

Butschek Christine Dr.
Köllnerhofgasse 1
A-1010 Wien

Candido Marina Mag.
Allgemeine Unfallversicherungsanstalt, Landesstelle Linz, Unfallverhütungsdienst
Blumauerplatz 1
A-4021 Linz

Chaloupka Christine Dr.
Fa. Factum
Große Neugasse 12/7
A-1040 Wien

Christ Rainer Mag. Dr.
Haberlgasse 19/25
A-1160 Wien

Dachler H. Peter Prof. Dr.
Hochschule St. Gallen für Wirtschafts, Rechts- und Sozialwissenschaften
Guisanstraße 11
CH-9010 St. Gallen

Davy Albert
Bundesministerium für Landesverteidigung, HVOS
Forstbergstraße 20
A-4470 Enns

Deutsch Norbert
Obmannstellvertreter
Allgemeine Unfallversicherungsanstalt
Adalbert Stifter-Straße 65
A-1200 Wien

Ecker-Eckhofen Richard Dr.
Rehabilitationszentrum Tobelbad
Dr. Georg-Neubauer-Straße 6
A-8144 Tobelbad

Eder Franz Ing.
Allgemeine Unfallversicherungsanstalt, Landesstelle Wien, Unfallverhütungsdienst
Webergasse 4
A-1203 Wien

Edlinger Volker Dr.
Siebenbrunnenfeldgasse 12/12
A-1050 Wien

Erhard Rotraut Dr.
Heudörfelgasse 47
A-1238 Wien

Fastl Waltraud Dr.
Dr. Fessel und GPK
Franz-Josef-Kai 47
A-1010 Wien

Feselmayer Senta Dr.
Anton-Proksch-Institut
Mackgasse 7-9
A-1237 Wien

Fink Gabriele Dr.
Steirische Vereinigung zugunsten behinderter Kinder und Jugendlicher 'Hirtenkloster'
Kalvariengürtel 62
A-8010 Graz

Fink Norbert Dr.
Landesarbeitsamt Vorarlberg, Abteilung II
Rheinstraße 32
A-6903 Bregenz

Fischer Gerhard Univ.Prof. Dr.
Universität Wien, Institut für Psychologie
Liebiggasse 5
A-1010 Wien

Fleck Günther Dr.
Heeresspital, Fliegerpsychologische Ambulanz
Brünner Straße 238
A-1216 Wien

Frank Helga Dr.
Anton-Proksch-Institut
Mackgasse 7-9
A-1237 Wien

Friesenbichler Herbert Dr.
Allgemeine Unfallversicherungsanstalt, Abteilung für Unfallverhütung und Berufskrankheitenbekämpfung
Adalbert Stifter-Straße 65
A-1200 Wien

Frise Ernst Dr.
Bundesministerium für Landesverteidigung, Heerespsychologischer Dienst
Maria-Theresien-Kaserne
A-1130 Wien

Fritz Albert Dr.
Militärkommando Steiermark, Heerespsychologischer Dienst
Straßgangerstraße 171
A-8052 Graz

Fritz Maria Bernadette
Rehabilitationszentrum Tobelbad
Dr. Georg-Neubauer-Straße 6
A-8144 Tobelbad

Fürst Regina-Adolfine
Rehabilitationszentrum Tobelbad
Dr. Georg-Neubauer-Straße 6
A-8144 Tobelbad

Gabriel Werner Dr.
Amt der Steiermärkischen Landesregierung
Mariatrosterstraße 89
A-8043 Graz

Gatterer Gerald Dr.
Pflegeheim Lainz, Psychologische Beratungsstelle
Versorgungsheimplatz 1
A-1130 Wien

Gaupmann Christine
Rehabilitationszentrum Meidling
Köglergasse 2A
A-1120 Wien

Gersch Ronald Ing.
Niederösterreichische Molkerei reg.Gen.m.b.H.
Höchstädtplatz 5
A-1200 Wien

Glatzel Herwig Ing.
Generaldirektion der Österreichischen Bundesforste
Marxergasse 2
A-1030 Wien

Golja Petra Dr.
F + G Fessel + GFK, Institut für Marktforschung
Franz-Josefs-Kai 47
A-1010 Wien

Göttling Angelika Dr.
Kinderklinik Glanzing
Glanzinggasse 37
A-1190 Wien

Grillich Ludwig
A-Wien

Gross Heinz Dr.
Landesarbeitsamt Steiermark, Arbeitsmarktverwaltung
Babenbergerstraße 33/VI/622
A-8020 Graz

Gröss Johann Dr.
Niederösterreichisches Jugendheim Korneuburg
Stockerauerstraße 80
A-2100 Korneuburg

Grössenbrunner Peter Dr.
Zuckerkandlgasse 46/9
A-1190 Wien

Gruber-Kohlmann Johanna
Institut für Klinische Psychologie, Heilpädagogik und Berufspsychologie
Liebiggasse 4
A-1010 Wien

Günther Verena Dr.
Universitätsklinik für Psychiatrie
Anichstraße 35
A-6020 Innsbruck

Hablit Adolf Ing.
ÖMV Aktiengesellschaft
Otto Wagner-Platz 5
A-1091 Wien

Haindl Elisabeth
Rehabilitationszentrum Tobelbad
Dr. Georg-Neubauer-Straße 6
A-8144 Tobelbad

Harramach Eva Dr.
Anton-Proksch-Institut, Stiftung Genesungsheim Kalksburg, Abteilung für Drogenabhängige
Husarentempelgasse 3
A-2340 Mödling

Hausdorf Christine
Kuratorium für Verkehrssicherheit
Ölzeltgasse 3
A-1030 Wien

Heckl-Boon Ulrike Dr.
Institute for Perception
Kampweg 5
NL-3769 ZG Soesterberg

Hinger Anton Dr.
Allgemeine Unfallversicherungsanstalt, Abteilung für Unfallverhütung und Berufskrankheitenbekämpfung
Adalbert Stifter-Straße 65
A-1200 Wien

Hladschik Birgit
Leitermayergasse 28/6
A-1180 Wien

Hofer Elfriede Dr.
Landesgerichtsstraße 3
A-1080 Wien

Hofer Ernst Dr.
Präsident
Berufsverband Österreichischer Psychologen
Salzgries 10/8
A-1010 Wien

Hofmaninger Manfred Ing.
Lenzing AG
A-4860 Lenzing

Hofmann Michael Univ.Prof. Dr.
Wirtschaftsuniversität Wien, Institut für Wirtschafts- und Verwaltungsführung
Augasse 2-6
A-1090 Wien

Höger Manuela
Höhenstraße 113
A-6020 Innsbruck

Hollmann Claus Dr.
Lerchengasse 28-30/43
A-1080 Wien

Honemann Elisabeth Mag. Dr.
Martinstraße 15
A-3400 Klosterneuburg

Huber Hannelore Dr.
Steinfeldstraße 27
A-3100 St. Pölten

Huber Raoul
Hackhofergasse 11a/23
A-1190 Wien

Hutter M. Dr.
Kuratorium für Verkehrssicherheit, Verkehrspsychologisches Institut
Ölzeltgasse 3
A-1030 Wien

Jaeggi Eva Univ.Prof. Dr.
Freie Universität Berlin
Forststraße 25
D-1000 Berlin 37

Janig Herbert Univ.Doz. Dr.
Universität Klagenfurt, Arbeitsgruppe Psychologische Grundlagenforschung
Universitätsstraße 65
A-9022 Klagenfurt

Juen Hermann Dr.
Landesarbeitsamt Tirol, Psychologischer Dienst
Schöpfstraße 5
A-6020 Innsbruck

Karmasin Helene Dr.
Institut für Motivforschung
Anastasius-Grüngasse 32
A-1180 Wien

Kasper Martina Dr.
Sonderkrankenanstalt der Sozialversicherungsanstalt der gewerblichen Wirtschaft
Hartmanngasse 2
A-1050 Wien

Katzensteiner Michael Dr.
Psychologische Studentenberatung Linz
Schleißheim 60
A-4600 Schleißheim

Keul Alexander Univ.Ass. Dr.
Universität Salzburg, Institut für Psychologie
Hellbrunnerstraße 34
A-5020 Salzburg

Kiefer Eugen
Vizebürgermeister
Stadtgemeinde Baden
Hauptplatz 1
A-2500 Baden bei Wien

Killer Karin Mag.
Ketzergasse 26/23/2
A-1232 Wien

Kisser Rupert Dr.
Kuratorium für Verkehrssicherheit
Ölzeltgasse 3
A-1030 Wien

Klebel E. Dr.
Kuratorium für Verkehrssicherheit, Verkehrspsychologisches Institut
Ölzeltgasse 3
A-1030 Wien

Kleinferchner Franz Dr.
Bundesministerium für Landesverteidigung, Heerespsychologischer Dienst
Brünnerstraße 238
A-1216 Wien

Klemenjak W. Dr.
Kuratorium für Verkehrssicherheit, Verkehrspsychologisches Institut
Ölzeltgasse 3
A-1030 Wien

Klingler Herbert Dr.
Militärkommando Oberösterreich
Garnisonstraße 36
A-4017 Linz

Kobelt Slavica
Rehabilitationszentrum Meidling
Köglergasse 2A
A-1120 Wien

Kohlmann-Joss Margareta Dr.
Institut für Klinische Psychologie, Heilpädagogik und Berufspsychologie
Liebiggasse 4
A-1010 Wien

Köpl Rosemarie Dr.
Allgemeine Unfallversicherungsanstalt, Abteilung für Unfallverhütung und Berufskrankheitenbekämpfung
Adalbert Stifter-Straße 65
A-1200 Wien

Koy Walter Dr.
Allgemeine Unfallversicherungsanstalt, Landesstelle Wien, Berufsfürsorge
Webergasse 4
A-1203 Wien

Krisch Renate Dr.
Psychosozialer Dienst
Friedhofstraße 42/8
A-2103 Langenzersdorf

Krysl Ludwig R. Dr.
Bundesministerium für Landesverteidigung, Heerespsychologischer Dienst
Maria-Theresien Kaserne
A-1130 Wien

Kryspin-Exner Ilse Univ.Doz. Dr.
Universität Wien, Institut für Psychologie
Liebiggasse 5
A-1010 Wien

Kurzmann Adolf Dr.
Landesarbeitsamt Kärnten
Rudolfsbahngürtel 26
A-9010 Klagenfurt

Lackner Karin Univ.Ass. Dr.
Universität Klagenfurt, Arbeitsgruppe für psychologische Grundlagenforschung
Universitätsstraße 65-67
A-9010 Klagenfurt

Lang Manfred Min.Rat Dr.
Generaldirektion für die Post- und Telegraphenverwaltung
Postgasse 8
A-1011 Wien

Lebeda Andreas
Siebensterngasse 32
A-1070 Wien

Lichtenecker Brigitte
Kuratorium für Verkehrssicherheit
Ölzeltgasse 3
A-1030 Wien

Liebich Helma Dr.
Anton-Proksch-Institut
Mackgasse 7-9
A-1237 Wien

Liedl Konrad Mag.
Landesarbeitsamt Burgenland
Permayerstraße 10
A-7000 Eisenstadt

Linder Siegmund Dr.
Rehabilitationszentrum Weißer Hof
A-3400 Klosterneuburg

Lugmayr Andrea Dr.
Landesarbeitsamt Wien, Psychologischer Dienst
Babenbergerstraße 5
A-1010 Wien

Lujansky Harald Dr.
A-8302 Nestelbach 210

Lujansky-Lammer Elke Dr.
Holzhaussiedlung 10
A-8302 Nestelbach

Macherhammer Günther
Allgemeine Unfallversicherungsanstalt, Landesstelle Salzburg
Dr.-Franz-Rehrl-Platz 5
A-5020 Salzburg

Maderthaner Rainer Univ.Doz. Dr.
Universität Wien, Institut für Psychologie
Liebiggasse 5/III
A-1010 Wien

Maritsch F. Dr.
Kuratorium für Verkehrssicherheit, Verkehrspsychologisches Institut
Ölzeltgasse 3
A-1030 Wien

Mathé Harald Dr.
Franz-Josefs-Kai 39
A-1010 Wien

Mayr Martin Mag.
Österreichisches Gallup-Institut
Anastasius-Grüngasse 32
A-1180 Wien

Möslinger Gertrude
Oberin
Rehabilitationszentrum Tobelbad
Dr. Georg-Neubauer-Straße 6
A-8144 Tobelbad

Motschnig-Pitrik Renate
Institut für Statistik und Informatik
Abteilung für Informationssysteme
Liebiggasse 4
A-1010 Wien

Mraczansky Gerda
Pfeilgasse 3A
A-1080 Wien

Mückstein Eva Dr.
Heilpädagogische Station Hinterbrühl
Wassergasse 21
A-2540 Bad Vöslau

Müllauer Karin Dr.
Niederösterreichische Gebietskrankenkasse, Chefärztliche Abteilung
Dr. Karl Renner-Promenade 14-16
A-3100 St. Pölten

Nährer Walter Univ.Doz. Dr.
Universität Graz
Schubertstraße 6a
A-8010 Graz

Nemeth Laszlo
Fürther Straße 176
D-8500 Nürnberg

Netzer Thomas Dr.
Landesarbeitsamt Tirol
Schöpfstraße 5
A-6020 Innsbruck

Oberzaucher Brigitte Dr.
Steirische Vereinigung zugunsten behinderter Kinder und Jugendlicher
Koloniegasse 27/3/15
A-8020 Graz

Panosch E. Dr.
Kuratorium für Verkehrssicherheit, Verkehrspsychologisches Institut
Ölzeltgasse 3
A-1030 Wien

Pawlowitsch Felix Ing.
ÖMV Aktiengesellschaft - EFB
Protteserstraße 40
A-2230 Gänserndorf

Peißl Heinz Dr.
Militärkommando Tirol
An-der-Lan-Straße 17
A-6020 Innsbruck

Pelzmann Linda Ass.Prof. Dr.
Universität Klagenfurt, Institut für Psychologie
Universitätsstraße 65
A-9020 Klagenfurt

Pollak H. Dr.
Kuratorium für Verkehrssicherheit, Verkehrspsychologisches Institut
Ölzeltgasse 3
A-1030 Wien

Praschl Michael Mag.
Fa. Factum
Große Neugasse 12/7
A-1040 Wien

Preisinger Johanna Dr.
Institut für angewandte Psychologie und Beratung
Währinger Straße 16
A-1090 Wien

Pritz Alfred Dr.
Ambulatorium für Psychotherapie
Mariahilferstraße 85/5
A-1060 Wien

Prokop-Zischka Andrea
Marktgemeindegasse 65
A-1238 Wien

Przyborski Aglaja
Testarellogasse 22
A-1130 Wien

Purtscher Katharina Dr.
Universitätsklinik für Kinderchirurgie
Heinrichstraße 31
A-8010 Graz

Richter Anton Dr.
Betriebsarzt
Siemens AG Österreich
Siemensstraße 88
A-1210 Wien

Riesenhuber Günther Dipl.Ing.
Allgemeine Unfallversicherungsanstalt, Außenstelle Klagenfurt
Waidmannsdorfer Straße 35
A-9021 Klagenfurt

Ringler Marianne Doz. Ass.Prof.
Universitätsklinik für Tiefenpsychologie und Psychotherapie
Währinger Gürtel 18-20
A-1090 Wien

Risser Ralf Dr.
Universität Wien, Wirtschafts- und Sozialwissenschaftliche Fakultät, Institut für Soziologie
Große Neugasse 12/7
A-1040 Wien

Roest Frits Dr.
SciCon Datenverarbeitungsges.m.b.H.
Trattnerhof 2/2/49
A-1010 Wien

Rolles Ulrike Dr.
Fröscherstraße 3/8/2
A-3021 Preßbaum

Rom Rudolf HR Dr.
Landesarbeitsamt Oberösterreich
Gruberstraße 63
A-4010 Linz

Ruis Peter Ing. Dr.
Franz-Koci-Straße 4/7/3
A-1100 Wien

Rumpf Elisabeth Dr.
Schulpsychologische Beratungsstelle
Rustonstraße 6
A-4810 Gmunden

Schmid Brigitta Mag.
Landesarbeitsamt Niederösterreich, Psychologischer Dienst
Hohenstaufengasse 2
A-1013 Wien

Schmid Ingeborg
Allgemeine Unfallversicherungsanstalt, Rehabilitationsabteilung
Adalbert Stifter-Straße 65
A-1200 Wien

Schmidt Herbert Rat Dr.
Landesarbeitsamt Oberösterreich
Gruberstraße 63
A-4010 Linz

Schmidt Lieselotte Dr.
Kuratorium für Verkehrssicherheit, Verkehrspsychologisches Institut
Ölzeltgasse 3
A-1030 Wien

Schmitz Ursula Dr.
Malfattigasse 1-5/4/17
A-1120 Wien

Schmögl Patricia
Degengasse 35/11
A-1160 Wien

Schneider Alfred Ing.
Allgemeine Unfallversicherungsanstalt, Landesstelle Graz, Unfallverhütungsdienst
Göstinger Straße 26
A-8021 Graz

Schoberberger Rudolf Ass.Prof. Univ.Doz. Dr.
Universität Wien, Institut für Sozialmedizin
Alser Straße 21
A-1080 Wien

Scholl-Kuhn Christine Dr.
Kuratorium für Verkehrssicherheit, Verkehrspsychologisches Institut
Ölzeltgasse 3
A-1030 Wien

Schrei Thomas
Brünnerstraße 118/8
A-1210 Wien

Schuhfried Dr.
Firma Schuhfried Ges.m.b.H.
Hyrtlstraße 45
A-2340 Mödling

Schwammenhöfer Heinz
Allgemeine Unfallversicherungsanstalt, Abteilung Statistik
Adalbert Stifter-Straße 65
A-1200 Wien

Siebenstich Andreas Dr.
Bundesministerium für Arbeit und Soziales
Stubenring 1
A-1010 Wien

Simetits Gerhard Dr.
Landesarbeitsamt Burgenland
Permayerstraße 10
A-7001 Eisenstadt

Simml Maria Dr.
Krankenhaus Lainz, 4. Medizinische Abteilung mit Kardiologie, Boltzmann Institut für Herzinfarktforschung
Wolkersbergenstraße 1
A-1130 Wien

Skranc Hans Ing.
Esso Austria AG
Argentinierstraße 23
A-1040 Wien

Smole Sylvia Dr.
Oberzellergasse 20/15
A-1030 Wien

Steiner Egbert
Psychosozialer Dienst
Gonzagagasse 15
A-1013 Wien

Steiner Felix Dr.
Kuratorium für Verkehrssicherheit, Abteilung für Verkehrserziehung
Ölzeltgasse 3
A-1030 Wien

Stocker-Legenstein Gerda Dr.
Courseware LernService
A-Wien

Stückler Johann Ass.Prof. Dr.
Universität Klagenfurt
Universitätsstraße 65
A-9020 Klagenfurt

Stumm Gerhard Dr.
Geblergasse 7/20
A-1170 Wien

Süssenbacher Gottfried Univ.Ass. Dr.
Universität Klagenfurt, Arbeitsgruppe für psychologische Grundlagenforschung
Universitätsstraße 65
A-9022 Klagenfurt

Szendrödi Viktor Dr.
Kuratorium für Psychosoziale Dienste
Gonzagagasse 15
A-1013 Wien

Tanzer Norbert
Universität Graz, Institut für Psychologie
Universitätsplatz 3
A-8010 Graz

Terklaucnik Erika
Rehabilitationszentrum Tobelbad
Dr. Georg-Neubauer-Straße 6
A-8144 Tobelbad

Tesar Natascha
Kahlenbergerstraße 2b/2/8
A-1190 Wien

Teske Wolfram Dr.
Rehabilitationszentrum Großgmain
Salzburger Straße 520
A-5084 Großgmain

Thomas Vera Dr.
Weißes Kreuzgasse 96/28/7
A-2340 Mödling

Trimmel Michael Univ.OAss. Ing. Dr.
Universität Wien, Institut für Umwelthygiene
Kinderspitalgasse 15
A-1095 Wien

Tschol Manuela Dr.
Kuratorium für Verkehrssicherheit
Zillnerstraße 18
A-5020 Salzburg

Übleis Franz X. Dr.
Landesnervenklinik Salzburg, Psychologisches Labor
Ignaz-Harrer-Straße 79
A-5020 Salzburg

Uitz Susanne
Inzersdorferstraße 103/1/3
A-1100 Wien

Urban Egon
SciCon Datenverarbeitungsges.m.b.H.
Trattnerhof 2/2/49
A-1010 Wien

Watzka Helene
Rehabilitationszentrum Meidling
Kundratstraße 37
A-1120 Wien

Wehle Edith Dr.
Trinksgeldgasse 10
A-2380 Perchtoldsdorf

Weidinger Hermine Dr.
Kleine Neugasse 13/2/18
A-1050 Wien

Weingarten Paul Dr.
Universität Wien, Institut für Psychologie
Liebiggasse 5
A-1010 Wien

Weitgasser Burkhard Dr.
Landesarbeitsamt Salzburg
Auerspergstraße 67a
A-5020 Salzburg

Wels Hans
Siemens AG Österreich
Siemensstraße 88-90
A-1210 Wien

Weninger Ulrike Dr.
Bastiengasse 15/2/10
A-1180 Wien

Werba Peter Ing.
Rohöl-Aufsuchungsges.m.b.H.
Schwarzenbergplatz 16
A-1010 Wien

Widauer Hermann Dr.
Landesnervenklinik Salzburg, Psychologisches Labor
Ignaz-Harrer-Straße 79
A-5020 Salzburg

Wimmer Herbert Obering.
Allgemeine Baugesellschaft - A. PORR Aktiengesellschaft
Rennweg 12
A-1030 Wien

Wimmer-Puchinger Beate Dr.
Ludwig-Boltzmann-Institut für Schwangerenbetreuung
Bastiengasse 36-38
A-1180 Wien

Wokroy Helmut
Rehabilitationszentrum Weißer Hof
A-3400 Klosterneuburg

Wöllersdorfer Erwin Dr.
Anna-Hensler-Straße 7
A-6833 Klaus

Wonder Ruth
Balance
Hochheimgasse 1
A-1130 Wien

Zahm Josef Dipl.Ing.
Niederösterreichische Straßenbauabteilung 1
Aspersdorferstraße 28
A-2020 Hollabrunn

Zucha Rudolf O. Dr.
Redaktion der Zeitschrift für Sozialpsychologie und Gruppendynamik
Fraungrubergasse 4/5/13
A-1120 Wien

Zuzan Wolf Dietrich Dr.
Kuratorium für Verkehrssicherheit
Zillnerstraße 18
A-5020 Salzburg

Zwazl Helmut Dr.
Semperit Technische ProduktionsgesmbH
Bundesstraße 26
A-2632 Wimpassing